유라시아 초원 문화의 정수

몽골미술

유라시아 초원 문화의 정수
몽골미술

2020년 07월 10일 초판 1쇄 발행

지은이 박아림 · L. 에르데네볼드

펴낸이 권혁재

편 집 권이지
표 지 이정아

제 작 성광인쇄

펴낸곳 학연문화사
등 록 1988년 2월 26일 제2-501호
주 소 서울시 금천구 가산디지털1로 168 우림라이온스밸리 B동 712호
전 화 02-2026-0541
팩 스 02-2026-0547
E-mail hak7891@chol.net

ISBN 978-89-5508-413-9 93910

이 저서는 2018년 대한민국 교육부와 한국연구재단의 지원을 받아 수행된 연구임
(NRF-2018S1A5A2A01036967).

유라시아 초원 문화의 정수

몽골미술

박아림 · L. 에르데네볼드

학연문화사

책을 내며

고구려 고분벽화로 박사논문을 쓰고 동아시아 고분미술을 전공하던 연구자로서 그전에 접하지 못하던 몽골의 고고미술에 대한 논문을 내고 책을 쓰기까지 여러 가지 행운과 우여곡절이 많았다. 2007년 「고구려 고분벽화와 동시대 중국 북방민족 고분미술과의 비교연구」(『고구려발해연구』)라는 논문을 내고 동북아역사재단의 고구려사지원사업 〈고구려 벽화의 북방문화적 요소 연구〉를 수행하게 되면서 고구려 고분벽화와 북방문화의 관계라는 주제에 천착하게 되었다.

미국에서의 박사 과정 중에 지도교수이신 낸시 스타인하트 교수님께서 몽골에서부터 거란, 선비, 고구려를 아우르는 북방고고 건축미술을 폭 넓게 다루어주셨기 때문에 가능했던 주제였다. 그러나 유연, 돌궐(투르크)과 같은 북방유목민의 고고미술을 연구한다는 데에 자료가 없어 연구하기 어려울 것이라는 우려를 주위에서 듣고 내심 막막한 상태로 자료들만 모으고 있었다.

그러다가 2012년 몽골에서 처음으로 벽화묘가 발굴되었다는 소식을 접하게 되었고 몽골의 벽화묘 두 기를 발굴한 몽골 과학기술대학교의 L. 에르데네볼드 교수를 만나게 된 것은 큰 행운이었다. 에르데네볼드 교수는 2013년부터 이루어진 몽골 답사와 연구를 가능하게 한 은인으로 첫 답사부터 몽골의 고고미술을 알리고자 본인과 스타인하트 교수님에게 중요한 유적과 유물을 모두 보여주고 안내해주었고 연구에 필요한 중요한 자료들을 제공하여주었다. 에르데네볼드 교수의 호의와 친절, 그리고 험한 몽골의 답사를 인도해준 헌신이 아니었으면 몽골의 고고미술을 이렇게까지 직접적으로 연구하기란 불가능하였을 것이다. 또한 몽골의 고고미술을 연구하는데 기반이 되는 중국과 중앙아시아의 고고미술을 가르쳐 주신 펜실베이니아대학교의 낸시 스타인하트 교수님과 빅터 메어 교수님을 은사로 모신 것도 여기까지 오는데 큰 힘이 되었다.

　낸시 스타인하트 교수님의 몽골의 미술에 대한 강의에서 칭기스칸이 다스렸던 유라시아의 거대한 영토를 보여주는 슬라이드를 보면서 마음이 떨리던 대학원생으로서 오랜 시간이 지나 2013년 몽골을 동서로 가로지르는 답사를 에르데네볼드 교수의 안내로 스타인하트 교수님과 하게 되리라고는 전혀 상상도 못했었다. 2012년 바얀노르묘의 도록을 처음 접한 순간 해당 벽화묘의 중요성과 그 맥락을 바로 알게 된 것도 스타인하트 교수님의 중국과 몽골 및 중앙아시아 고고미술에 대한 강의를 듣고 논문을 쓴 덕분이었다.

　바얀노르묘 전시도록을 2012년 7월초 입수하게 되어 벽화와 유물에 대한 정보를 접한 후 7월 중순 몽골을 방문하여 바얀노르벽화묘를 직접 실견하는 기회를 가질 수 있었다. 벽화묘에서 출토된 유물들이 몽골 중부의 하르호린 박물관으로 옮겨져 전시 중이어서 하르호린으로 이동하여 전시를 참관하였다. 또한 몽골을 방문하기 전 울란바토르의 자나바자르 미술관에서 몽골에서 발굴된 돌궐시기 묘장 출토품을 전시하고 있다는 소식을 접하고 방문하였는데 투브 아이막 자마르 솜에서 최근 몇 년 전 발굴된 7세기 돌궐시기 묘인 복고을돌묘 특별전을 열고 있었다.

　2012년 바얀노르묘를 처음 답사하고, 복고을돌묘 출토 유물을 실견하여 두 묘에 대하여 스타인하트 교수님에게 알린 후, 2013년에는 스타인하트 교수님과 함께 몽골 과학기술대학의 L. 에르데네볼드 교수의 도움으로 바얀노르벽화묘를 포함하여 몽골의 중요 유적들을 답사할 수 있었다. 그리고 여러 우여곡절 끝에 2012년 바얀노르묘에 대해 쓴 연구논문이 2014년에 나오게 되었다.

에르데네볼드 교수의 도움을 받아 스타인하트 교수님과 또는 혼자서 2013년 이후 지속적으로 몽골을 답사하면서 몽골의 고고미술 연구에 대하여 점점 책임감을 느끼게 되었다. 그토록 매력적인 몽골이라는 나라에 대해서 연구할 수 있다는 사실에 감사하면서도 어려운 부분들이 적지 않았다. 에르데네볼드 교수의 연구를 돕고 싶은 마음에 한국연구재단에 낸 중견연구과제 지원서가 다행히 선정되어 2018-2021년 3년간 연구를 지원받게 되어 몽골과 동서투르키스탄을 잇는 초원로의 고고미술을 연구하게 된 것도 감사하게 생각한다. 원래 유약하고 부족함이 많은 데다가 광범위한 지역의 역사고고미술을 공부해야 한다는 부담감이 크다. 앞으로도 여러 가지 연구의 어려움이 있겠지만, 첫걸음을 떼서 앞으로 나아가야 한다는 생각에 그동안 쓴 논문들을 모아서 책을 내게 되었다.

2015년『고구려 고분벽화 유라시아문화를 품다』라는 책을 내는데 헌신적으로 도와주었던 박혜경, 김송림에 이어서 이번 책을 내는 데 몽골, 러시아, 중앙아시아, 중국, 일본의 자료를 찾고 번역하고 표와 도판 정리, 그리고 교정을 도와준 하현미, 전소현, 금창인, 문정은, 김소연, 마리아 고르블려바에게 고마움을 표한다.

2019년 여름 몽골의 돌궐시기 제사유적의 발굴 현장에 가서 보고 느낀 것은 돌궐 제사유적과 석상의 연구는 이제 시작이라는 것이다. 아직 자료가 축적되지 않은 상태에서 책을 내는 것이 조심스럽지만 현재까지 쓴 논문들을 앞으로 더 광범위하고 세부적으로 연구를 진행하는 바탕으로 삼고 터를 만들어 나가고자 한다. 이 책을 시작으로 한국미술과 몽골미술 간의 연관성이 앞으로 더 연구되었으면 하는 바람이다.

코로나19로 인하여 전 세계의 문이 닫히고, 실크로드가 바이러스로드라는 오명을 받게 된 시점에 초원로로 표현되는 문화의 소통 방법에 대한 연구가 필요하게 될 시기를 대비하며 부족한 책을 내게 되었다. 첫 번째 책에 이어 두 번째 책을 낼 수 있도록 격려하고 도와주신 학연문화사 권혁재 사장님과 좋은 책을 정성스럽게 만들어주신 권이지 선생님께도 감사드린다. 대학원생 때부터 용기와 격려를 주시며 연구에 정진할 수 있도록 지도해주시는 스타인하트 교수님과 이 모든 연구를 가능하게 해준 에르데네볼드 교수, 그리고 기도로 같이 책을 써주시는 부모님께 깊이 감사드린다.

2020년 6월
저자를 대표하여
박 아 림

추천의 말

Mongolia is the land of nomadic warriors, the Gobi Desert, the Altai Mountains, sheep sacrifices, and breathtaking scenery. It is the land of dinosaurs and shamanism, horse races, elegant vertical script, and reindeer people. Mongolia is also the land of endless grasslands, countless tents, and eternal blue sky. Among the many subjects that draw researchers to this land, Mongolia's early art and architecture may be the most difficult to access. As nomads traveled across the grasslands, they stopped only to bury. Small objects carried in life, bartered, or taken as war booty that found their way into tombs more than 1300 years ago, above-ground shrines, and ceremonial markers are the subject of this book.

Standard research methods such as finding documents in libraries and reading them in Classical and modern languages of Asia and Europe is only the beginning of a book like this. Research in Mongolia of course is a prerequisite. To accomplish the research that made this book possible, intrepid fieldwork across thousands of square kilometers of terrain, keen eyes, access, and the ability to record accurately in what is likely to be a single opportunity are key.

In the pages that follow, the reader is introduced to sites and objects largely unknown outside Mongolia. Even in Mongolia, almost no researcher has stood in front of every image found here. This is in part because so much of the material was unknown until recently. It is also because the sixth-through-eighth centuries are the little-known period of the Türk Khaganates. The author has studied every site herself, and even that, is only a beginning. This book synthesizes and contextualizes every artifact and every site. Dr. Park recognizes that Mongolia's art can be understood only alongside the arts of China, Russia, and Korea. This "silkroads" approach brings little-known tombs and shrines in Mongolia alongside tombs and artifacts from across East Asia and beyond.

All this is accomplished in three chapter with breath-taking photography. The author begins with an in-depth exploration of two tombs that have attracted international attention with the exotic name shoroon bumbagar, or mounds of dirt, a name that refers to what archaeologists found in central Mongolia that led to the two excavations. The first chapter is a thorough and detailed examination of what was found in the tombs. The second chapter is a careful analysis of clay sculpture and metalwork, including the numerous coins, Byzantine, Sasanian, and bracteates of both, that were in the tombs. The tombs indicate connections with China at every turn, but here the reader is shown connections with every land of Inner Asia. The third chapter presents the sculpture and royal shrines that stand across Mongolia from the sixth-eighth-centuries that are unique to the grasslands of North Asia: stone men, stone animals, and stone remains that seem to configure as shrines. Here the author proposes possible connections with Chinese monumental sculpture that have never before been carefully analyzed. Finally, the superb bibliography opens this field for new researchers and students the way the illustrations do for anyone who opens the book.

I have had the pleasure of making two trips to Mongolia with Professor Park. Each trip led me to re-center or un-center my research on East Asia. This book offers that opportunity to its readers.

Nancy S. Steinhardt
University of Pennsylvania
Philadelphia, PA

목 차

국문초록 |

유라시아 초원 문화의 정수
몽골미술

제1부 | 몽골의 6-8세기 묘장 미술
- 몽골 볼간 아이막 바얀노르 솜 벽화묘를 중심으로 -

　2011년 여름 몽골의 수도 울란바토르에서 서쪽으로 180㎞ 떨어진 볼간 아이막 동남부의 톨 강 유역의 바얀노르 솜의 거란시기 토성土城인 올란헤렘 부근에서 벽화묘가 한 기 발견되었다. 몽골 과학아카데미와 카자흐스탄 유라시아연구원의 투르크-알타이 연구소가 2011년 7월~9월 사이에 공동으로 발굴하였다. 대략 7세기로 편년되는 고분에서 약 40점의 벽화와 570여점의 유물이 나왔다.

　벽화묘의 구조와 벽화 제재의 구성, 인물의 복식, 채색 토우와 진묘수 및 진묘무사용의 부장은 중국의 북조, 수당대 벽화묘와의 연관을 보여준다. 중국 묘장과의 친연성은 동돌궐 지역에 미친 한계漢系 장의葬儀미술의 영향을 반영하는 것으로 해석할 수 있으나, 벽화 주제 표현이나 장제葬制에서는 중국과 다른 문화적 변용과 지역적 특징도 관찰된다. 목관 안에 화장을 한 묘주의 유골과 금제 부장품을 함께 넣어 돌궐과 소그드의 화장풍습을 반영하고 있고 돌궐계 금제 용기, 금제 화관 장식, 누금세공 감입장신구, 비잔틴 금화 등 유목문화와 서방문화 계통의 유물들이 다수 부장되었다. 이러한 바얀노르벽화묘의 지역적 특색과 동서 교류에 있어서 문화변용의 문제를 어떻게 인식할 것인가에 대해서는 신강 투루판 아스타나묘군이 좋은 비교가 된다.

몽골의 바얀노르벽화묘는 중국내에서 제작된 소그드인 고분미술과 같이 중국의 북조~수당대 벽화묘의 특징을 보여 당시 중국의 고분문화를 받아들인 것으로 보인다. 그러나 소그드인이 그들의 전통 풍속을 반영하여 위병석탑과 석곽을 장식하였듯이, 몽골 벽화묘 역시 벽화 제재의 표현양상이나 부장품의 성격 등으로 미루어 볼 때 동시기 중국지역 벽화묘와는 많은 차이점을 보이며, 해당 지역의 문화적 전통이 반영된 것으로 생각된다. 또한 돌궐, 철륵, 소그드, 비잔틴 등 유목문화와 서방문화와의 활발한 교류상 역시 반영되었다. 아프라시압 사절도에도 보이는 당시 돌궐과 고구려와의 대외교류를 고려할 때 새롭게 발견된 몽골 벽화묘는 앞으로 소그드, 돌궐, 회흘回紇을 비롯한 투르크계(철륵鐵勒), 비잔틴, 중국의 역학관계를 고려하여 고구려 고분벽화에 반영된 고구려의 국제성을 파악하는데 중요한 자료가 될 것이다.

실크로드에 위치한 투루판 아스타나 고묘군에서 보이는 문화 흡수와 변용이 초원로의 바얀노르벽화묘에서도 관찰되는 것은 이와 같이 실크로드와 초원로를 통하여 이루어진 다양한 외교관계와 문화적 접촉과 전파가 그 배경이라고 하겠다. 바얀노르벽화묘의 발굴로 향후 초원로를 통한 문화교류에 대하여 보다 많은 고고발굴과 소개가 활발하게 이루어져 구체적인 교류상을 복원해낼 수 있기를 기대한다.

제2부 | 몽골 바얀노르벽화묘와 복고을돌묘 출토 부장품 연구
-용류俑類와 비잔틴 금화金貨를 중심으로-

　　2011년 몽골 볼간 아이막의 바얀노르 솜의 올란헤렘의 거란시대 토성 인근에서 발견된 바얀노르묘는 그보다 이른 2009년에 발굴된 복고을돌묘와 함께 몽골 지역에 위치한 돌궐시기의 유적으로 주목을 받았다. 바얀노르묘의 벽화에 대해서는 제1부에서 중국 섬서, 영하, 신강지역의 당대 벽화묘와 비교 고찰하였으며 묘지가 발견된 복고을돌묘와 함께 비교하여 편년을 시도하였다. 제2부에서는 벽화에 보이는 중국의 영향과 다른 동서교류상을 살펴볼 수 있는 부장품으로서 용류와 동로마비잔틴 금화에 주목하여 그 종류와 제작 기법상의 특이점, 제작 지역, 유통 경로 등을 중국과 중앙아시아 지역에서 나온 유사한 사례와 비교하여 살펴보았다.

　　몽골에서 발견된 두 기의 묘에서 나온 부장품들과 유사한 특징을 보이는 중국의 섬서와 영하, 신강 등의 북조-수당대묘장 등을 비교하여 현재의 몽골 지역에서 7세기에 조성된 두 기의 묘에서 보이는 동서교류의 양상과 문화적 특징을 살펴본 결과는 다음과 같다.

　　두 묘에서 나온 용류는 중국의 섬서 서안의 초당시기묘의 도용들과 종류, 형태면에서 유사성을 보이면서 중국의 영향을 강하게 받은 듯이 보이나 재료나 제작기법, 안료사용에서 중원지역과 다른 특징이 관찰되며 특히 신강 투루판 아스타나묘군의 용류와 많은 친연성이 보인다. 아스타나묘 출토 용류들은 소조의 제작기법과 안료 사용에서 중앙아시아의 소조 제작과 석굴벽화와의 관련성이 지적되므로 바얀노르묘와 복고을돌묘의 용 역시 중국 출토 용과의 관계만이 아니라 중앙아시아 지역의 조각과 회화미술과의 연관성을 보다 더 고찰해야할 것으로 생각된다. 바얀노르묘에서 나온 40여점의 비잔틴 금화 모조품은 중국에서 출토된 사례들과 비교하여 출토된 수량이나 제작방식, 부장방법면에서 상당히 다른 양상을 보인다. 비잔틴 금화와 그 모조품이 출토된 각각의 묘에 대하여는 동반 출토되는 중앙아시아계 유물들과 묘주와의 관계, 지역별 유통경로와 제작기법과 제작지의 문제 등을 종합적으로 살펴본다면 초원로의 동서문화에 있어서 보다 구체적인 교류상이 복원될 수 있을 것으로 생각된다.

몽골 초원의 흉노에서부터 선비, 유연, 돌궐, 위구르, 거란, 몽골로 이어지는 역사와 문화 가운데 돌궐 시기의 고고미술은 고구려와 발해와 동시기로서 고대 한국 미술문화의 대외교류에 있어 중요한 자료이다. 선비의 고분미술은 비교적 많은 발굴 자료와 사료가 있어 활발한 비교 연구가 진행되었으나, 유연과 돌궐의 미술에 대해서는 남아 있는 사료가 많지 않고 발굴이 많이 이루어지지 않아 연구가 활발하게 진행되지 못하였다. 제3부에서는 몽골 소재 돌궐시기의 제사유적과 석상에 대하여 6세기부터 8세기까지 대표적인 사례들을 정리하고 중국 당대 능묘 석상과 비교하여 고찰하였다.

초원로의 6-8세기 조각상 연구에서 특히 주목되는 것은 최근 5년간 발굴이 지속된 몽골 볼간 아이막 바얀악트 솜 시베트 올란의 제사유적의 조각상들이다. 시베트 올란 유적은 제사유적의 입지, 제사건축물의 평면, 발견된 조각상의 종류와 개수 등 여러 면에서 기존의 제사유적들과 차별성이 있어 주목을 요한다. 시베트 올란 제사유적과 같이 석양상과 석사자상이 인물석상과 같이 갖추어진 돌궐 제사유적들은 옹고드 제사유적, 퀼 초르 제사유적, 톤유쿠크 제사유적, 퀼 테긴 제사유적, 빌게 카간 제사유적 등이다.

돌궐의 제사유적과 석상과 동시기 당의 능묘와 석상을 비교하여 살펴보면 돌궐 제사유적은 사당, 석곽, 비석, 인물과 동물석상, 토성과 해자 등으로 구성되었는데 귀부이수의 비석과 인물과 동물상이 설치되는 중국의 한당대 신도神道의 형식을 따른다는 점은 유사하나, 화장을 하는 장법으로 인해 당의 봉토분과 다른 석곽이 설치된다는 점, 인물상이 대개 돌궐 고유의 번령의 복식을 입은 경우가 많다는 점, 환조 또는 부조의 석인상보다 많은 수의 발발이 제사유적의 동쪽에 배치된다는 점, 비석에 소그드문자나 돌궐문자 또는 돌궐 고유의 탐가를 새기는 점, 석사자상과 같은 동물상 표현의 특이점 등이 차별된다.

6-8세기 몽골 초원에 나타난 다양한 제사유적과 석인상의 특징을 시기별로 고찰한 결과 6세기 제사유적인 부구트 유적에는 아직 환조의 석상이 없고 발발과 비석만 있는 반면 신강 소소현 소홍나해묘지 석인은 비석을 사용하지 않고 석인상 몸체에 명문을 새긴 예이다.

7세기 말로 추정하는 시베트 올란 제사유적은 적어도 7세기 말에 석인상, 동물상, 비석과 대석, 사당 등으로 구성된 종합적인 제사유적의 형태를 갖춘 것을 보여준다. 시베트 올란에서 보이는 7세기 돌궐 제사유적의 건축구조상의 특징은 제사유적의 후면에 팔각형 건축물을 이중의 기단위에 세운 것이다. 퀼 테긴과 빌게 카간 제사유적으로 보아 8세기 전반에는 중국의 영향으로 제사유적의 복합적인 구성 형식이 완성된 것으로 보인다.

시베트 올란 제사유적은 몽골 초원의 미술의 발달에 있어서 돌궐제1제국시기의 석인상과 제사유적들과 당의 기미지배시기의 바얀노르묘와 복고을돌묘, 그리고 돌궐제2제국시기의 퀼 테긴과 빌게 카간 제사유적과 함께 돌궐 제사유적과 조각상의 특징과 돌궐제2제국시기에 받아들인 외래미술의 복합적인 융합과 발전 양상을 살펴볼 수 있는 유적이다. 또한 초원로와 실크로드를 따라 흐른 문화의 흐름에서 돌궐 시기의 다양한 문화양상을 내포하면서 독특한 지역적, 시기적 특징이 발현되는 유적이다. 몽골 초원의 6-8세기 돌궐시기의 미술은 초원로의 조각의 발달과 함께 제사유적의 건축 및 제사의 형식을 살펴볼 수 있다는 점에서 앞으로 보다 더 활발한 연구가 필요한 주제라고 할 수 있다.

제 1 부

몽골의 6-8세기 묘장 미술

- 몽골 볼간 아이막 바얀노르 솜 벽화묘를 중심으로

1. 몽골의 6-8세기 묘장

2011년 여름 몽골의 수도 울란바토르에서 서쪽으로 180km 떨어진 볼간 아이막 동남부의 톨 강 유역의 바얀노르 솜의 거란시기 토성土城인 올란헤렘 부근에서 벽화묘가 한 기 발견되었다(그림 1).[1] 몽골 과학아카데미와 카자흐스탄 유라시아연구원의 투르크-알타이 연구소가 2011년 7월~9월 사이에 공동으로 발굴

그림 1 | **바얀노르묘의 위치**

---

1   제1부는 2012년『고구려발해연구』와 2013년『중앙아시아연구』에 실린 논문을 수정 보완한 것임. 바얀노르묘에 대해서는 A. Очир, Л. Эрдэнэболд, С. Харжаубай, Эртний н

그림 2 | 바얀노르묘 전경

하였다(그림 2). 대략 7세기로 편년되는 고분에서 약 40점의 벽화와 570여점의 유물이 나왔다.[2] 모두 24명의 남녀인물상 벽화와 140여 점의 금속제품, 약 150점

ҮҮдэлчдйн бунхант булшны малтлага судалгаа. (Улаан хэрмийн шороон бумбагарын малтлагын тайлан). Улаанбаатар. Соёмбо принтинг хэвлэлийн үйлдвэр, 2013; 東潮, 「モンゴル草原の突厥オラーン・ヘレム壁画墓」, 『德島大學総合科學部 人間社會文化研究』, 21(2013), pp.1-50; 박아림, 「몽골에서 최근 발굴된 돌궐시기 벽화고분의 소개」, 『고구려발해연구』43(2012), pp.175-200; 박아림, 「몽골 볼간 아이막 바얀노르 솜 올란헤렘 벽화묘 연구」, 『중앙아시아연구』19-2 (2014), pp.1-25; 東潮, 「蒙古国境内的両座突厥墓」, 『北方民族考古』3(2016), pp.31-42; 박아림, L. 에르데네볼드 , 낸시 S. 스타인하트, 「몽골 바얀노르벽화묘와 복고을돌묘 출토 용과 비잔틴 금화 연구」, 『중앙아시아연구』제22권 제1호(2017), pp.73~99; Lhagvasuren Erdenebold, Ah-Rim Park and Nancy Shatzman Steinhardt, "A Tomb in Bayannuur, Northern Mongolia", *Orientations* 47-8 (2016), pp.84-91; 박아림, 『고구려 고분벽화 유라시아문화를 품다』(학연문화사, 2015), pp.463-510; Lhagvasuren Erdenebold, Ah-Rim Park and Nancy Shatzman Steinhardt, "Shoroon Bumbagar", *Artibus Asiae* (2020) in press.
2　A. 오치르, 「7세기 투르크 벽화무덤 발굴 조사 결과 및 성과」, 동북아역사재단 강연회 발표문,

의 토용과 목용, 약 40점의 금화가 발견되었다.

이 벽화묘는 올란헤렘묘, 쇼론 봄바가르묘 등으로 불리우나 쇼론 봄바가르가 흙무지(봉분)를 뜻하며 자마르 솜에서 발견된 복고을돌묘를 부를 때에도 사용되기 때문에 벽화묘가 발견된 지역명을 따르는 것이 보다 적절하다고 생각되어 바얀노르묘라는 명칭을 사용하고자 한다. 바얀노르벽화묘에서 북동쪽으로 15㎞ 떨어진 투브 아이막 자마르 솜에서 2009년 발굴한 복고을돌묘는 건축 구조와 부장품의 종류가 바얀노르벽화묘와 유사하여 늦게 주목을 받았다. 700여자의 한문으로 된 묘지墓誌가 나왔으며 다수의 토용과 목용이 출토되었다. 바얀노르묘와 복고을돌묘는 초원로를 통한 벽화문화의 전파와 교류에 대하여 소중한 정보를 제공하는 신자료이다. 묘의 구조 및 벽화와 부장품에서 유목문화와 서방문화 및 중국문화 간의 교류관계를 살펴볼 수 있어 흥미로운 묘이다.

돌궐의 미술과 돌궐인의 생활상은 몽골의 퀼 테긴, 빌게 카간, 빌게 톤유쿠크 비문과 제사 유적, 석상 및 유물, 돌궐시기 암각화와 말부장묘, 우즈베키스탄 사마르칸트 아프라시압 궁전 벽화, 중국 섬서 서안의 북주北周 안가묘安伽墓의 위병 석탑圍屛石榻과 사군묘史君墓의 가옥형 석곽 등 몽골, 중앙아시아, 중국 등에서 발견되는 다양한 형태의 유적과 유물을 통하여 살펴볼 수 있다. 3

돌궐의 장례습속은 중국과 달라 날짜를 잡아서 죽은 이가 타던 말과 물품 등을

2011. 10. 27.

3　薛宗正, 『突厥史』(北京: 中國社會科學出版社, 1992); 吳玉貴, 『突厥汗國與隋唐關系史研究』(北京: 中國社會科學出版社, 1998); 段連勤, 『丁零, 高車與鐵勒』(上海: 人民出版社, 1988), pp. 445-480; 林幹, 『突厥史』(呼和浩特: 內蒙古人民出版社, 1988), pp. 137-153. 前田正名, 陳俊謀 譯, 『河西歷史地理學研究』(北京: 中國藏學出版社, 1993), pp. 33-45; 김용문 · G. 에렉젠, 「몽골석인상의 복식 연구」, 『한복문화학회』 11(2008), pp. 193-205; 陝西省考古研究所, 『西安北周安伽墓』(北京: 文物出版社, 2003); 西安市文物保護考古所, 「西安市北周史君墓石槨墓」, 『考古』 7(2004), pp. 38-49; 민병훈, 「중앙 아시아의 소그드 문화」, 국립중앙박물관 편, 『동서문명의 십자로, 우즈베키스탄의 고대문화』(국립중앙박물관, 2010), pp. 232-247; 민병훈, 「실크로드와 동서문화 교류」, 국립중앙박물관 편, 『실크로드와 둔황』(국립중앙박물관, 2010); pp. 214-241.

시신과 모두 태워 그 남은 재를 모아 장례를 지냈다.[4] 무덤에는 집을 지어 그 안에 죽은 사람의 모습과 살아 있을 때 겪었던 전투의 모습을 그려놓았다. 중국 사서에는 돌을 세워 적을 표현한다고 하였다. 『수서隋書』에서는 죽은 이의 초상화를 그린다는 기록을 확인할 수 있다.[5] 돌궐에서 시신을 화장한 것은 조로아스터교 습속의 영향으로 추정된다.[6] 정관8년(634) 힐리가한이 죽자 돌궐인들로 하여금 장사지내도록 했는데 그 습속의 예에 따라 시신을 파수灞水의 동쪽에서 태웠다고 기록되어 634년에도 화장 장법이 사용된 것을 알 수 있다.[7] 바얀노르벽화묘도 화장한 유골을 넣은 비단 주머니를 금박 장식을 한 직물로 싼 나무로 만든 상자에 넣은 후에 목관에 넣는 화장법을 사용하였다.

한편 돌궐 비문과 『구당서』의 기록을 보면 8세기에는 돌궐 지배자의 장례가 당의 직접적인 영향을 받았음을 알 수 있다. 개원 20년(732년) 퀼 테긴이 죽자 당의 황제가 사신을 보내 조문하고 제사지내게 하였는데, 황제가 친히 지은 비문으로 비석을 세우고 사묘祠廟를 세워 돌을 깎아서 상像을 만들고 네 벽면에는 고인이 전쟁과 진영에 있었던 모습을 그리게 했다는 기록이 있다.[8]

돌궐의 원래의 장례습속을 보여주는 돌궐시기의 특징적인 묘로서 기존에 잘 알

---

4   劉永連, 『突厥喪葬風習硏究』(桂林: 廣西師範大學出版社, 2012).
5   "사람이 죽으면 시체를 장막 안에 두고 자손들과 친척 [남녀들이 소와 말을 많이 잡아 제사를 지내고 [모두] 장막을 둘러싸고 울부짖으며 칼로 얼굴을 그어 피와 눈물이 같이 흘러내리게 하기를 일곱 번 한 다음에 그쳤다. 이에 날짜를 잡아서 시체를 말 위에 얹어 태우고 그 재를 모아 장례를 지냈다. [재를 묻는 곳은] 나무를 둘러쳐 무덤으로 삼았는데, 그 안에 집을 지은 다음에 죽은 사람의 모습과 살아 있을 때 겪었던 전투의 모습을 그려놓았다. [죽은 사람이 생전에 일찍이 한 사람을 죽였으면 한 개의 돌을 세웠는데, [그 개수가 많으면] 수백에 이른 경우도 있었다." 『隋書』 卷84 列傳 第49 北狄 突厥.
6   동북아역사재단 편, 『北史 外國傳 譯註 下』(동북아역사재단, 2010), pp. 473-474.
7   『北史』 「突厥傳」 동북아역사재단 편, 앞의 책, p. 68.
8   앞의 책, pp. 150-151. 『舊唐書』 卷194 「突厥傳」 동북아역사재단 편, 『舊唐書 外國傳 譯註 上』(동북아역사재단, 2011), pp. 150-151; 동북아역사재단 편, 『新唐書 外國傳 譯註』(동북아역사재단, 2011), pp. 127-130, pp. 497-505; Talat Tekin 저, 이용성 역, 『돌궐비문연구』(제이앤씨, 2008), pp. 87-88, p. 117, p. 163.

러진 것은 말을 함께 부장한 묘로서 몽골 거의 모든 지역에서 발견되며 현재까지 약 30기가 조사되었다. 대표적인 예는 바얀울기 아이막 쳉겔 솜 시르갈 3호묘, 바얀울기 아이막 노곤노르 솜 이흐 하토 1호묘 등이다. 돌궐시기 말 부장묘는 원형 또는 타원형 형태의 외관을 갖고 있는 것이 특징이다. 중앙에 방형 또는 원형 배치의 적석이 있다. 장방형 묘는 우부르항가이 아이막 하르호린 솜의 자르갈랑트 묘지와 아르항가이 아이막의 호지르트 솜의 호쇼트 호지르트 묘지, 하샤트 솜의 호탁트산 묘지 등이다.

말을 부장한 묘의 분구의 직경은 3-12m이다. 시신은 0.6-2.4m 깊이에 매장하였다. 대부분 관이 없으나 드물게 관이 발견된다. 때로는 묘에 제물을 바치는 구역이 포함되기도 한다. 묘주는 귀걸이, 허리띠, 거울, 옷, 칼, 칼집, 활, 화살, 안장 등과 같이 묻힌다. 묻힌 사람과 부장한 말 사이를 분리하기 위해 묘의 바닥면의 깊이를 다르게 만들거나, 목재 또는 원형의 돌들로 공간을 구획하기도 한다. 묘향은 묘주는 동향, 북동향, 또는 북향이며, 말은 반대방향이다. 드물게 말과 인물이 같은 방향으로 묻히기도 한다. 대개 한 마리 또는 두 마리의 말이 묻히나 때로 더 많은 수의 말이 묻히기도 한다. 부장된 말의 수와 부장품이 묘주의 사회적 지위와 성별을 나타낸다. 남자인 경우 무기가 부장된다. 성별에 관계없이 발견되는 부장품은 귀걸이, 빗, 옷, 토기, 칼 등이다. 부장된 말들은 다양한 모양의 안장을 갖추고 있다. 은제, 청동제, 또는 골제 칼은 묘주의 사회적 신분을 나타낸다. 몽골에서 발굴 조사된 30기 정도의 말이 함께 묻힌 돌궐시기 묘 가운데 다섯 기의 묘의 방사성 탄소 연대측정이 540-1000년과 731-964년으로 나왔다. 그러므로 실제로 이들 묘들은 돌궐시기 초부터 위구르시기 후반, 그리고 거란시기 초까지에 해당된다고 한다.[9]

구조상의 특징 외에 부장품에서 돌궐시기의 묘로 편년되는 묘들 가운데 대표

9 Г. Эрэгзэн, Монголын эртний булш оршуулга. Улаанбаатар, 2016. pp.212-221.

적인 예는 2008년 홉드 아이막 자르갈랑트 솜 하이르한 산에서 발굴된 돌궐시기 동굴묘이다. 타원형 등자, 원형의 넓은 안장, 동물뼈로 만든 허리띠 장식, 갑옷 철판, 나무껍질로 만든 화살통과 화살, 활, 철제 검, 직사각형과 반원형 형태의 허리띠 장식 등 돌궐시기 유목민 묘들의 부장품들과 유사한 유물들이 발견되었다. 직사각형과 반원형 형태 허리띠 장식은 7세기 중에서 8세기 전반에 출현하는데 가장 잘 알려진 예는 빌게 카간 제사유적(735)에서 발견된 금제 허리띠 장식이다. 중국 섬서 서안의 소릉과 건릉의 외국사신 조각상 가운데 돌궐인 석상에서 이러한 허리띠 장식을 볼 수 있으며, 영하 고원 사씨묘군의 사사물묘(610)와 사도덕묘(678)에서도 발견된다.

돌궐시기 동굴묘에서 나온 고리장식이 달린 타원형 등자는 쿠드르게 15호묘(575-577)와 같은 돌궐묘에서 종종 출현한다.[10] 네 점의 갑옷 철판도 나왔는데 이러한 갑옷 철판의 부장은 중앙아시아 초원지역에서 발견되며 동시에 헝가리의 카르파티아Carpathia 분지의 아바르 지역에서도 발견된다. 마두금의 원형으로 보이는 목제 악기가 출토되었는데 악기의 목과 음통의 어깨 부분에서 돌궐 룬 문자가 발견되었으며, 음통의 바닥에는 수사슴, 야생염소, 개를 사냥하는 장면이 암각화와 유사한 방식으로 새겨져 있었다.[11] 이러한 부장품들로 미루어 해당 묘는 6-8세기 돌궐시기 묘로 추정한다.

앞에서 살펴본 돌궐시기의 특징적인 말의 부장과 금속 유물이 발견된 알타이

---

10 쿠드르게 묘장 포함 알타이와 몽골지역 돌궐계 묘장에 대해서는 강인욱, 「유라시아 동부 초원지역 선비 유연 시기 고고학적 문화와 그 의의」, 『동북아역사논총』 57(2017), pp. 34-75; ___, 「알타이지역 투르크문화의 형성과 고구려」, 『고구려발해연구』 21(2005), pp. 557-582.

11 Tsagaan Törbat, Dunbüree Batsükh, Jan Bemmann, Thomas O. Höllmann, Peter Zieme, "A Rock Tomb of the Ancient Turkic Period in the Zhargalant Khairkhan Mountains, Khovd Aimag, with the Oldest Preserved Horse-head Fiddle in Mongolia - A Preliminary Report", Jan Bemmann et al., *Current Archaeological Research in Mongolia*(Bonn: Vor-und Frühgeschichtliche Archäologie Rheinische Friedrich Wilhelms-Universität , 2009), pp. 366-383.

지역 묘로서는 알타이공화국 온구다이의 발릭숙 I호 묘지의 11호 쿠르간이 있다.[12] 네 마리의 말이 부장되었으며 은제 말굴레 장식, 누금세공기법이 사용된 진주장식 금 귀걸이, 은제 용기, 은제 허리띠 장식 등이 출토되었다. 돌궐에서 가장 전형적인 직사각형, 하트형, 반원형의 세 가지 형식을 가진 허리띠 장식은 유사한 예가 7-9세기로 편년되는 돌궐과 소그드 유적에서 발견되었으며, 돌궐 석상에서도 종종 관찰된다. 누금세공기법 귀걸이는 투바와 몽골에 비하면 알타이에서는 드물지만 유라시아에서 7-9세기에 자주 발견되며, 남부 시베리아와 중앙아시아에서 기원하여 돌궐제1제국의 수립으로 인해 넓은 영토로 퍼져나갔다고 한다. 은제 용기(높이 9.5㎝, 몸체 직경 10㎝, 바닥 직경 7㎝)는 손잡이가 구슬을 연결한 모양으로 유사한 돌궐식 용기가 알타이 유스티드Altai Ustyd 제사유적과 우크라이나 말라야 페레시체피나Malaya Pereshchepina 보물 가운데에서도 발견된다.[13] 이들 유적에서 나온 돌궐시기의 특징적인 금속공예품들은 바얀노르벽화묘에서도 발견되어 바얀노르벽화묘의 유목문화적 성격을 잘 보여준다.

마지막으로 몽골에서 돌궐시기 미술로 잘 알려진 것은 암각화이다. 선비, 유연, 돌궐시기에는 이전 시대에 보이지 않던 깃발이나 창을 든 전사, 중무장한 전사 그리고 개마무사 등 새로운 제재들이 출현한다.[14]

몽골 홉드 아이막 에르데네 부렝 솜의 조스틴 하드 개마무사 암각화는 마면갑과 마갑으로 무장한 말을 탄 투구를 쓰고 갑옷을 입고 긴 창을 든 전사를 그렸다. 일부 연구자들은 이 기마상을 유연 시대에 그려진 것으로 본다고 한다. 고비-알타이 아이막 바얀-올 솜의 돈드 하린 혼드 암각화에도 깃발을 든 기마병들이 서로

12   G. V. Kubarev and V. D. Kubarev, "Noble Turk Grave in Balyk-sook", *Archaeology, Ethnology & Anthropology of Eurasia* 4 (16) 2003, pp. 64-82.

13   G. V. Kubarev and V. D. Kubarev, 앞의 논문; В. Н. Залесская, З. А. Львова, Б. И. Маршак, И. В. Соколова, Н. А. Фонякова, Сокровища хана Кубрата. (Перещепинский клад) Санкт-Петербург: Славия, 1997.

14   장석호, 「몽골 알타이의 선사 및 고대 미술」, 『알타이 스케치, 몽골 알타이 편』(동북아역사재단, 2013), p. 128.

마주 보고 있거나 창으로 다른 창기병을 찌르는 전투 장면이 있다. 이러한 돌궐시기 암각화의 기마인물상은 몽골 서부 지역과 카자흐스탄 동부에서 발견된다. [15]

앞에서 살펴본 몽골의 6-8세기 묘들은 묘의 구조와 부장품의 내용으로 돌궐시기의 특징을 보여주는 대표 사례들이다. 암각화 역시 이전 시대와는 다른 기마인물 소재가 출현한다. 이러한 몽골의 6-8세기의 특징적인 묘장과 암각화를 포함한 조각·회화에 대한 인식을 변화시킨 사례가 2009년 발굴된 복고을돌묘와 2011년 발굴된 바얀노르벽화묘이다.

바얀노르벽화묘가 조성된 것으로 여겨지는 7세기의 몽골지역은 돌궐제1제국이 망하고 50년간 당의 기미지배가 있었다. 기미지배 이후 7세기 말에 돌궐제2제국이 세워진다. 돌궐은 북제 천보天保 4년(553년)부터 중국과 잦은 외교관계를 가졌다. 7세기 초와 말에는 동돌궐의 영토였으나 630년에서 682년 사이에 당의 기미지배羈縻支配가 이루어졌다. 기미지배시기 돌궐의 주력 세력들은 대체적으로 고비 이남으로 이주해서 생활하고 있었고, 톨 강 유역을 포함한 몽골 초원은 회흘回紇을 비롯한 투르크계(철륵鐵勒)가 주로 활동하고 있었다. 바얀노르벽화묘는 돌궐세력이 고비 남부로 내려가 생활하고 회흘을 비롯한 투르크계가 몽골 초원에서 활동하던 기미지배시기에 축조되었을 가능성이 높아 당시 톨 강 유역에 거주하던 복고씨를 포함한 철륵이 돌궐과 중국의 북조와 수당으로부터 받아들인 장의미술과 벽화문화의 특징을 보여주는 것으로 추정된다. [16]

바얀노르벽화와 유사한 특징을 보이는 북조 말기와 수대 벽화묘들이 유연, 선비, 소그드 묘주의 고분이라는 점은 주목을 요한다. 이들 고분들은 단순히 벽화

---

15 장석호, 앞의 논문, 2013, pp.196-198. pp.178-219; 장석호, 「알타이 지역 고대 암각화 속의 기마 전사 연구」, 『몽골학』 Vol.43(2015), pp.297-326; 장석호, 「타쉬트이흐(Ташты́к) 동물 양식과 한국 고대 미술의 상관성 연구」, 『中央 아시아 硏究』 21-2 (2016), pp.75-104.

16 철륵의 습속은 돌궐과 거의 같다고 기록되어있다. 『北史』 卷99 「突厥·鐵勒傳」, 동북아역사재단 編, 『北史 外國傳 譯註 下』 (동북아역사재단, 2010), pp.443-561; 『隋書』 卷84 「北狄傳」, 동북아역사재단 編, 『周書, 隋書 外國傳 譯註』 (동북아역사재단, 2010), pp.257-367.

만이 아니라 부장품에서도 북방 유목민이 선호하던 외래계 장신구가 종종 출토
되며 북방 유목민이 이끌었던 실크로드와 초원로의 교류상을 잘 반영하고 있
다.[17] 동서를 잇는 초원로에 위치한 벽화묘로서 혼합된 문화적 특징을 보여주는
바얀노르벽화묘가 가지는 지역적 특색과 문화적 변용양상을 7세기경 조성된 중
국의 섬서, 영하, 신강 등의 벽화묘들과 고구려 후기 벽화고분과 비교하여 고찰
하고 벽화의 양식과 부장품의 특징 분석을 통하여 구체적 편년을 시도한다.

2. 바얀노르벽화묘의 구조와 벽화의 구성

1) 벽화묘의 구조

바얀노르벽화묘는 남향의 사파묘도단실토동묘으로 긴 경사진 묘도墓道, 4개
의 아치형 과동過洞, 4개의 천정天井, 두 개의 감실(네 번째 천정의 동·서벽), 동쪽으
로 치우친 용도甬道, 방형方形 묘실墓室로 구성되었다(그림 3). 봉분의 남북 길이
34m, 동서너비 30m, 현존 높이 4m이며, 방형 묘실은 남북 길이 3.4-3.7m, 동서
너비 3.1-3.5m, 높이 2.7m이다. 묘도는 총 길이 약 20m, 폭 1.8m이다. 천정의
크기는 2×1.7-2m, 과동은 1.3×1.4m, 감실은 1×1m, 용도는 1.8×1.5m이다.

자연토층을 파서 만든 묘실의 평면은 남쪽이 약간 넓은 사다리꼴의 방형이며
네 모서리가 둥글게 처리되어있다. 묘실의 천장은 궁륭형이다. 묘실 바닥은 천
장에서 떨어진 모래와 흙 등으로 60~100㎝ 정도 높아졌다. 묘실 서쪽에 목관이
안치되었는데 관 위로 모래와 흙이 다량 떨어져 관이 파손되었다. 관 안에 크기
80×35㎝의 나무 상자가 놓여있었다. 목관은 묘실의 평면과 같이 북쪽이 약간 좁
고 남쪽이 넓은 형태로 선비족의 관의 형식을 연상케 한다. 목관 안에는 금제 부

---

17 초원로 연구 현황에 대해서는 정재훈, 「한국의 고대 초원로 연구 성과와 그 의미」, 『東洋學』
제76집(2019), pp. 77-93.

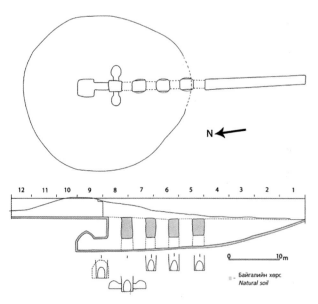

그림 3 | 〈평면도와 단면도〉, 바얀노르묘

장품, 묘주의 화장 유골, 금화 등을 각각 보자기에 따로 싸서 넣었다.[18] 나무 상자의 북쪽으로는 금제 용기와 금제 장식품이 보자기에 싸여 놓여있었다. 그 남쪽으로 묘주의 화장 유골이 화려하게 금박으로 장식한 보자기에 두 번 싸여 안치되었다. 유골 상자의 남쪽(또는 아래쪽)에는 금화 약 40점과 여러 점의 금제 장식품이 보자기에 싸여 놓여있었다.

하르호린박물관에 복원된 묘실 내부의 모습을 보면 묘실 안에는 목관 외에 목판이 묘실 북벽 쪽에 놓여있었는데 제대祭臺로 추정하고 있다. 제대 위에 나무로 만든 말, 낙타, 마차 등이 묘주 쪽을 바라보는 상태로 배치되어 있었다고 한다. 말은 크기에 맞춰 축소해서 만든 등자와 재갈이 갖춰져 있었다. 하르호린박물관

---

18   죽은 이를 화장하여 묻는 것은 돌궐과 소그드의 풍습으로 조로아스터교의 영향이다. 돌궐의 상
      장풍습은 동북아역사재단 편,『周書·隋書 外國傳 譯註』(동북아역사재단, 2010), pp. 94-95; 동북
      아역사재단 편,『北史 外國傳 譯註』(동북아역사재단, 2010), p. 272.

의 전시에 의하면 제대의 남쪽으로는 두 개의 얕은 단 같은 것이 설치되어있는데 각각의 단 위에 등간격으로 세 곳에 소형의 나무판을 쌓아놓았다. 처음에는 복고을돌묘의 감에서 나온 적, 청, 황색 깃발과 깃발 꽂이 모형과 같은 깃발을 꽂은 흔적으로 생각되었으나, 묘실 내에서 나온 다량의 목제 병풍틀과 수하인물도 견화로 미루어 보면 묘실 내에 목관을 안치하고 그 앞으로 제대와 목제병풍을 설치하였던 것이 아닌가 싶다. 실제로 묘실 내에서 여러 개의 타원형 목제 받침대가 발견되었는데 형태가 중국의 북위묘에서 나온 유장좌와 유사하여 병풍이나 유장과 같은 구조물을 설치하였던 것으로 생각된다. 또한 묘실문 안쪽에서 채색 진묘수와 진묘무사용이 나왔다.

묘실의 서벽과 남벽은 벽화가 많이 탈락되었다. 서벽은 북쪽에 선 한 명의 인물상만 알아 볼 수 있다. 천장과 벽이 연결된 부분도 벽면이 많이 부서져 내렸다. 긴 경사진 묘도, 아치형 과동, 천정, 감실, 묘실로 구성된 묘이며, 묘실의 평면이 사다리꼴 또는 네 모서리가 둥글게 처리된 방형이라는 점, 용도가 묘실의 동쪽으로 치우쳐 있는 점에서 중국 북조北朝~수당隋唐의 섬서 서안, 영하寧夏 고원固原 벽화묘와 유사하다.[19]

목관 안에 화장을 한 묘주의 유골과 금제 부장품과 금화를 함께 넣은 점, 목관의 옆에 제대를 설치하고 그 위에 목용 등을 배열한 점이 독특하다. 제대의 목용이 묘주를 향해 배치되고 벽면의 인물상들도 모두 북벽을 향하고 있어 묘실 안의 부장품과 벽화의 배치에 있어서 일정한 방향성을 보여준다. 바얀노르묘의 구조는 동시기 중국 고분과 유사하지만, 돌궐족과 소그드족의 화장풍습을 반영하고 있고, 북방 또는 서방계통의 금제 유물들이 다수 부장되어있어, 동서를 잇는 초원로에 위치한 벽화묘로서 혼합된 문화적 특징을 보여주어 상당히 흥미롭다.

---

19 寧夏回族自治區固原博物館 編,『原州古墓集成』(北京: 文物出版社, 1999); 羅豊 編,『固原南郊隋唐墓地』(北京: 文物出版社, 1996); 李星明,『唐代墓室壁畵硏究』(西安: 陝西人民美術出版社, 2006).

7세기에 동아시아와 중앙아시아에서 벽화묘가 주로 축조된 지역은 고구려의 수도였던 중국 길림 집안과 북한 평양 지역, 그리고 중국 섬서 서안과 예천, 영하 고원, 신강 투루판 등이다. 당의 수도 장안은 당시 벽화묘 축조의 중심지로 섬서 예천에 소재한 당 태종(627-649)의 무덤인 소릉昭陵의 배장묘 대부분에서 벽화가 확인된다.[20] 고구려의 수도 평양과 국내성 지역(길림 집안)에도 고구려가 세운 벽화고분들이 다수 존재한다. 고구려 벽화고분은 7세기경에는 단실묘單室墓의 유일한 벽화 주제로 사신도四神圖가 발달하였고 생활풍속도는 사라진 반면, 7세기의 중국 당묘唐墓 벽화는 인물도와 사신도가 공존한다. 바얀노르묘의 구조와 벽화, 부장품은 중국 북조~수당의 섬서 서안, 영하 고원, 신강新疆 투루판의 벽화묘와 많은 친연성을 보인다. 다음에서는 바얀노르묘의 벽화의 구성과 내용을 살펴보고 동시기에 조성된 다른 지역의 묘장벽화들과 비교한다.

2) 바얀노르묘 벽화의 구성

바얀노르묘 벽화의 배치는 다음 〈표1〉과 같다. 묘도에는 청룡靑龍과 백호白虎, 의장대儀仗隊, 깃발과 걸개, 천정 동·서벽에는 견마牽馬 및 남시男侍와 시녀侍女, 천정 북벽(과동 남구)에는 문루門樓, 연화보주蓮花寶珠, 괴수怪獸가 그려져 있다. 묘실에는 수하인물도樹下人物圖가 있다.

---

20   朴晟惠, 『西安地區唐墓壁畵風格硏究』(北京: 中央美術學院 博士論文, 1999); 陝西省歷史博物館 · 昭陵博物館 合編, 『昭陵文物精華』(西安: 陝西人民美術出版社, 1991); 전호태, 「한~당 고분벽화와 지역문화」, 『역사문화연구』 33 (2009), pp. 155-202.

	동	서	남	북	평면도
묘도	청룡, 남자 4명, 깃발 3개, 깃발 걸개	백호, 남자 4명, 깃발 3개, 깃발 걸개		문루	
제1천정	남자마부 1명, 말 1마리	남자마부 1명, 말 1마리		연화보주	
제2천정	인물 2명	인물 2명		괴수	
제3천정					
제4천정	인물 2명	인물 2명		문루	
묘실	여자 1명, 나무 2그루	남자 1명, 나무 1그루	?	남자 2명, 여자 2명, 나무 4그루	

(1) 묘도의 벽화

묘도에서부터 벽화를 순서대로 서술하면 묘도 동·서벽의 맨 앞에는 청룡(길이 7.56m, 높이 1.80m)과 백호(길이 7.80m, 높이 1.80m)가 있다(그림 4, 5). 그 뒤로는 동·서벽에 각각 4명의 남성(각 인물의 높이 1.53m, 1.44m, 1.63m, 1.08m)과 3개의

---

21 벽화 배치와 내용에 대해서는 A. Очир, Л. Эрдэнэболд, С. Харжаубай, Эртний нүүдэл
    чдийн бунхант булшны малтлага судалгаа (Булган аймгийн Баяннуур
    сумын Улаан хэрмийн шороон бумбагарын малтлагын тайлан),
    Улаанбаатар, "Соёмбо принтинг" Хэвлэлийн үйлдвэр, 2013; 東潮, 「モンゴル草原の突厥
    オラーン・ヘレム壁画墓」, 『德島大學総合科學部 人間社会文化研究』 21(2013), pp.1-50를 참
    고하여 작성하였음.

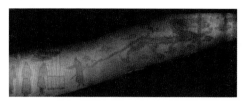

그림 4 | 〈의장대도〉, 바얀노르묘 묘도 동벽

그림 5 | 〈의장대도〉, 바얀노르묘 묘도 서벽

깃발(높이 1.76m, 너비 1.00m)이 꽂힌 깃발 걸개가 있다. 백호는 길이가 약 7.8m에 달하는 거대한 크기로 연화 운기문에 둘러싸여 네 발을 힘차게 뻗고 있다. 6~7세기 고구려 후기 벽화에서 청룡과 백호의 머리와 몸은 크게 S자를 그리면서 꼬리가 하늘로 솟아올라간 형태로 그려진다. 몽골 벽화묘의 것은 머리와 몸통은 시원하게 S자를 그리고 있으나 꼬리가 긴 경사로를 따라 내려가 아래를 향해 뻗은 형상이어서 차이가 있다. 꼬리의 끝은 사신도 바로 뒤에 서있는 인물에게로 자연스럽게 이어지고 있다.

　묘도 동·서벽의 청룡과 백호 뒤로 각각 네 명의 남자가 서 있으며 깃발이 꽂

그림 6 | 〈문루도〉, 바얀노르묘 묘도

힌 걸개가 있다. 행렬을 인도하는 듯한 인물이 깃발의 앞에, 나머지 세 명은 깃발의 뒤에 서있다. 동·서벽의 행렬의 첫 번째 인물은 둘 다 원령의圓領衣를 입고 장검을 차고 있으며 뒤에 선 사람들을 향하여 고개를 돌리고 서있다. 첫 번째 인물 뒤에는 적색의 긴 깃발이 세 개가 꽂힌 걸개가 있다. 깃발의 끝이 두 갈래로 나뉘어 뒤로 날리고 있다. 그 뒤로 두 손을 모아 가슴 앞에 공손히 모으고 서있는 남자가 있다. 세 번째 인물은 두 번째와 네 번째 인물보다 크기가 크다. 서벽의 세 번째 인물은 남쪽을 향한 반면, 동벽의 세 번째 인물은 정면상이다. 동·서벽의 행렬의 마지막 인물은 크기가 작게 그려

졌다. 동벽의 네 번째 남자는 오른손을 북쪽으로 뻗쳐 묘실 쪽을 가리키고 있고, 서벽의 네 번째 남자는 남쪽을 향해 행렬하고 있다. 인물은 모두 복두幞頭를 쓰고 있으며 첫 번째와 세 번째 인물이 적색의 원령의를, 두 번째와 네 번째 인물이 회색의 원령의를 입고 있다. 인물들의 긴 소매가 심하게 꼬여있는 점이 눈을 끈다. 모사도에 의하면 동벽의 4명은 모두 칠사七事를 허리에 찬 것으로 보인다.[22]

묘도 북벽에는 제1과동으로 통하는 문이 있다. 문 위에 문루도가 그려져 있다 (그림 6). 벽화묘에서는 두 채의 건물도가 발견되는데 하나는 묘도 북벽 상부, 다른 하나는 제4천장의 북벽 상부(그림 7)에 있다. 묘도 북벽의 건물은 정면 세 칸이며 검은색의 지붕 양쪽에 치미가 있고 건물의 몸체는 적색으로 그렸다. 건물 가운데 칸에 가로로 여섯 줄의 문정門釘과 문고리가 달린 문이 있다. 벽화묘의 제4천정 서벽 이실(또는 벽감)에 달린 목제문이 온전하게 남아있는데 세 줄의 문정

그림 7 | 〈문루도〉, 바얀노르묘 제4천정

22   수당대 호복은 깃을 접은 형인 번령포이고, 앞중심이 트이고, 선에는 각종의 문양이 있고 七事를 허리에 차는 형태이다. 이정옥, 남후선, 권미정, 진현선 공저, 『중국복식사』 (형설출판사, 2000), pp. 103-161.

과 문고리가 달려있다. 문루도의 건물은 검정색 기둥을 전면에 세운 난간이 둘러져있다. 지붕 위에 'ㅅ'모양으로 하늘로 날아가는 새들이 그려져 있는데 동시기 당묘의 벽화와 병풍화에도 보이는 표현이다.

두 번째 건물도는 제4천정 북벽에 있다. 검은색의 지붕과 지붕 양끝의 치미, 붉은색을 사용해 그린 목조구조, 정면 세 칸의 형식, 난간을 두른 점이 묘문 입구 상부의 건물과 같다. 난간에 검은색 기둥 장식이 없는 점이 다르다. 발굴 보고에 의하면 2점의 건물도는 절 건물을 그린 것으로 추정되며 몽골 지역에 살던 유목민들의 사원 형태를 이해할 수 있게 해주는 좋은 사례로 보고 있다.[23]

(2) 천정과 과동의 벽화

제1천정의 동·서벽에는 각각 한 명의 마부와 안장을 얹은 말이 있다(그림 8). 서벽의 마부는 붉은색 옷을 입고 모자를 쓰지 않은 긴 머리에 흑색의 말을 끌고 있다. 붉은 색 말을 끌고 있는 동벽의 마부는 붉은색의 고대 소그드 모자와 비슷한 모자를 쓰고 있다. 말의 갈기가 두세 개의 삼각형으로 표현되어있는데 고대

그림 8 | 〈견마도〉, 바얀노르벽화묘 천정 동벽(좌)과 서벽(우)

---

23   돌궐제1제국 시기에 불교의 수용과 소그드 상인들의 활발한 활동이 있었다. 돌궐의 他鉢可汗(재위 572-581)은 북제의 惠琳를 맞이해 돌궐에서 불교를 발전하게 했다. 빌게 카간(재위 716-734)도 즉위 초 佛寺와 道觀을 건설하려고 시도하였다고 한다. 동북아역사재단 편, 『北史 外國傳 譯註』(동북아역사재단, 2010), pp. 99-107, pp. 275-276.

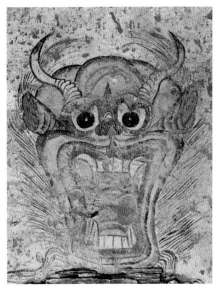

그림 9 | 〈연화보주도〉, 바얀노르묘　　　　그림 10 | 〈귀면문〉, 바얀노르묘

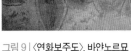

투르크인들의 말갈기 다듬던 방식과 흡사하다. 두 마부가 입은 옷은 수당대 호복인 깃을 접은 형인 번령포로 보인다.[24] 두 사람 모두 묘문 쪽으로 말을 끌고 나가는 모습이다.

　제1천정의 북벽에는 연화보주문을 문 위에 그렸다(그림 9). 검은색으로 윤곽선을 그리고 붉은색으로 세부를 강조했다. 발굴보고에서는 연화문이 무덤 주인이 불교신자이거나 불교에 대해서 잘 알고 있었던 사람임을 증명한다고 보았다. 제2천정의 동·서벽에는 두 명씩 인물이 그려져 있는데 서벽의 것은 비교적 잘 남아 있으나 동벽은 많이 지워졌다. 제2천정 북벽 상부에는 괴수(귀면)가 크게 그려졌다(그림 10). 뿔이 머리 양쪽에 나있고 수염이 난 입을 크게 벌리고 있다. 묘실을 지키는 벽사의 상징을 가진 제재로 보인다. 제4천정의 동·서벽에 감이

24　이정옥, 남후선, 권미정, 진현선 공저, 앞의 책, pp. 103-161.

하나씩 있다. 문 옆에 인물상이 두 명씩 남아 있다.

(3) 묘실의 벽화

마지막으로 묘실에는 수하인물도가 그려져 있다(그림 11). 묘실 네 벽에 암적색으로 기둥과 들보를 그렸다. 한 벽면을 여러 개의 기둥으로 구획을 하고 기둥과 기둥 사이에 한 그루의 나무와 한 명의 인물을 그렸다. 서벽에 한 명, 북벽에네 명, 동벽에 한 명의 인물이 남아 있다. 서벽의 가장 오른쪽에 남은 인물은 적색 옷을 입고 있는데 남쪽을 향하여 나무 아래에 서있다. 북벽의 인물들은 모두묘실의 서벽, 즉 묘주의 관 쪽을 향하고 있다. 북벽의 첫 번째 인물은 적색 옷을입은 남자로 서벽을 향하여 소매를 날리며 춤을 추는 모습이다. 그 뒤로 회색 상의에 붉은 치마를 입은 여인이 뒤따른다. 여인의 뒤에는 붉은 상의에 검은색 주름치마를 입은 여인과 적색 옷을 입은 키가 작은 남자가 따르고 있다. 동벽의 여

그림 11 | 〈인물도〉, 바얀노르묘 묘실

인은 회색 상의에 적색 치마를 입었다.

묘실 벽화는 섬서 서안의 당대 벽화묘들에서 많이 볼 수 있는 수하인물도의 형식을 연상케 한다. 당대 황실벽화묘는 묘실 네 벽에 시녀·궁녀·내시·악무·병풍 등의 도상을 그린다. 벽화는 보통 침상 형태의 관이나 석곽을 중심으로 배치된다.[25] 인물들의 의복에 밝은 적색의 안료를 칠해 눈에 두드러진다. 나무 위의 빈 공간에도 적색 안료를 사용하여 거칠고 두꺼운 선을 죽죽 그어 장식을 하였는데 강렬한 인상을 준다. 나무는 검은색의 안료로 뚝뚝 끊어진 선을 이용하여 거칠게 줄기와 가지를 그렸다. 묘도와 천정의 벽화에 사용된 정제되고 세련된 필치와는 차이가 나서 대조적이다. 석회 벽면의 상태나 그림 솜씨에서 차이가 있어 제작 화공이나 제작 시기가 다른 것이 아닐까 생각된다. 발굴 보고에서도 40여점의 벽화를 제작하려면 두 명 이상의 화가가 참여하여 제작했을 것으로 보고 있다. 묘도의 벽화는 비교적 세련된 가는 필선으로 인물과 청룡·백호를 그린 반면, 묘실의 벽화는 두터운 붓으로 거칠게 그렸으며 인물의 형상이나 크기가 일정하지 않다. 발굴 보고에서는 묘실 벽화에서 큰 나무 밑에 남녀인물상을 그린 것은 돌궐족의 발생 신화와 연관된 것으로 보고 있다.

묘도와 천정의 벽화는 중국의 당대 벽화묘의 인물화 형식이나 벽화 배치를 많이 반영하고 있다. 묘실의 벽화는 당대의 수하인물도 형식과 유사하지만 그 표현방식에서 중국의 것과는 차이가 있다. 묘도와 묘실의 벽화를 그린 제작화공의 솜씨 차이나, 지역 화풍이나 풍습의 반영은 아닌지 좀 더 고찰이 필요하다. 또한 돌궐족의 신화에 대한 이해와 연구가 심화되면 보다 구체적인 해석이 나올 수 있을 것으로 생각된다.[26]

---

25 李星明,「關中地域 唐代 皇室壁畵墓의 도상연구」,『미술사논단』no. 23(2006), pp. 101-124.

26 돌궐 시조신화와 神木 등반 의례에 대하여 국립민속박물관 편,『북방민족의 샤마니즘과 제사습속』(국립민속박물관, 1998), pp. 171-189.

3. 바얀노르벽화의 주제별 고찰

1) 사신도四神圖

바얀노르벽화묘에는 사신도 가운데 주작과 현무는 발견되지 않았으며 청룡과 백호가 묘도 입구에 배치되었다. 청룡과 백호는 크기가 상당히 커서 묘도 길이의 절반을 차지하고 있다(그림 12, 13). 머리와 목이 'S'자형으로 구부러졌으며 네 다리를 앞뒤로 힘차게 뻗고 있다. 머리와 목, 다리에 묘사된 운동감은 몸통과 꼬리 부분에서는 약화되는데, 몸통과 꼬리는 일자형으로 각각 굵기가 일정하며 몸통과 거의 같은 길이의 긴 꼬리는 묘도 아래쪽을 향해 길게 늘어졌다. 청룡과 백호의 목과 엉덩이가 위로 승천을 위한 매개물인 척목尺木이 있고 등과 꼬리에 적색으로 돌기를 표현하였다.[27] 간단한 운기문으로 청룡과 백호 주위를 장식하였다.

바얀노르묘 사신도의 배치와 양식적 특징을 7세기 동아시아 벽화묘의 사신도와 비교해보면 우선 묘실 안이 아닌 묘도 입구에 배치된 형식은 중국 북조~수당대 사신도와 같다. 6-7세기의 고구려 후기 청룡·백호도는 단실묘單室墓의 묘실 동·서벽에 그려져 배치에서 차이가 있다. 경사진 긴 묘도의 동·서벽에 청룡·백호를 의장대와 같이 배치하는 형식은 중국 하북 자현 동위東魏 여여茹茹(또는 유연柔然)공주묘公

그림 12 | 〈청룡도〉, 바얀노르묘 묘도 동벽   그림 13 | 〈백호도〉, 바얀노르묘 묘도 서벽

---

27   전호태, 「한~당 사신도」, 『중국 화상석과 고분벽화 연구』(솔, 2007), p. 254.

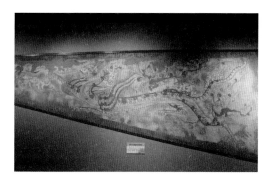

그림 14 | 〈백호도〉, 여여공주묘 묘도 서벽

土墓(550년)에 처음 출현하여 이후의 북제, 수·당대 고분으로 계승된다(그림 14).[28] 여여공주묘의 백호는 4m 길이로 머리와 몸체가 크게 S자를 그리는 점, 몸체 일부에 붉은 색을 사용하고 있는 점이 돌궐시기 벽화묘의 백호와 유사하다. 그러나 여여공주묘의 백호의 꼬리는 고구려의 6-7세기 백호와 같이 하늘로 솟아있다. 당대 벽화묘 중에서는 의덕태자묘懿德太子墓(706년)의 백호와 청룡의 꼬리가 몽골 벽화묘의 것과 같이 아래로 길게 뻗어있으나 연화 운기문이나 사신의 세부 표현에서 보다 세련되었다.

그림 15 | 〈청룡도〉, 고구려 통구사신총 동벽

바얀노르 청룡·백호도의 양식적 특징에서 'S'자형으로 구부러진 머리와 몸의 상체 표현은 고구려와 북조의 것과 유사하면서 뒤로 길게

그림 16 | 〈청룡도〉, 만장벽화묘

28   磁縣文化館, 「河北磁縣東魏茹茹公主墓發掘簡報」, 『文物』 4(1984), pp. 1-9, 97-102; 李星明, 「宇宙神瑞圖像系統與數術思想和道教文化因素」, 『唐代墓室壁畵硏究』(西安: 陝西人民美術出版社, 2006), pp. 171-227, 도5-26, 도6-7.

처진 꼬리 표현은 당의 것과 가깝다(그림 15). 그러나 당묘唐墓의 청룡과 백호는 대개 꼬리가 뭉툭하게 짧아 바얀노르벽화묘의 사신과는 약간 차이가 난다. 북조의 청룡은 고구려 후기 고분과 양식적으로 유사한데 'S'자형의 꼬리가 하늘을 향해 올라가며, 전체적으로 날렵하고 탄력성 있는 신체 표현이 특징이다. 바얀노르벽화에서 청룡과 백호를 둘러싼 운기문양은 당묘보다는 북조묘北朝墓와 보다 유사한데, 특히 하북河北 자현磁縣 만장灣漳 북제벽화묘의 것과 비슷하다(그림 16).

사신의 도상은 중국 한위진남북조수당묘의 묘실 벽면, 석관 및 묘지墓誌 장식에 자주 표현된다. 수당대에 묘도 입구에 청룡, 백호를 그리는 경우 주작과 현무는 거의 출현하지 않는다. 당의 묘실 벽화에서 주로 묘도 입구에 배치된 청룡과 백호는 대개 의장대와 같이 출현하며 몸체의 역동적 표현이나 신수神獸로서의 신비감이 북조의 사신보다 약화되는 것이 특징이다.[29] 바얀노르의 사신도는 의장

그림 17 | 〈병풍화〉, 최분묘

---

29   전호태, 앞의 책, pp. 233-298.

대와 같이 묘도에 그려져 주제의 배치면에서는 북조~수당의 사신도와 같고, 양식적으로는 북조, 수당, 고구려 사신도의 특징이 혼합된 듯한 양상을 보여준다.

2) 인물도人物圖

바얀노르벽화묘의 인물도는 묘실의 수하인물樹下人物, 천정天井 아래의 동서벽의 호인견마胡人牽馬, 남시男侍와 여시女侍, 묘도의 의장대로 나눌 수 있다. 인물도의 배치와 표현은 7세기 중후반의 중국 섬서 예천과 서안의 벽화묘들과 친연성을 보여준다.

바얀노르묘의 묘실은 중국 당대 섬서 서안과 예천의 벽화묘들과 같이 목조 가옥 구조와 병풍을 모방하여 벽면을 몇 개의 적색 선으로 나누고 수하인물을 그렸다. 중국 산동성山東省 임구현臨朐縣에 위치한 북제 최분묘(551년)의 사례와 같이 북조시기 벽화묘에 보이는 수하인물과 병풍도상은 초당 후기묘에 다시 출현한다(그림 17). 당묘에서는 목조 가옥구조를 그린 묘실과 용도에 수목, 호석湖石 등 정원화원庭院花園을 인물화의 배경으로 그렸다. 병풍도는 당묘의 내택內宅 경관을 구성하는 중요한 도상으로 7세기 후반의 섬서 서안과 예천의 벽화묘(집실봉절묘執失奉節墓, 이적묘李勣墓, 연비묘燕妃墓(그림 18), 원사장묘元師獎墓), 7세기말 영하 고원 양원진묘(699)에

그림 18 | 〈12폭 병풍화〉, 연비묘

그림 19 | 〈수하인물도〉, 양원진묘

그림 20 | 〈사녀도〉, 아스타나 187호묘

나타난다(그림 19).[30] 투루판 아스타나 당묘에도 산수인물山水人物, 화훼금조花卉禽鳥 등을 묘실 후벽에 다병식多屏式 벽화로 표현하였다. 목마도牧馬圖, 기악도伎樂圖, 사녀도仕女圖, 쌍동도雙童圖가 연병식聯屏式으로 그려진 견본화絹本畫도 여러 점이 출토되었다(그림 20).[31]

바얀노르벽화묘의 북벽에는 적색 긴소매 옷을 입은 인물이 소매를 날리며 춤을 추는 그림이 있다. 당초唐初 장군將軍으로 돌궐과의 전쟁에서 공을 세운 이적李

30　李星明, 앞의 책, 도 5-51, 도 5-53, 도 5-59.

31　徐光冀 編,『中國出土壁畫全集』, 9권 甘肅·寧夏·新疆 (北京: 科學出版社, 2012), pp.4-5, 도203-221; 박아림, 「아스타나 무덤군 7-8세기 회화」, 국립문화재연구소 編,『실크로드 연구사전 동부: 중국 신장』(국립문화재연구소, 2019), pp.436-441; 박아림, 「아스타나 무덤군 6폭 병풍 벽화」, 국립문화재연구소 編,『실크로드 연구사전 동부: 중국 신장』(국립문화재연구소, 2019), pp.442-443.

勳(594-669)묘의 묘실 북벽 서측과 서벽 북측에 6폭 병풍도가 있는데 북벽 3폭의
병풍에 홍색 교임관수삼交衽寬袖衫과 백색 긴 치마를 입고 나무 아래에서 걷거나
뛰는 형상의 사녀들을 그렸다.[32] 수하 사녀도 형식과 나무의 형상이 바얀노르벽
화를 연상시킨다.

집실봉절묘, 이사마묘, 위귀비묘에도 기악무녀도가 있다. 돌궐 출신으로 당의
번장番將이자 정양도독定襄都督이었던 집실봉절묘(658)의 묘실 북벽의 홍의무녀도
紅衣舞女圖는 허리선이 높고 붉은 줄무늬가 있는 긴 치마를 입고 붉은 색의 긴 천
을 어깨에 걸친 채 춤을 추는 모습이 잘 남아있다.[33]

바얀노르벽화묘의 묘실 벽화 주제의 배치와 표현은 초당시기 관중지역 벽화
묘의 수하인물도, 무녀도, 사녀도, 병풍도의 형식이 조합되어 만들어진 것임을
알 수 있다. 이러한 도상은 초당의 관중지역에서 점차 태원太原, 고원固原, 투루판
지역으로 전파된다.[34] 병풍 형식의 채용은 투루판 아스타나묘에서 묘실 벽화와
견화로 종종 관찰된다. 묘주 현실 생활에 사용된 병풍의 묘사인 동시에 묘주의
영좌靈座를 안전하게 보호하고 감싸는 기능을 하는 것이다.

바얀노르벽화묘의 묘실 벽화에서 인물의 머리 위에 거칠게 죽죽 그은 적색 선
의 두드러진 사용은 동시기 다른 지역 벽화묘에서 찾아보기 어려워 지역적 특색
으로 보인다. 한편 연비묘(671)에서는 병풍화 상부에 새들이 사선으로 날아가는
모습과 지평선 사이사이에 삼각형 산들을 그려 넣었으며, 아스타나 병풍화의 여
성인물의 머리 위에도 유사한 지평선과 산을 적색으로 묘사하였다. 이러한 지평
선과 산의 묘사는 일본 나라 아스카 다카마쓰 벽화고분의 일월과 같이 그려진

---

32 『舊唐書』卷67「李勣傳」; 寧夏回族自治區固原博物館 編, 『原州古墓集成』(北京: 文物出版社,
    1999), 도 141-152; 李星明, 앞의 책, p.166, pp.159-170.

33   朴晟惠, 앞의 논문, p.16; 국립중앙박물관 編, 『중국 고대회화의 탄생』(국립중앙박물관,
    2008), 도35, p.145.

34   당 벽화묘의 병풍화 형식에 대해서는 정옌, 「그림의 테두리를 누른 붓끝」, 『죽음을 넘어』(지
    와 사랑, 2019), pp.415-437 참조.

그림 21 | 〈소릉육준〉, 태종 소릉

산악도 표현에도 보이는 것으로 당시 배경의 산수를 묘사하는데 사용된 도식적인 표현으로 볼 수 있다. 바얀노르묘의 인물 머리 상단에 거칠게 그어진 적색선들은 이러한 표현 예를 알고 있으나 정확하게 재현하지 못한 화공의 한계를 보여주는 것일 수도 있다.

바얀노르벽화묘의 제1천정 아래의 동·서 양벽에는 호인견마도胡人牽馬圖와 남시男侍와 여시도女侍圖가 있다. 동벽에는 적마赤馬를 끌고 있는 정면상의 마부가 있다. 적색 장화에 흑색의 긴 포를 입었는데 수당대 호복인 깃을 접은 형인 번령포로 보인다.[35] 마부가 쓴 끝이 뾰족한 붉은 색 모자는 고대 소그드의 모자와 흡사하다. 말의 갈기가 2-3개의 삼각형으로 표현되었는데 태종의 소릉육준昭陵六駿 조각상에서도 비슷한 말갈기 표현을 볼 수 있다(그림 21). 서벽의 마부는 모자 없이 적색의 번령포를 입고 있다. 흑마黑馬를 끌고 있는데 말의 뭉툭한 꼬리가 위로 들려있다.

마부도는 고구려 벽화고분과 중국 북조~수당대 벽화묘에서 묘주의 출행 또는 사후의 여행을 위해 종종 표현되는 주제로서 7세기 후반의 당묘의 묘도, 천정 양벽

그림 22 | 〈마부도〉, 양원진묘

---

35   이정옥, 앞의 책, pp. 103-161.

에서도 여러 사례(신성장공주묘, 정인태묘, 소군묘, 이적묘 등)가 관찰된다. 영하 고원 양원진묘와 같이 3개의 천정 아래의 동·서벽에 모두 견마도가 그려진 예도 있다(그림 22).[36] 투루판 아스타나 188호묘(초당)에서도 "목마도牧馬圖" 견화 8폭 병풍이 출토되었다(그림 23).[37] 묘지에 따르면 묘주인 국선비麴仙妃가 회화와 직수織繡에 능하다고 기록되어있어 묘주가 생전에 제작한 작품일 것으로 추정하고 있다.[38] 바얀노르의 호인마부상과 가장 흡사한 예는 위귀비묘(666)의 제1천정 동벽의 호인비마胡人備馬와 서벽의 호인견마 중 서벽의 정면상의 호인마부로 적색 번령포를 입

그림 23 | 〈목마도〉, 아스타나 188호묘

그림 24 | 〈비마도〉, 위귀비묘 제1천정 동벽(좌), 〈견마도〉, 위귀비묘 제1천정 서벽(우)

36   李星明, 앞의 책, p.115, 도 2-19.

37   박아림, 앞의 논문, 국립문화재연구소 編, 『실크로드 연구사전 동부: 중국 신장』(국립문화재연구소, 2019), pp.436-441, pp.442-443.

38   中國美術全集編輯委員會 編, 『中國美術全集, 繪畫編 2 隋唐五代繪畫』, (北京: 文物出版社, 1985), 도 10.

고 백마를 끌고 있다(그림 24).[39]

그림 25 | 〈집홀판시자도〉, 사사물묘

그림 26 | 〈지선사녀도〉, 단간벽묘

다음으로 묘도의 의장도儀仗圖를 살펴본다. 앞에서 언급하였듯이 북조~수당대 고분의 묘도에는 청룡·백호와 의장대의 두 주제가 결합된다. 바얀노르 묘도 벽화의 주제 구성과 배치는 중국 벽화묘와 유사하나 세부 표현에서 지역적 특징이 엿보인다. 묘도 동벽과 서벽의 의장대는 각각 4명의 인물로 구성되며 동서 대칭을 이루고 있는 인물들의 복식이나 얼굴이 유사한데 서있는 자세나 손의 모양에서 약간씩 차이가 있다.

묘도 입구에서부터 보면 동·서벽의 첫 번째 인물은 회색의 복두와 적색의 원령의를 입고 장검을 차고 있다. 첫 번째 인물 뒤에는 세 개의 적색의 깃발이 꽂힌 걸개가 있다. 걸개 뒤에 선 행렬의 두 번째 인물은 회색 복두와 회색(흑색?) 원령포를 입고 두 손을 가슴 앞에 공손히 모으고 머리를 앞으로 약간 숙인 채 서 있다. 회색 복두에 적색 원령포를 입은 세 번째 인물은 다른 인물들보다 크기가 크게 그려져 강조되었다. 서벽의 인물은 남쪽을 향해 서있고 동벽의 인물은 정면상이다.

행렬의 마지막 인물은 회색의 복두와 원령

39   昭陵博物館 編,『昭陵唐墓壁畵』(北京: 文物出版社, 2006), 도 87, p. 121.

의를 입었으며 복장, 표정, 동작이 영하 고원 사씨묘군의 사사물묘의 집홀판시자도執笏板侍子圖와 흡사하다(그림 25). 또한 단간벽묘를 비롯하여 소릉과 건릉 배장 벽화묘와 산서 태원 남교의 당묘 벽화에 등장하는 남시의 형상과 유사하다. 당의 궁정화가 염립본閻立本(601년 전후-673년)의『보련도步輦圖』에도 백의를 입은 유사한 남시 형상을 볼 수 있다.『보련도』의 당태종을 둘러싼 궁녀들은 머리가 다소 크고 고발高髮에 홍백색의 긴 줄무늬 치마를 입고 있어 소릉 배장벽화묘들(그림 26)과 바얀노르벽화묘의 여인상을 연상시킨다. 소릉 배장묘의 벽화는 당시 벽화를 제작한 화가가 염립본 화풍에 영향을 받은 모본에 따라 그린 것으로 추정된다.[40]

바얀노르벽화묘 묘도의 인물도는 염립본이 정관 15년(641년) 당 태종이 투루판의 사자使者를 접견하는 장면을 그린『보련도』의 화면 좌측에 묘사된 사자와 전례관典禮官, 남시의 구성을 연상시킨다. 화면의 투루판의 사자 앞에는 홍포紅袍를 입은 전례관이 있고 뒤에는 백의를 입은 남시가 서있다. 외국 사신의 접견도라는 기록적, 의례적 성격을 띤 주제인데 바얀노르벽화묘 묘도의 인물들이 공손하게 경의를 표하는 태도나 분위기와 흡사하다. 이는 몽골 벽화묘의 묘도 벽화가 묘주가 당과의 교류에서 가진 특정한 중요 사건을 그린 기록화의 성격을 가진 것을 의미할 수도 있는데 이를테면 당의 기미지배기 해당 지역의 추장酋長으로서 도독이나 자사로 임명된 사건을 기념하는 것이다. 한편 고분미술의 주제는 항상 중의적 표현을 염두에 두고 해석해야 하므로 묘주의 사후 장례에 참여하기 위해 방문한 중국의 사신을 그린 것일 수도 있다. 한편 묘도에 서 있는 인물들은 돌궐의 장례습속에서 제사유적 전면에 세워지는 석인상들을 연상시키기도 한다. 몽골 아르항가이 아이막 호쇼 차이담의 퀼 테긴과 빌게 카간의 제사유적은 사당의 앞에 입상과 좌상의 인물과 동물석상들을 배치하였다.

---

40   陝西省歷史博物館, 昭陵博物館 合編,『昭陵文物精華』(西安: 陝西人民美術出版社, 1991), pp. 38-39; 朴晟惠, 앞의 논문, pp. 82-85; 李星明, 앞의 책, pp. 230-318.

묘도 동·서벽에 각각 세 개씩 적색 깃발이 꽂힌 걸개의 형상과 깃발을 둘러싼 인물의 배치형식은 북조~당묘 벽화의 의장대의 열극도列戟圖 또는 극가도戟架圖와 비슷하다. 구조가 비슷한 수당대 벽화묘의 묘도 동서 양 벽은 대체로 호위의장대·극가·문리門吏·문관文官 등의 도상이 그려져 있다. 묘주신분과 묘의 조성 시기가 다르기 때문에, 각기 규격이 다른 묘장에서 이러한 도상은 부분적으로 큰 차이를 보인다. 병기 걸개를 생략하기도 하고, 의장대와 문리의 인원을 많게 또는 적게 표현하거나, 때론 안장을 채운 말과 수레를 그려 넣기도 한다. 당묘 벽화에서 열극도는 등급에 따라 극의 수에 차별이 있으며 묘주의 지위를 표현하는 도상이다.[41] 관중지역 초성당 황실벽화묘의 의장대열 도상에서는 묘주의 신분지위의 등급이 구별되지만, 중만당 의장대열도상은 병기 걸개의 도상이 전면적으로 사라지는 등 간략화가 진행된다.[42]

바얀노르벽화의 의장대는 묘주의 높은 지위를 과시하는 주제로 선택되었으나 인물의 수가 적고 인물들의 자세도 비교적 자유롭게 표현되었으며 극 대신 단순한 형태의 적색 깃발이 꽂혀있다. 초당 벽화묘 중에서 깃발 걸개를 사용하지 않고 의장대가 깃발을 든 형상으로 묘사한 예가 정인태묘에서 보인다. 바얀노르벽화묘와 연관된 투브 아이막 자마르 솜의 복고을돌묘에는 벽화는 없으나 감에 토용들과 함께 깃발 걸이와 깃발 모형들을 배치하여 의장대를 구성하였다. 고구려 사절도가 그려진 아프라시압 궁전의 서벽 벽화에 그려진 깃대들은 유목민족의 상징물로 여겨진다. 서벽 상단에 바르흐만왕이 앉아 있는 가운데 돌궐인들이 다수 등장하는데 화면 오른쪽 끝의 11개의 깃대들은 서돌궐西突厥 부족들을

41　李星明, 앞의 논문, pp.101-124; 李星明, 앞의 책, pp.156-159.

42　李星明, 위의 논문, pp.101-124. 당대 예의제도 중에서 열극은 황실성원과 고관의 품급신분을 표시하는 동시에 권력과 명예의 상징물이다. 한대에 기원한 것으로 동위 여여공주묘에 이미 출현하였고 수대에 열극이 이미 제도화된다. 당대에 열극의 설치 자격, 관품, 열극의 수, 열극의 관리에 엄격한 규정이 적용되었다. 열극은 10-24개 등급이 있으며, 당대 열극도상은 관중 경기지구에 집중되어 모두 11기 벽화묘에서 나타난다. 李星明, 「列戟圖像與等級制度」, 『唐代墓室壁畵硏究』(西安: 陝西人民美術出版社, 2006), p.156.

의미하며, 화면 왼쪽의 깃대들은 소그드의 종족을 나타내는 소무구성昭武九姓을 표현한 것으로 해석된다고 한다.[43] 바얀노르벽화의 깃발 역시 이러한 부족의 상징으로 사용된 것일 수도 있다.

3) 문루도門樓圖

바얀노르벽화묘의 묘도의 북벽과 제1천정에서 제4천정의 북벽 상단에는 문루, 연화보주, 괴수, 문루의 그림이 차례로 배치되었다. 문루도는 묘도의 북벽(높이 183㎝, 너비 142㎝)과 제4천정의 북벽 상단에 두 번 표현되었다.

실제 고분미술에서 건물도는 묘주를 위한 제의적 공간(빈전, 혼전, 사당) 또는 묘주의 현세의 가옥을 재현하는 경우가 많다. 또는 내세로 이동(승선)하는 天門 등으로 다양하게 해석할 수 있다. 문루도의 연원은 한대漢代 사당의 궐闕, 벽화와 화상석의 궐, 조위曹魏~서진西晉 하서벽화묘河西壁畵墓의 문루식門樓式 조장照墻, 영하 고원과 섬서陝西 함양咸陽 북주묘北周墓의 문루도에서 찾을 수 있다.[44] 유사한 건물도로서 이른 시기의 사례는 요녕 요양 남교가 제1호 동한벽화묘가 있다.[45] 남교가 1호묘는 북문北門이 정문이며 전랑前廊, 측랑側廊, 남·북이실耳室, 관실棺室, 후실後室로 구성된 벽화묘이다. 건축도는 전랑 북벽의 우벽 상부에 주사朱砂로 그렸다. 모두 5개의 회랑 기둥을 그리고 위에는 삼각三角 격자格子를, 아래에는 방형 격자를 장식하였다. 고분의 북이실에는 속리진사도屬吏秦事圖와 연음도宴飮圖가 있으며, 측랑 동벽에는 거마출행도車馬出行圖가 있다. 건축도는 거마출행도와 이어진 북벽 우측에 그려져 있다. 이러한 벽화의 배치는 산동 기남화상석묘나 창산화상석묘와 같이 거마출행도가 향하는 사당 건축을 연상케 한다. 고구려 벽화에

---

43   권영필, 「아프라시압 궁전지 벽화의 '고구려 사절'에 관한 연구」, 『중앙아시아 속의 고구려인 발자취』(동북아역사재단, 2007), pp. 14-59.

44   박아림, 「중국 위진 고분벽화의 연원 연구」, 『동양미술사학』 1(2012), pp. 75-112.

45   遼寧省文物考古硏究所, 「遼寧遼陽南郊街東漢壁畵墓」, 『文物』 10(2008), pp. 34-59.

그림 27 | 〈문루도〉, 이현묘

그림 28 | 〈문루도〉, 장락공주묘

유라시아 초원 문화의 정수 몽골미술

서도 안악3호분의 대규모 출행도가 끝나는 회랑 끝 맞은 편 벽에 작은 건물이 그려져 있다. 약수리 벽화고분, 요동성총 등에도 성곽도가 고분 전실의 북벽 천장에 그려져 있으며 쌍영총과 같이 후실 북벽에 묘주 초상과 함께 건물도가 그려진 경우가 많다. 안악2호분은 묘주 초상이 없이 건물도만 후실 북벽을 장식하고 있다.

몽골 벽화묘와 동시기이면서 유사한 건물도가 출현하는 고분은 영하성 고원과 섬서성 서안의 수당대 벽화묘들이다. 건물도의 배치가 묘문 상부와 과동 南口(또는 천정 북벽) 상부로 비슷하다. 영하 고원의 북주北周 이현묘李賢墓(569년)(그림 27), 수隋 사사물묘史射勿墓(610년),[46] 섬서 서안 근교의 당唐 이수묘李壽墓(630년), 장락공주묘長樂公主墓(643년)(그림 28), 신성장공주묘新城長公主墓(663년), 위귀비묘韋貴妃墓(666년), 영태공주묘永泰公主墓(706년), 의덕태자묘懿德太子墓(706년), 절민태자묘節愍太子墓(710년), 혜장태자묘惠莊太子墓(724년), 이헌묘李憲墓(742년) 등이다.[47]

벽화묘의 묘도와 천정에 문루도가 출현하는 이른 예로서 영하 고원의 북주 이현묘(569년)와 수 사사물묘(610년)가 주목된다. 이현묘와 사사물묘는 문루도와 인물도가 벽화의 중심 주제이다. 이현묘는 1983년 발굴된 부부합장묘로 남향이며 봉토, 묘도, 천정, 과동, 용도甬道, 묘실로 구성된다. 3개 과동과 용도에 모두 문루를 그렸다.[48] 제1과동과 용도의 문루는 이층이며, 제2와 제3과동 문루는 단층이다. 문루의 세부 표현은 몽골 벽화묘의 문루보다 훨씬 간략하다. 탁발선비 출신인 이현(503-569)은 북주와 수대에 걸쳐 권세 있는 집안이었으며 돌궐 및 고구려와의 전쟁에서 활약한 인물로 고원 자사刺史 및 북주대장군北周大將軍을 역임한 북주 고위관리였다. 이현의 묘에서 사산조 페르시아 수입 은화와 은기가 출

---

46 羅豊 編著,『固原南郊隋唐墓地』(北京: 文物出版社, 1996).

47   秦浩 編著,『隋唐考古』(南京: 南京大學出版社, 1996), pp. 404-406; 李星明, 앞의 논문, pp. 101-125.

48   李星明, 앞의 책, 도 1-44, 45; 寧夏回族自治區固原博物館 編, 앞의 책, p. 20, 도 1-27, 26, 41, 42.

토되었는데 북조와 수대 상류층이면서 돌궐 및 서역과 직간접적으로 연결된 북방 민족 출신으로 서방물품의 애용에 적극적이었음을 알 수 있다. 부장품 가운데 사산계의 은호병銀胡瓶이 발견되었는데 아마도 에프탈 사신이 중국으로 가져온 선물로 추정된다.[49]

북조 고분의 문루도는 긴 경사진 묘도와 천정 및 과동이라는 구조적 특징과 공간 장식의 필요성에 의해 출현한 것이거나, 북조 고분에서 종종 발견되는 목조 가옥이나 가구의 모형(석탑石榻, 석상石床, 석관, 석곽 등)과 같은 묘실 내에서의 상징적 제의공간의 재현과 연계되어 나타난 것으로 추정된다. 북조 만기 고분에서 이렇게 문루를 그리는 방식은 수당 벽화묘에 계승된다.[50]

소그드인 선조가 대대로 살보薩寶로 활동한 사사물(543~609)의 묘는 제1·2과동 남구南口에 문루와 연화를 각각 그려 바얀노르묘와 배치가 유사하다.[51] 사사물(543년~609년)의 선조는 소그드 출신으로 북위 중기에 중국으로 이주하였으며 증조부와 조부가 소그드인을 관리하는 살보 직책을 맡았다. 수대 사사물묘의 문루는 정면 세 칸의 건물에 난간이 있는데 몽골 벽화묘의 문루도보다 단순한 형태이다.[52]

7세기 전반의 이수묘(630년)와 장락공주묘(643년)의 문루도는 초당시기의 건축 자료이다. 고조의 사촌동생인 이수의 고분은 제1과동 남쪽 출입구에 정면 5

49 이송란, 「중국에서 발견된 고전신화가 장식된 서방 은기」, 권영필, 김호동 編, 『중앙아시아의 역사와 문화』下 (솔, 2007), pp. 151-178.

50 秦浩, 『隋唐考古』(南京: 南京大學出版社, 1996), pp. 404-406; 李星明, 앞의 논문, pp. 101-125. 회화작품은 아니나 몽골 벽화묘의 문루와 유사한 건축 모형이 북조와 수당요금원 벽화묘에서 가옥형 석곽, 석관의 형태로 발견된다. 고분에 문루도가 그려진 이현의 손녀인 李靜訓墓(608)의 석관은 정면 3칸, 측면 1칸의 건축 모형으로 두공이나 문의 형식이 몽골 벽화묘의 문루도와 유사하다. 수당묘실의 가옥형 석관과 석곽은 묘주인 침전을 상징하면서 당시 건축 양식을 잘 반영하고 있다. 중국의 한대 이래의 제사용 사당 건축의 형식이 고분 안으로 흡수되면서 북위~수당대에 가옥형 석관, 석곽이 발달하게 된다.

51 寧夏回族自治區固原博物館 編, 앞의 책, 도 1-53.

52 李星明, 앞의 책, 도 1-53.

칸의 이층 누각도가 있다. 이수의 고분은 4개 과동, 5개 천정, 2개의 소감, 묘실로 구성되어 구조는 몽골 벽화묘와 대략 유사하나 쌍각雙閣, 회랑이 연결된 이층 문루도의 건축 세부 표현이 당의 대명궁 함원전의 건축 구성과 유사하며 몽골 벽화묘의 건축도보다 정교하고 복잡하다.

당 태종의 5녀인 장락공주의 묘는 예천 당 태종 소릉 배장묘 중 하나로 묘문 상부에 정면 세 칸의 단층 문루도가, 제1천정 북벽에 이층 문루도가 있다. 단층 문루도는 두공과 문정의 표현, 문 양쪽의 창살 표현 등 건축 세부 묘사에서 몽골 벽화묘와 상당히 유사하다. 역시 소릉 배장묘로서 당태종의 21녀인 신성장공주의 묘는 묘도의 문 위에 문루도가 그려져 있다.

당 고종高宗 건릉乾陵의 배장묘인 영태공주(당 중종中宗의 7녀)묘(706년)는 묘도에 궐루가 그려져 있다. 의덕태자(당 중종의 장자長子)묘는 묘도 동·서벽에는 쌍궐식 궐루와 성벽, 그리고 묘문 위에 문루가 있다. 문루도의 건물은 정면 3칸, 측면 3칸이며 회랑이 있다. 문 위에 포수와 문정이 장식되었다.

절민태자(당 중종 3子)의 묘(710년)는 당 중종 정릉定陵의 배장묘이다. 묘문 위에 문루도가 있다. 절민태자묘의 문루도의 난간 장식은 몽골 벽화묘의 문루도의 것과 유사하지만 절민태자묘 건물은 정면 5칸이고 두공이 보다 정교하고 복잡하다.[53] 이헌(당 예종睿宗의 장자)묘(742년)는 묘문에 문루를 그리고 그 위에 나는 새를 그려 몽골 벽화묘와 유사한 점이 관찰된다.

몽골 벽화묘의 건물도는 중국 영하, 섬서 지역의 북조와 수당대 고분 건물도의 배치와 표현과 유사한 점이 많다. 몽골, 중국, 한국의 고분벽화에 그려진 건물도는 묘주의 현세의 거주 공간을 표현한 것일 수도 있지만 묘주를 위한 제사 공간인 사당을 상징할 가능성이 높다. 『북사北史』와 『수서隋書』에 의하면 돌궐인은 죽은 이가 타던 말과 물품 등을 시체와 함께 불살라 그 남은 재를 거두어 때를 기다렸다

---

53   陝西省考古硏究所, 『唐節愍太子墓發掘報告』(北京: 科學出版社, 2004), 도 26.

가 장사지냈다. 장사지내는 날에 친족들이 무덤을 만들고 집(사당)을 지은 후 그 안에 죽은 사람의 모습과 살아 있을 때 겪었던 전투의 모습을 그려 놓았다.[54]

돌궐시기의 사당에 대해서는 몽골 아르항가이 아이막의 오르혼 강과 가까운 호쇼 차이담 부근에 위치한 돌궐시기 퀼 테긴 제사유적을 통하여 살펴볼 수 있다. 퀼 테긴 유적의 발굴 평면도와 복원도에 의하면 비석받침인 귀부와 사당 터를 중심으로 장축이 동서향인 장방형이다. 도랑이 장방형으로 돌려져 해자를 이루고, 그 안쪽에 담장이 장방형으로 둘려지며, 동서 중심축선상에 비석과 사당, 그리고 석곽 등이 배치된다. 퀼 테긴의 형인 빌게 카간의 유적은 퀼 테긴 비석에서 남쪽으로 약 1㎞ 떨어진 곳에 있으며, 퀼 테긴 유적과 매우 유사한 형태이다. 낮은 토성을 장방형으로 둘렀고, 그 중앙에 판석으로 조립한 석곽과 대리석으로 만든 석상들이 있다. 주변에는 신하들의 석상, 사자석상, 귀부 등이 흩어져 있고 기와를 사용한 건물지(사당)도 확인되었다. 빌게 카간의 유적은 중국 당 현종이 보낸 장인들에 의하여 사당과 비석 등이 당나라 풍으로 세워졌다. 유적에 남아 있었던 유물로 보아 귀부에 이수를 지닌 비석과 기와지붕의 사당이 세워져 있었다.

4) 연화보주도와 괴수도

연화보주도와 괴수도는 당대 벽화묘보다는 북조의 벽화묘와 불교석굴에서 주로 출현하는 소재이다. 바얀노르벽화묘의 연화보주문은 제1천정의 북벽에 위치하며, 원형의 보주문이 복련좌 위에 놓였다. 흑색으로 윤곽선을 그리고 적색으로 부분 채색하였는데 그 크기(높이 195㎝, 너비 150㎝)가 상당히 크다. 주제 배치에서 비슷한 사사물묘의 연화 역시 너비 150㎝, 높이 70㎝의 대형 연화이다.

연화보주문은 남북조 불교미술의 발달로 불교적 요소가 묘장미술 안으로 유입되면서 발달한 주제로 불교석굴과 벽화묘의 입구와 천장에 종종 표현된다. 남

---

54   동북아역사재단 편,『北史 外國傳 譯註』(동북아역사재단, 2009), p. 272, pp. 473-474.

그림 29 | 〈연화보주도〉, 여여공주묘 묘도

북조 벽화묘 중에서 이른 사례는 산서山西 대동大同 사령沙嶺 북위 벽화묘(435)와 동위 여여공주묘에서 찾아볼 수 있다. 사령벽화묘는 묘도의 천장에 복희·여와 의 얼굴 사이에 화염보주가 표현되었다. 여여공주묘는 묘실로 들어가는 문의 상 부에 그려진 주작의 발 아래에 복련좌 위에 놓인 원형 보주가 있다(그림 29). 산 서 태원 왕곽촌王郭村에 위치한 북제 누예묘婁叡墓(570) 묘문에도 복련좌 위의 원 형보주문이 발견된다.

　북조 벽화와 석관의 연화보주문의 성격에 대하여는 한묘漢墓의 일월日月과 옥벽 玉璧 도상에서 연원을 찾는다. 묘장의 옥벽은 천상세계의 입구를 상징하므로 연화보 주문 역시 천문天門의 상징이다. 연화보주문은 특히 남북조시대 후기 중국내 호 인胡人들에 의해 널리 유행되었다.[55]

55　소현숙, 「中國 南北朝時代 寶珠文 연구」, 『미술사논단』 24 (2007), pp. 63-95.

몽골 벽화묘의 제2천정 북벽 상방에는 괴수의 얼굴(높이 110㎝, 너비 90㎝)이 크게 그려졌다. 머리 양쪽에 뿔이 나있고 가는 수염이 솟아난 입을 크게 벌리고 있다. 한위진남북조 미술에서 흔히 볼 수 있는 벽사의 귀면을 표현한 것으로 보이는데, 무서운 신수로서의 성격이 약화된 다소 희화화되어 그려진 괴수상이다. 귀면과 연화를 묘문 문미에 표현한 예는 동위 여여공주묘, 북제의 서현수묘徐顯秀墓(571)와 누예묘가 있다.[56] 특히 누예묘의 귀면이 바얀노르벽화의 것과 흡사한데 누예묘의 귀면은 머리의 뿔 사이에 연화보주문이 그려져 있다.[57] 묘도의 사신도와 같이 괴수상도 세부표현에서 중국의 사례와 약간 차이가 나고 다소 솜씨가 투박한 점은 지역적 특징이 반영된 것으로 생각된다.

바얀노르벽화묘의 벽화 주제의 배치에서 특히 주목되는 것은 천정 북벽에 그려진 문루, 연화보주, 귀면이다. 아치형 과동 앞에 그려진 이들 주제들은 표현 공간의 특성상 사자死者의 다음 세계로의 이동(승선), 묘주를 제사지내는 제의 공간, 또는 내세로의 입구를 상징한다. 귀면은 한대 이전부터 청동기의 도철문을 통하여 피안彼岸과 차안此岸의 세계를 나누는 상징적인 경계의 의미를 갖고 있다.[58] 한대 화상석묘와 벽화묘의 석문石門, 기둥, 문미門楣의 귀면은 벽사의 상징이다. 묘문과 묘실 사이에 위치한 과동과 천정이라는 경계적 공간에 표현된 바얀노르묘의 귀면 역시 유사한 상징성을 갖고 있다. 또한 연화보주문을 한대 옥벽 도상의 연장으로 본다면 이 역시 내세로 가는 천문을 상징한다.

5) 견화絹畵

바얀노르벽화묘 출토 직물 가운데 특히 주목할 것은 수목에 둘러싸인 두 명의 인물상이 그려진 견화이다(그림 30). 많이 손상되어 전체 그림의 내용을 파악하

---

56   李星明, 앞의 책, 도 1-27, 26.
57   太原市文物考古研究所 編,『北齊婁叡墓』(北京: 文物出版社, 2004), 도 17.
58   張光直,『신화, 미술, 제사』(동문선, 1995), p.117

기 어려우나 남성의 흰색 관모와 이마 부분, 여성의 적색 주름치마, 인물들을 둘러싼 나무와 바위 일부 등이 확인된다. 이러한 수하인물도는 당대 견화나 벽화로 잘 알려진 형식이다.[59]

당묘 벽화 중 7세기 후반의 병풍도는 집실봉절묘(658), 왕선귀묘(668), 이적묘(670), 연비묘(671), 원사장묘(686), 양원진묘(699)등에서 발견된다〈표2〉.

〈표2〉당묘 벽화의 병풍도[60]

묘장	위치	주제
執失奉節墓(658)	묘실 북벽 홍색 병풍 테두리	한 폭의 무녀도
王善貴墓(668)	묘실 동, 북, 서의 세 벽에 5폭 병풍	각 폭에 시녀 1인(비파 등 기물을 듦)
李勣墓(670)	묘실 북벽 서측과 서벽 북측 6폭 병풍	북벽: 수하사녀도, 서벽: 수하사녀도
燕妃墓(671)	묘실 북벽 서측과 서벽과 남벽 서측 12폭 병풍	충효현자와 고사도상 수하인물도
元師獎墓(686)	묘실 사면 벽 22폭 병풍	동벽과 북벽: 사녀인물도, 서벽과 남벽: 수목 화조, 매미 등
太原金勝村四, 五, 六號墓(高宗-武周時期)	묘실 북벽과 서벽 북측 9폭 연병	수하노인도
太原金勝村焦化廠墓(高宗-武周時期)	묘실 동벽 중부와 북벽 동측 4폭 병풍, 서벽 중부에서 북벽 서측에 4폭 병풍	수하고사도
太原金勝村337号墓(高宗-武周時期)	묘실 서, 북, 동벽 관상을 둘러싼 4폭 병풍	내용 상동
趙澄墓(696)	묘실 관상을 둘러싼 8폭 병풍	내용 상동
梁元珍墓(699)	묘실 서벽과 북벽 각 5폭 병풍	수하고사도
韋浩墓(708)	묘의 후실 서벽 병풍(5폭 병풍 잔존)	蓮花冠 또는 進賢冠을 쓰고 홍색의 넓은 소매의 두루마기를 입은 고사가 나무 아래에서 걷거나, 서거나, 앉은 형상. 주위에 산석과 화초가 둘러싸고 있음
節愍太子李重俊墓(710)	묘실 서벽, 북벽 서측과 남벽 서측 12폭 병풍(서벽 북단과 북벽 병풍화 일부만 남음)	樹下貴夫人圖
薛儆墓(721)	묘실 북벽 서측 두 폭의 병풍, 서벽 중부 한 폭의 병풍, 서벽 남측 두 폭의 병풍 잔존	북벽: 산석도, 서벽 중부: 수하인물도, 서벽 남측 병풍: 나무 옆의 胡人, 서벽 북측 병풍: 연화관을 쓴 수하인물도

---

59 바얀노르묘 출토 견화와 복원에 대해서는 2016년에 출토 직물의 내용과 복원에 대한 보고가 이루어졌다. 牟田口 章人, 山口 欧志, 村上 智見,「モンゴル国の古代壁画墓の三次元計測と絹本樹下人物図屛風の発見」,『帝塚山大学文学部紀要』37(2016), pp.15-24 참조.

60 程旭,『唐韻胡風—唐墓壁画中的外来文化因素及其反映的民族関係』(北京: 文物出版社, 2016), 부표2.

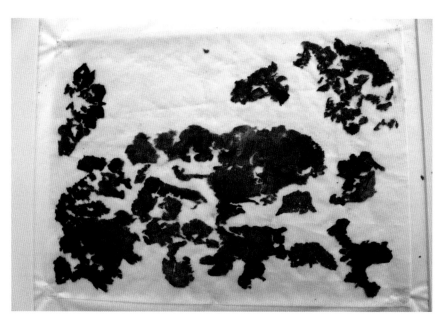

그림 30 | 〈수하인물도〉, 바얀노르묘

묘장	위치	주제
韋慎名墓(727)	묘실 서벽 6폭의 병풍	기마사녀도
溫神智墓(730)	묘실 남벽 서단, 서벽, 북벽 서단 6폭 병풍	수하고사도
蘇思勖墓(745)	묘실 서벽 6폭 병풍	수하고사인물도
高元珪墓(756)	묘실 서벽 병풍, 남벽과 북벽 병풍	서벽: 화훼도, 남벽: 주작, 북벽: 현무도
万泉縣主薛氏墓(710)	묘실 서벽 북부 병풍, 북벽 서부 병풍	서벽: 화조, 북벽: 獅子
富平呂村鄕朱家道村唐墓 天寶年間(742~756)	묘실 서벽 6폭 병풍	수묵산수도
高力士墓(762)	묘실 동서양벽에 6폭 병풍	人身獸首十二生肖
韓氏墓(765)	묘실 서벽 6폭 병풍	사녀도
長安縣南里王村韋氏家族墓 (天寶年間 742~756)	묘실 서벽 6폭 병풍	산석화초에 둘러싸인 仕女, 侍女, 男侍
唐安公主墓(784)	묘실 서벽 병풍	수목화조도
趙逸公墓(829)	묘실 서벽 3폭 병풍	화조도
姚存古墓(835)	묘실 서벽, 남벽	서벽: 화훼도, 남벽: 주작
梁元翰墓(844)	묘실 서벽 6폭 병풍	

묘장	위치	주제
王公淑夫婦墓(838)	묘실 북벽 단폭 병풍	蘆雁牡丹圖
高克從墓(847)	묘실 서벽 6폭 병풍	영모도
陝棉十廠墓(中唐晚期)	묘실 동벽 5폭 병풍	화조도
楊玄略墓(864)	묘실 서벽 6폭 병풍	운학도
新疆阿斯塔那38號墓 (初盛唐7世紀中期-8世紀中期)	주실 후벽 6폭 병풍	수하인물도
新疆阿斯塔那216號墓(盛唐)	묘실 후벽 6폭 병풍	"石人", "金人", "土人" 등 감계도
新疆阿斯塔那217號墓(盛唐)	묘실 후벽 6폭 병풍	화조도
李泰墓(683)	묘실 서벽 3폭 병풍	화훼도
湖北鄖縣 李徽墓(684)	묘실 북벽 서측 3폭 병풍	화훼도안

당묘의 수하인물도 가운데 비교될 만한 것은 양원진묘이다. 양원진묘의 묘실 벽화는 서벽과 북벽의 병풍형식의 수하인물도, 동벽의 인물행렬도로 구성되었다. 관상의 배경으로 수하인물도를 두르고 묘실을 들어가는 방향으로 동벽에 인물행렬을 그린 것이다. 동벽 앞쪽에는 백묘기법으로 한 그루의 고목을 그렸는데 뿌리 부분의 화면은 이미 탈락되었다. 나무의 우측에는 한 명의 여자가 있는데 잔고殘高 1.2m이다. 허리와 다리 부분은 불완전하게 남아있다. 여자 옆에는 한 명의 남장여시男裝女侍가 있는데 가슴 앞에 주머니를 두 손으로 잡고 있다. 다리 아래 부분은 결실되었다. 남장시녀의 옆에는 두 명의 시자가 있다.

양원진묘의 수하노인도는 묘실 서벽과 북벽에 그려진 10폭의 병풍화이다. 각 벽에 5폭 병풍이 있는데 각 폭은 너비 10㎝의 홍색 테두리를 둘렀다. 각 병풍의 높이는 1.7m이고 너비 0.6m이다. 병풍 내용은 각각 한 그루의 고목과 나무 아래에 선 긴 두루마기를 입은 노인을 그렸다(그림 31). 묘주 양원진이 현학玄學의 경력을 숭상하였다는 기록에 기반하여 병풍화 내용은 위진명사 "죽림칠현竹林七賢과 영계기榮啟期"의 고사를 그린 것으로 본다. 당대 묘장 병풍화 중에 비교적 이른 것으로

그림 31 | 〈수하인물도〉, 양원진묘

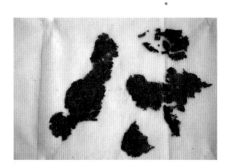

그림 32 | 〈식물문 견화〉, 바얀노르묘

기년이 명확하여 해당 제재의 병풍화로서 중요한 가치가 있다.[61]

바얀노르묘에서 나온 짧은 잎이 무성한 모양의 식물문양을 그린 직물(그림 32)은 수하인물도의 일부분으로 보이는데 유사한 식물문양은 영하 고원 사씨묘군의 사도덕묘(658)의 직물 잔편, 섬서 서안의 장회태자묘 벽화, 아스타나 지역의 견화와 벽화에서도 보인다. 투루판 아스타나 188호묘 출토 목마도 가운데 한 폭(57.5cm×26cm)은 시내가에 선 버드나무 아래 마부 한 명이 말과 함께 서 있는데 구륵법으로 나뭇잎을 그리고 내부에 녹색을 칠하였다(그림 33).[62]

아스타나지역에서 병풍형식의 견화와 목제 병풍틀이 종종 발견되는데 바얀노르벽화묘에서도 네 개의 타원형 목제 받침대(길이 16.5cm, 너비 14.5cm, 두께 3.3cm)가 묘실의 동쪽에서 출토되었다. 또한 바얀노르묘에서는 약 2cm 길이의 금속제 못을 사용하여 비단을 틀에 고정시킨 흔적이 남아있는 목제 병풍틀(?)도 발견되었다(그림 34). 남아있는 목제 틀의 수량으로 보아 여러 폭의 병풍이 설치될 수 있는 구조로 보

61   박아림, 「중국 영하회족자치구의 고원수당묘와 염지당묘 벽화와 석각연구」, 『동양미술사학』 8(2019), p. 114.

62   新疆維吾爾自治區文物局, 『絲路瑰寶 - 新疆館藏文物精品圖錄』(烏魯木齊: 新疆人民出版社, 2011), p. 20.

인다. 바얀노르벽화묘에서 견화 잔편과 목제 반침대와 목조 병풍틀이 발견된 것으로 보아 벽화만이 아니라 견화 역시 묘 안에 설치 또는 부장되었음을 알 수 있다. 중국 한위진남북조 당대 묘에서는 산서 대동 사마금룡묘 칠병풍화에서 보듯이 묘실 내에서 관의 맞은편에 유장을 설치하거나 목제 병풍화를 설치하는 예를 볼 수 있다.

복고을돌묘에는 벽화가 없으나 장방형 틀에 맞추어 제작한 것으로 보이는 화려한 화문 견화들이 발견되었다(그림 35). 견화의 세부는 많이 손상되어 전체적인 그림을 알아보기 어려우나 세부에 녹색, 청색, 적색 안료가 아직 선명하게 남아있다. 또 다른 화문 견화는 표구하기 위해 짙은 녹색 직물로 그림의 틀을 만든 것이 남아 있다.

신강 투루판 아스타나에서 655년 이후에 지어진 대형묘에서 주로 발견된 병풍식 벽화와 목제 테두리의 병풍화의 주요 주제는 사녀도, 수하인물도, 감계도鑑戒圖, 무악도舞樂圖, 화조도花鳥圖, 목마도牧馬圖 등이며 제작 시기는 7-8세기다. 아스타나의 병풍식 벽화는 주로 묘실 후벽에 그려졌다. 견絹 바탕에 그려진 병풍화는 묘주인의 생전 사용하던 상탑床榻을 상징하는

그림 33 | 〈목마도〉, 투루판 아스타나188호묘

그림 34 | 목제 병풍 틀 잔편, 바얀노르묘

그림 35 | 〈화문 견화 잔편〉, 복고을돌묘

시상尸床에서 출토되었다.[63]

벽화는 아스타나TAM38호묘(육폭병풍식수하인물도), TAM216호묘(육폭병풍식감계화)와 TAM217호묘(육폭병풍식화조화)에서 발견된다. 나머지는 견 또는 지질紙質의 병풍이다. 견화는 TAM230호묘(장예신묘 張禮臣墓)의 무악도, TAM187호묘의 귀족부녀의 위기사녀도圍棋仕女圖, TAM188호묘의 목마도牧馬圖가 있다. 지화紙畵는 TAM105호묘의 화조도, 투루판 카라호자KTM50호묘의 화조도 등이다.[64]

먼저 벽화를 보면 1963-1965년 신강성박물관이 아스타나묘지에서 42기의 묘장을 발굴하였는데, 그 중 65TAM38호묘가 벽화묘였다. 전후 이실묘二室墓이며 묘실 후벽에 육폭병풍식 수하인물도가 있다. 전실 천정 네 모서리에 운문과 비학飛鶴, 동쪽에 동자기학童子騎鶴, 묘실 궁륭에는 이십팔수二十八宿와 월륜月輪이 포함된 천상도天象圖가 있다. 달 안에는 계수나무 아래에 옥토끼가 절구를 들고 있고, 좌측에 두꺼비가 그려졌다. 십이생초十二生肖 도용陶俑도 출토되었다. 후벽의 육폭병풍식 수하인물도는 자색紫色으로 테두리를 그리고 매 폭에 등나무 덩굴이 얽힌 큰 나무를 배경으로 복두를 쓰고 두루마기를 입은 주요인물이 그려져 있

---

63 박아림, 앞의 논문, 국립문화재연구소 編, 『실크로드 연구사전 동부: 중국 신장』(국립문화재연구소, 2019), pp. 436-441, pp. 442-443.

64 金維諾, 衛邊, 「唐代西州墓中的絹畵」, 『文物』10(1975), pp. 36-43; 李征, 「新疆阿斯塔那三座唐墓出土珍貴絹畵及文書等文物」, 『文物』10(1975), pp. 89-90, 95-98; 王曉玲, ·恩国, 「阿斯塔那古墓出土屛風畵研究」, 『文物』2(2015), pp. 42-44.

다. 인물들은 시종들에 둘러싸여 앉거나 혹은 서서 대화를 나누고 있다. 한 인물은 매를 조련하고 있어 장안 당묘벽화의 수렵도에 보이는 왕공대신의 수렵활동의 주제와 연관된다.

TAM217호묘는 후벽에 육폭병풍식 화조도를 그렸다. 중경의 백합, 난, 수선화를 배경으로 근경에는 원앙, 물오리, 꿩 등을 그렸다. 원경에는 붉은 구름 사이로 솟은 산봉우리들과 그 위를 'V'자 형태로 날아가는 새들을 그렸다. 좌우 3폭의 새들이 중앙을 향하여 서로 마주 보고 있다. 새들의 동작이 어색하고 배경의 꽃의 묘사도 자연스럽지 못하여 다음에 살펴볼 지화에 그려진 화조도에 비하여 솜씨가 떨어진다.

지화는 투루판 카라호자KTM50호묘와 투루판 아스타나TAM105호묘에서 화조도가 출토되었다. 1969년 발굴된 50호묘 화조도(지본채색, 세로 140㎝, 가로 250㎝)는 크기가 다른 몇 장의 종이를 연결하여 만들어 벽에 부착했던 것으로 세 폭으로 구성되었다. 묵선으로 새의 윤곽을 그리고, 채색을 더하였다. 산석은 선묘가 유려하고, 담묵과 담홍색으로 일종의 준을 가하였다. 근경에 바위와 풀, 중경에 꽃을 배경으로 1-2 마리의 새와 나비를, 원경에는 구름을 배치한 형식이 TAM217호묘와 거의 같다. 다소 조잡한 217호묘 화조도 벽화에 비하여 KTM50호묘 지화는 화조, 수목, 암석의 대소비례가 알맞고 구성과 배치가 적절하며 화면에 생기가 있다. KTM50호묘의 피장자는 장덕회張德淮로 565년 묘가 축조되었다. 묘가 일찍 도굴되었기 때문에 화조화가 고창국시기의 장덕회묘에 원래 있던 것인지 또는 도굴자에 의해 당묘의 지화가 이 묘에 들어오게 된 것인지는 정확치 않다.

투루판 아스타나105호묘 출토 화조도(지본착색, 세로 29.5㎝, 세로 13.5㎝)는 1968년 발굴되었다. 서너 장의 종이를 이어서 만든 한 폭의 화조도로 상하 두 부분으로 나눈다. 상단에는 한 쌍의 원앙이 입에 꽃가지를 물고서 몸을 교차한 채 만개한 연화 위에 서 있다. 하단은 한 쌍의 원앙이 아래쪽을 향해 날고 있다. 원앙의 주변은 화초와 채운彩雲이 둘러싸고 있다. 유려한 묵선으로 윤곽을 그리고 녹, 청, 적색으로 화려하게 채색을 하였다.

1972년 신강위구르자치구박물관과 투루판현문물보관소가 아스타나고묘군 동남단에서 당대 서주호족西州豪族가문인 장씨張氏가족묘원을 청리하였다. 그 가운데 72TAM187호묘, 72TAM188호묘, 72TAM230호묘의 3기의 묘에서 채회견화가 발견되었다. 모두 사파묘도斜坡墓道가 달린 평정토동묘平頂土洞墓이다. 이미 도굴을 당하여 시신과 부장품이 교란되었다.

72TAM230호묘 주실 문 입구에 쌓인 모래 속에서 나무틀에 표구된 무악육폭병풍견화가 출토되었다. 화면은 두 명의 무기舞伎와 네 명의 악사樂士를 그렸다. 각 폭에 한 명씩이며 좌우를 향하여 선 자세이다. 대부분의 그림이 훼손되고 한 폭의 그림(길이 47㎝, 너비 20㎝)이 완전하게 남아있는데 고계高髻의 머리를 하고 이마에 화전花鈿장식을 한 무녀舞女가 화려한 화문이 장식된 백색 상의에 적색 치마를 입고 우아한 자태로 서있다.

남·북이실 밖에서 출토된 세사암질묘지細砂巖質墓志에 의하면 묘주는 장예신張禮臣으로 생전에 상주국上柱国 관직을 가진 장군將軍으로 활동하였으며 장안이년長安二年(702) 11월 21일에 사망하여 삼년(703) 정월正月 10일에 입장入葬하였다. 장예신은 1910년에 발굴된 아스타나501호묘의 묘주 장회적張懷寂의 아들이다. 장회적은 장수원년長壽元年(692) 안서사진安西四鎭을 수복한 부원사副元帥였다. 장회적묘에서는 니인니마泥人泥馬, 채회무사토용彩繪武士土俑 등 장회적의 생전 전공을 상징하는 부장품들이 나왔다. 장회적의 아버지인 장웅의 묘(아스타나206호묘)도 진묘무사용과 견의여용으로 잘 알려져 있다. 장예신묘의 하한은 부장품의 기록에 근거하여 개원구년開元九年(721)이다. 장예신묘 견화의 무악여인상은 가냘픈 모습이 섬서 서안 집실봉절묘(658) 벽화의 무녀舞女, 아스타나206호묘 출토 수공垂拱연간(685-688)의 여자무용女子舞俑과 복식과 형식면에서 유사하다.

장회적의 가족묘에서 나온 견화는 장씨 가문에 속하는 인물이나 해당 지역 화공의 손에 만들어졌을 가능성이 있다. 투루판 출토 문서에도 해당 지역 화장畵匠으로 □재재□載才, 염모귀廉毛鬼, 색선수索善守 등의 이름이 기록되었다. 개원삼년開元三年(715) 소무교위사주자향진장 昭武校尉沙州子亨鎭將 장모張某의 처妻 국선비묘지麴仙妃墓誌의 묘주에 대한 기록에서 보듯이 장씨 가문에 속하는 인물이 직접 그렸을 수도 있다.

　장씨가족묘에 속하는 72TAM187호묘는 무주시기武周時期의 부부합장묘이다. 187호묘 시상대의 서북쪽에 육폭위기사녀병풍화(그림20)가 발견되었다. 위기사녀도는 출토 시에 이미 파손된 상태였으나 신강성박물관과 고궁박물원의 연구와 수복 작업에 의해 인물 상호관계를 고려하여 9명의 부인상과 2명의 동자상으로 복원되었다. 화면 중심에는 바둑판을 사이에 두고 두 명의 여인이 바둑을 두고 있는데 화려한 복식을 입은 오른편의 여인(세로 62.3㎝, 가로 54.2㎝)만 남아있다. 투명한 숄을 걸친 적색 저고리에 녹색 치마를 입은 화려한 복장의 여인은 이마에 화전장식을 하고 볼을 붉게 화장하고 바둑에 열중하고 있다. 화면 좌측에는 7명, 우측에는 3명의 인물이 추가로 묘사되었다. 바둑을 두는 여인의 등 뒤에는 시녀가 두 손으로 차를 준비하고 서있다. 시녀의 뒤쪽에는 바둑을 보려고 천천히 걸어오는 두 명의 인물이 있다. 화면의 좌측에는 두 명의 시녀가 있으며 그 뒤로 숲속에서 강아지를 안고 장난을 치는 두 명의 아동이 출현한다. 마지막으로 세 명의 인물이 바둑을 보려고 다가오고 있다.

　아스타나제187호묘 출토 위기사녀도의 일부분인 아동화(견본채색, 길이 58.8㎝)는 두 명의 동자가 풀밭 위에 어깨 끈이 달린 색동 바지를 입고 놀고 있다. 좌측의 동자는 불름국拂菻國(동로마제국)에서 온 불름구拂菻狗라고 부르는 작은 개를 손에 들었다. 『구당서』「고창전」무덕칠년武德七年(426) 고창국高昌國의 국문태鞠文泰가 불름국에서 나는 개를 중국 조정에 헌납한 기록이 잘 알려져 있다.[65]

　장씨 가족 부부합장묘인 187호묘의 남성묘주는 안서도호부의 관원으로 전공戰功을 가진 무장武將에게 주는 상주국上柱國의 관직을 갖고 있었다. 묘지墓志에 무주광택원년武周光宅元年에서 장안사년長安四年(684-704)에 만들어진 무주시기 신자

65　『舊唐書』卷198 列傳 第148 西戎 高昌.

新字가 있으며, 남자 시신의 옆에서 발견된 "천보삼재天寶三載"(744년年) 기년의 출토문서로 이 묘가 묘주부부의 사망연도에 전후 40년 이상 시간차이가 있는 합장묘임을 알 수 있다. 북측에 이 묘와 병렬하여 6m 떨어진 230호묘에서 장안이년(702)의 장예신묘지가 나왔다. 남쪽으로는 194호묘에서 개원칠년(719) 장행륜묘지張行倫墓志가 나왔다. 187호묘의 년대는 상한이 장안2년에서 4년 사이이며 하한이 천보시기이다. 위기사녀도와 중원의 성당시기 사녀도의 인물 표현과 양식이 유사해 개원(713-741) 전후 작품으로 추정된다.

72TAM188호묘(개원삼년, 715)에서는 시대尸台 아래에서 육폭목마병풍견화六幅牧馬屛風絹畵를 발견하였다. 목마는 성당시기 크게 유행한 회화 주제이다. 각 폭마다 각기 다른 종류의 나무 아래에 말을 돌보는 마부 한 명이 수하인물의 형식으로 그려졌다. 그 중 한 폭(세로 53.1㎝, 가로 22.4㎝)에는 복두, 원령백색포, 흑색 장화를 입은 마부가 왼손에는 채찍을 들고 오른손으로는 갈색 말을 끌고 있다. 하늘에는 백운과 적운이 떠있으며 그 위를 제비가 날고 있다. 각기 다른 종류의 말의 형태나 색이 생동감 있게 묘사되었으며 골격과 근육도 사실적으로 잘 표현되었다. 수목이 우거진 숲속을 준마가 걷거나 잠시 멈춰선 모습을 묘사하였다.

당대 말그림의 대가 한간의 그림을 연상하게 하는 작품으로 고창지역의 높은 회화 수준을 알려준다. 당시 위지발질나尉遲跋質那와 위지을승尉遲乙僧와 같은 저명한 서역 화가들이 활동하였으므로 투루판지역에 이러한 수준 높은 회화작품이 출토될 수 있었던 것으로 추정한다.

아스타나제188호묘는 소무교위사주자정진장 장공부인 국선비의 묘로서 개원삼년(715) 10월에 사망하여 같은 해 11월에 입장入葬하였다. 묘지에 의하면 묘주는 그림을 좋아하여 직접 제작하기도 하였다고 하여 목마도병풍을 묘주가 생전에 직접 그린 그림일 가능성이 제기되었다.

투루판 아스타나묘지의 7-8세기 회화는 고분출토 벽화, 지화, 견화를 포함한다. 주로 소수의 대형묘에 출현하며 묘실 후벽이나 묘주의 시신 옆에 배치하여 묘실을 장식하는 용도이다. 벽화는 대개 묘실 후벽에 4-6폭의 병풍화 형식으로 그린다. 아스타나 출토 견화와 지화는 중원지역에서 찾기 드문 예로서 수량도 적지 않고 회화 수준도 높다. 4-5세기경의 투루판 아스타나와 카라호자묘의 회화의 주제는 조잡한 필치로 그린 묘주장원생활도이다. 7-8세기에 이르러 아스타나묘 회화의 주제가 사녀도, 화조도, 목마도, 무악도로 변화한 것은 당대 일반회화의 주제의 변천을 잘 반영한다. 수하고사도의 주제는 이미 위진남북조시대부터 유행한 죽림칠현의 주제에서 발전한 것이다. 목마도와 화조도는 당대에 이르러 독립된 회화 주제로 등장하였다. 아스타나 위기사녀도와 무악도의 여인상은 섬세하고 우미한 궁중사녀도로 유명한 주방과 장훤의 솜씨를 연상하게 한다. 일본 정창원에 소장되어있는 수하미인도도 아스타나지역의 여인상과 같이 당대 여성인물화의 수준을 잘 보여주는 작품이다.[66] 한편 아스타나의 7-8세기 회화에는 섬서 서안의 당묘 벽화에 보이는 의장행렬도, 수렵도, 건축도, 청룡과 백호도가 보이지 않는 것이 차이점이다.

아스타나의 188호묘 견화가 묘주에 의해 제작된 것으로 추정되는 것으로 보아 몽골에서 발견된 두 묘의 견화의 제작지가 현지인지 당나라 장안에서 제작되

그림 36 | 〈목관 복원 모형〉(좌), 〈금박 직물〉(우), 바얀노르묘

---

66   일본 정창원 소장(正倉院宝物 北倉44)의 조모입녀병풍(鳥毛立女屏風, 奈良時代, 752~756)
      은 육폭병풍으로 수하미녀도가 각 폭마다 그려져있다. 각 폭의 크기는 제1폭(135.9×
      56.2cm), 제2폭(136.2×56.2cm), 제3폭(135.8×56.0cm), 제4폭(136.2×56.2cm), 제5폭
      (136.2×56.5cm), 제6폭(136.1×56.4cm)이다. 아스타나 출토 병풍화들과 함께 몽골 출토 병
      풍화의 복원에 도움이 되는 실물 병풍의 사례로 중요하다.

그림 37 | 〈연주문 직물〉, 복고을돌묘

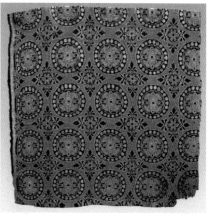

그림 38 | 〈潢地小聯珠團花錦〉, 투루판 아스타나211
호묘 출토

그림 39 | 〈인물입상도용〉

어 보내진 것인지 또는 병풍 견화와
출토 목용에서 많은 공통점이 발견되
는 투루판 아스타나지역에서 제작되
어 보내진 것인지 좀 더 고려할 필요
가 있다.

바얀노르벽화묘 출토 직물 가운데
주목할 것은 목관 내부에 화장한 유골
과 금화와 금속 장신구들을 담은 목제 상자를 감싸고 있는 금박 직물이다(그림
36). 금박 직물 잔편 가운데 하나는 동물(사슴?) 문양의 두꺼운 직물이 덧대어져
있다. 직물 전문가인 무라카미 토모미에 의하면 복식의 깃부분으로 추정된다.[67]
한편 직물의 종류나 문양의 형태가 중국 신강 투루판 아스타나138호묘 출토 연
주저두문聯珠猪頭紋 금금복면錦金覆面과 같이 아스타나묘지에서 출토된 얼굴을 덮

---

67 Murakami Tomomi, 「オラーンヘレム壁画墓 出土織物の調査(A Study of Textiles from a
   Tombs of Turks in Mongolia)」, Inner Mongolia conference, 2015.

는 복면과 유사하다.[68] 금박 장식은 신강 잉판무덤군 M15호 무덤 남성 미라의 금박 붙인 견직물로 장식한 펠트신발, 신강 호탄박물관의 미이라를 덮은 직물이나 누란고성벽화묘 출토 직물, 아스타나 출토 목용의 머리 장식 등 다양하게 사용된 사례를 볼 수 있다.[69] 무라카미 토모미에 의하면 바얀노르묘와 복고을돌묘 출토 직물 가운데 서방에서 제작되었을 가능성이 있는 두 가지의 직물이 있다. 하나는 비잔틴 금화를 담은 주머니로 책을 펼친 듯한 문양이 반복된 것이다. 책문양 사이에는 작은 연주문도 반복되어 나타난다. 제작지는 비잔틴, 소그드, 페르시아계통으로 보았다. 두번째 직물은 목관의 내부 바닥에 깔린 것으로 금박의 직물 아래에 위치하며 첫번째 직물과 유사한 책을 펼친 문양이 반복되었다. 유사한 문양의 직물이 투루판에서 발견되는데 모두 소그드에서 제작한 것이다. 그러나 몽골벽화묘의 직물들은 문양의 색 등을 감안하고 비잔틴 금화를 담고 있었던 용도로 미루어 비잔틴제로 추정하였다. 한편 직물의 기법 등으로 보아 페르시아제일 가능성도 배제할 수 없다고 보았다.[70]

복고을돌묘 출토 직물 가운데 목용의 복식으로 사용된 연주문 직물들이 있다 (그림 37). 바얀노르묘는 약 120점 이상의 토용, 약 20점의 목용, 복고묘는 대략 70점의 토용, 40점의 목용이 나왔다. 복고묘의 목용의 복식은 상의와 치마는 얇은 천으로 만들고, 옷깃이나 팔 부분을 연주문양의 직물들을 가늘게 잘라 만들었다. 옷깃부분은 길게 자른 연주문 직물로, 팔은 여러 개의 짧은 연주문 직물을

---

68 유사한 아스타나 고분 출토 먹목(얼굴가리개)은 노진선, 「아스타나 무덤군 325호 무덤 대연주저두문금」, 「아스타나 무덤군 332호 무덤 연주대록문금」, 국립문화재연구소 編, 『실크로드 연구사전 동부: 중국 신장』(국립문화재연구소, 2019), pp. 506-508.

69 노진선, 윤양노, 「잉판무덤군 M15호 무덤 남성 미라 복식」, 국립문화재연구소 編, 『실크로드 연구사전 동부: 중국 신장』(국립문화재연구소, 2019), pp. 745-748.

70 村上智見, 「モンゴル国オラーン・ヘレム壁画墓出土の 西方系錦」, 西アジア考古学会, 2015; Tomomi Murakami, "Ancient Textiles Unearthed from the Tombs of the Turkic period in Mongolia," *Textiles from the Silk Road in Museum Collections, Scientific Investigations and Conservation Challenges The British Museum Mellon Symposia*, 10 December 2018.

가로로 여러 차례 감아 만들었다. 복고을돌묘는 이러한 연주문 직물을 입은 다양한 목용의 부장으로 중앙아시아계 색채를 강하게 보여준다.[71] 아스타나 206호묘에서도 연주문 직물을 입은 10점 이상의 여성 목용이 나왔다. 복고을돌묘 연주문 직물과 유사한 예는 투루판 아스타나211호묘 출토 황지소연주단화금黃地小聯珠團花錦(길이 19㎝, 너비 19㎝)이 있다(그림 38).[72] 연주문에 둘러싸인 단화문 장식이 거의 같다. 옷깃에 이러한 특별한 문양의 직물을 덧댄 예는 소릉박물관 소장 도용들에서도 볼 수 있다(그림 39).

이상에서 살펴본 바와 같이 바얀노르벽화묘와 복고을돌묘의 견화를 포함한 직물들은 당대의 회화 발전상을 잘 반영하는 동시에 신강 아스타나묘지 출토품들과 강한 친연성을 보여주면서 중앙아시아 계통의 연주문 직물이 다수 발견되었다.

4. 바얀노르벽화묘의 성격과 편년

1) 벽화의 양식

앞에서 언급하였듯이 바얀노르벽화묘와 초당시기 벽화묘의 공통적 특징은 북조 후기 벽화묘에서 이미 형성된 것들이다. 즉 업성鄴城(태원)의 동위·북제묘와 장안(서안)과 원주原州(고원)의 북주묘의 고분 구조와 벽화 배치가 수와 초당으로 계승된 것이다.[73] 다음에서는 당대 벽화묘에 대하여 개관해본다.

---

71 연주문 직물의 기원과 유통에 대해서는 신숙, 「신장 지역의 연주문과 직물의 유통」, 국립문화재연구소 編, 『실크로드 연구사전 동부: 중국 신장』(국립문화재연구소, 2019), pp. 132-135.

72 아스타나211호묘는 1973년 발굴되었으며, 당 영휘 4년(653)의 묘지가 출토되었다. 연주소단화문금에 대한 설명은 노진선, 「아스타나 무덤군 211호 무덤 연주소단화문금」, 국립문화재연구소 編, 『실크로드 연구사전 동부: 중국 신장』(국립문화재연구소, 2019), pp. 499-500.

73 조선일보사 編, 『中國국보전』(솔대, 2007), 도 140-141; 李星明, 앞의 책, pp. 230-318, p. 253.

그림 40 | 영태공주묘 외관

    당대 묘장이 집중 분포하는 섬서지역 당묘에 대한 고고조사와 발굴은 1950년 대부터로 섬서지역에서 발견된 수당묘는 800여 곳에 달하며 관중지역의 서안부근에서 발굴된 묘장은 300여기이다.[74] 그중 기년묘는 약 200여기이다. 중국의 당 벽화묘는 대다수가 섬서관중陝西關中의 서안시교西安市郊와 부근의 예천현禮泉縣, 건현乾縣, 장안현長安縣, 삼원현三原縣, 부평현富平縣과 함양시교咸陽市郊에 집중 분포한다.[75]

    태종太宗(재위 626-649)·문덕황후文德皇后의 소릉昭陵과 고종高宗(재위 649-683)· 측천무후則天武后(624-705)의 건릉乾陵의 배장묘들에서 벽화가 많이 발견되었다. 이

74   李星明,『唐代墓室壁畫研究』(西安: 陝西人民美術出版社, 2005), pp. 1-12; 韓偉, 張建林,『陝西新出土唐墓壁畫』(重慶: 重慶出版社, 1998); 李星明, 앞의 논문, pp. 101-125.

75   박아림,「당대 고분벽화의 주제와 변천」『넓고 깊게 보는 중국미술 당대 편』(민속원, 2020), pp. 93-112.

미 발굴 혹은 조사된 제릉帝陵 배장묘는 고조 헌릉獻陵 2기, 태종 소릉 배장묘 30기, 고종 건릉 6기, 중종中宗 정릉定陵 1기, 예종睿宗 교릉橋陵 3기 등이다.[76] 왕릉과 배장묘군, 일반귀족묘군이 대거 조성된 관중지구는 당대 벽화묘의 중심지이다. 1950년대 이후 관중지역에서 발굴된 황실, 관료, 귀족 벽화묘는 100여기이다.

벽화가 비교적 잘 보존된 예는 초당의 소릉 배장묘인 정인태묘鄭仁泰墓와 아사나충묘阿史那忠墓가 있고, 성당의 건릉 배장묘인 의덕태자묘懿德太子墓, 영태공주묘永泰公主墓, 장회태자묘章懷太子墓 등이 있다(그림 40). 산서山西 태원太原, 영하寧夏 고원高原, 신강新疆 투루판吐魯番 등지에서도 당묘 벽화가 발견되었다.

예천당태종소릉禮泉唐太宗昭陵 능원 안의 배장묘들은 1971년부터 조사되어 30여기에서 벽화가 확인되었다〈표3〉. 예천당장락공주묘禮泉唐長樂公主墓(643), 단간벽묘段簡璧墓(651), 단간벽묘段簡璧墓(651), 정인태묘(鄭仁泰墓, 663), 이적서무공묘李勣徐懋功墓(670), 아사나충묘阿史那忠墓(675), 안원수묘安元壽墓(684)와 부인夫人 적육랑翟六娘(727)부부합장묘 등 모두 십여 기이다. 소릉의 배총 가운데 하나인 예천당계필부인묘禮泉唐契苾夫人墓(721)에서도 벽화가 확인되었다.[77] 당 태종의 소릉 배장묘를 포함한 7세기 중·후반의 섬서 벽화묘들은 다음 표와 같다.

---

76 당대 황제릉은 왕조 말기의 2代, 昭宗(재위 888-904)의 和陵과 哀帝(재위 904-907)의 溫陵이 하남성과 산동성에 위치한 것을 제외하고 18기가 섬서성 渭水의 북쪽에 위치한 乾, 禮泉, 涇陽, 三原, 富平, 蒲城의 6현에 걸쳐 분포한다.

77 昭陵博物館,「唐昭陵李勣陪墓淸理簡報」,『考古與文物』3(2000), pp. 3-14; 陝西省博物館·禮泉縣文敎局唐墓發掘組,「唐鄭仁泰墓發掘簡報」,『文物』7(1972), pp. 33-42, 77-78; 陝西省文物管理委員會·禮泉縣昭陵文管所,「唐阿史那忠墓發掘簡報」,『考古』2(1977), pp. 132-138, 80, 154; 昭陵博物館,「唐安元壽夫婦墓發掘簡報」,『文物』12(1988), pp. 37-49; 陝西歷史博物館,『唐墓壁畵眞品選粹』(西安: 陝西人民美術出版社, 1991); 昭陵博物館,「唐昭陵段簡璧墓淸理簡報」,『文博』6(1989), pp. 3-12, 97-101; 昭陵博物館,「唐昭陵長樂公主墓」,『文博』3(1988), pp. 10-30, 97-101; 陝西省考古硏究所·陝西歷史博物館·昭陵博物館,「唐昭陵新城長公主墓發掘簡報」,『考古與文物』3(1997), pp. 3-26.

벽화묘	소재지	묘도	천정	과동	용도	묘실
長樂公主墓(643)	陝西 禮泉	청룡, 백호, 거마, 의장대, 문루	문루, 儀衛, 내시	男侍, 侍女	남시, 시녀	목조가옥, 神鳥, 天象
李思摩墓(647)	〃				畏獸	侍女, 伎樂
段簡璧墓(651)	〃		列戟, 시녀	남시		
張士貴墓(657)	〃	벽화 탈락				
執失奉節墓(658)	陝西 西安					舞女
新城長公主墓(663)	섬서 예천	청룡, 백호, 문리, 대문, 의장대, 鞍馬, 문루	列戟, 儀衛, 시녀		시녀	시녀
鄭仁泰墓(664)	〃	鞍馬, 마부, 낙타, 의장대, 男侍, 문리		시녀		
韋貴妃墓(666)	〃	의장대, 문리, 문루	胡人備馬, 호인牽馬, 내시	내시, 궁녀	기악과 무녀	궁녀
李爽(668)	섬서 서안	의장대			남시, 시녀	시녀, 기악
王善貴墓(668)	〃					15폭 병풍시녀
蘇君墓(667)	섬서 咸陽	청룡, 백호, 안마, 의장대, 문루	남시, 侍衛, 戟架, 시위, 牽馬	시자		天象
李勣墓(670)	섬서 예천	馬蹄, 人脚				女樂, 舞踊, 육폭병풍 樹下士女
燕妃墓(671)	〃				궁녀	궁녀, 악무, 십이폭병풍 수하인물
阿史那忠墓(675)	〃	청룡, 백호, 말, 낙타, 의장대, 시종, 문리, 문루	戟架, 남시, 시녀	남녀 시자		
元師獎墓(686)	섬서 岐山				시자, 男童, 개	22폭 병풍화 시녀, 수목, 화조
李晦墓(689)	섬서 高陵	牽馬	기악무녀, 북벽 시녀	列戟		벽화 탈락
金鄉縣主墓(690)	섬서 서안		牽駱駝胡人, 男侍, 시녀	胡人, 낙타, 男侍, 侍衛		시녀

건현당고종건릉乾縣唐高宗乾陵 배장묘로는 성당盛唐(684~756)시기의 벽화로 8세기 초 당 회화의 수준을 보여주는 의덕태자이중윤묘懿德太子李重潤墓(706), 장회태자 이현묘章懷太子李賢墓가 있다.[79]

78　李星明, 앞의 책, pp. 409-412.

79　陝西省博物館·乾縣文敎局唐墓發掘組,「唐章懷太子墓發掘簡報」,『文物』7(1972), pp. 13-25, 68-69; 陝西省博物館·陝西省文物管理委員會,『唐李賢墓壁畵』(北京: 文物出版社, 1974); 陝西省博物館·乾縣文敎局唐墓發掘組,「唐懿德太子墓發掘簡報」,『文物』7(1972), pp. 26-32, 70-71, 75-76; 陝西省博物館·陝西省文物管理委員會編輯,『唐李重潤墓壁畵』(北

영하회족자치구에서도 수당벽화묘隋唐壁畫墓가 발견되었다. 1995년 고원박물관固原博物館이 양방촌羊坊村 북쪽에서 평량군도위표기장군사색암부부합장묘平涼郡都尉驃騎將軍史索巖夫婦合葬墓(658)를 발굴하였으나 벽화 화면이 이미 많이 탈락하였다. 고원지역 수당묘 가운데 보존이 비교적 양호한 묘는 1986년 발굴한 고원양방촌양원진묘固原羊坊村梁元珍墓(699)로서 천정天井 동서 양벽에 모두 인물목마도人物牧馬圖를 그렸고 용도甬道 양 벽에 각각 한 폭의 견마도牽馬圖를 그렸다. 묘실 동벽과 남벽에 남녀시자男女侍者를, 서벽과 북벽에 십폭수하인물병풍도十幅樹下人物屛風圖를 그렸다. 1985년 영하염지현소보정향寧夏鹽池縣蘇步井鄕에서 발굴된 당대묘지唐代墓地가 있는데 그 중 6호묘에서 출토된 석문石門에 세선음각감지기법細線陰刻減地技法의 호선무도胡旋舞圖가 있다.[80]

신강위구르자치구에서는 1963-1965년 투루판 아스타나묘지阿斯塔那墓地에서 42기의 당묘를 발굴하였다. 초당기의 서역 진출 과정에 정복된 고창의 투루판 아스타나일대에 조성된 성당-만당기 벽화묘군이다. 만당기 벽화묘로 투루판 아스타나65TAM38호묘(766년~779년), 투루판 아스타나65TAM217호묘(8세기말), 투루판 아스타나72TAM216호묘(8세기말) 등이 있다. 묘실 후벽에 그려진 병풍식벽화屛風式 壁畫와 목제틀의 병풍화가 발견되었다. 병풍화의 주제는 사녀, 화조, 목마, 수하인물 등이다. 벽화는 아스타나 65TAM38호묘(육폭병풍식수하인물도), 72TAM216호묘(육폭병풍식감계화六幅屛風式鑑戒畵)와 65TAM217호묘(육폭병풍식화조화)에서 발견된다.[81]

당대는 중국 고분벽화의 발달에서 가장 전성기에 해당하나 고분 내의 벽화의

京: 文物出版社, 1974); 陝西省文物管理委員會, 「唐永泰公主墓發掘簡報」, 『文物』1(1964), pp. 7-33, 58-63; 陝西歷史博物館, 『唐墓壁畵眞品選粹』(西安: 陝西人民美術出版社, 1991).

80　羅豊 編著, 『固原南郊隋唐墓地』(北京: 文物出版社, 1996); 寧夏固原博物館, 「寧夏固原唐梁元珍墓」, 『文物』6(1993), pp. 1-9, 97-100.

81　新疆維吾爾自治區博物館, 「吐魯番縣阿斯塔那-哈拉和卓古墳墓群淸理簡報(1963~1965)」, 『文物』10(1973), pp. 7-27; 趙豊 主編, 『絲綢之路美術考古槪論』(北京: 文物出版社, 2007), pp. 219-232.

주제는 인물화 중심으로 주로 현실세계를 반영하며, 일정한 형식과 구성을 반복하여 비교적 단순하다. 당묘 벽화의 주제와 내용은 의장儀仗, 수렵狩獵, 궁정생활宮廷生活과 가거생활家居生活, 예빈禮賓, 종교, 건축, 사신四神, 성상星象 등으로 분류한다. 건축 벽화는 궁전 전각의 배치형식과 건축양식을 반영한다. 사신을 제외하고 천상세계의 묘사는 드문 편이다. 당묘 벽화는 당시의 의복, 두관頭冠, 거여車輿와 수렵의례狩獵儀禮를 보여주는 중요한 시각자료이다.

이성명李星明은 관중지역 당대 황실벽화묘의 도상을 첫째 저택 혹은 궁정 안팎의 정경을 묘사한 현실적인 도상계통, 둘째 우주도상과 승선昇仙, 길상吉祥방면의 도상계통으로 나누었다. 현실 도상계통은 묘문에서 묘실까지 목조가옥 구조를 그리고, 그 안에 호위 의장대, 병기 걸개도, 문리, 출행의장, 시녀 또는 궁녀, 내시, 악무의 장면을 그렸다. 가거생활과 출행도가 전경식 화권을 이룬다. 두 번째 도상은 묘실 남북 양벽의 주작과 현무, 묘도 동서 양벽의 청룡과 백호, 서조瑞鳥, 선인, 십이지상 등이다.[82] 십이지상은 수대와 초성당 벽화묘에는 보이지 않으며 안사의 난 이후 당희종 정릉 등에 출현한다. 당묘 벽화의 풍격은 당 고조 무덕武德과 당 태종 정관貞觀시기 발전하기 시작하여 고종高宗과 무측천武則天시기에 이미 북조벽화의 영향을 탈피하고 전형적 특징을 형성하고 개원開元, 천보天寶 시에 완성된다.

숙백宿白은 관중지역 24기 중요 당대 벽화묘의 벽화 배치와 내용에 기반하여 5단계로 당묘의 발달을 구분하여 이후 연구의 기초를 마련하였다.[83] 수대에서 초당기의 벽화묘는 주로 장안지구를 중심으로 축조되었다. 제1단계는 당 고조(재위 618-626)에서 당 태종(재위 626-649) 중기로 정관4년 이수묘(630)가 있다. 이수

---

82   李星明, 앞의 논문, p. 123.

83   宿白, 「西安地區的唐墓壁畫的佈局和內容」, 『考古學報』 2(1982), pp. 137~154. 당묘벽화 분기연구사는 申秦雁, 楊效俊, 「陝西唐墓壁畫研究綜術」, 陝西歷史博物館 編, 『唐墓壁畫研究文集』(西安: 三秦出版社, 2001), pp. 14-15.

는 고조 이연의 종제從弟로서 정관4년(630) 사망하였다. 이수묘는 석문과 석곽이 설치된 전축묘로서 4개의 천정, 과동이 있다. 벽화는 출행도, 수렵도, 농경도, 연락도, 주방도 등 남북조벽화묘에 보이는 묘주 생전 생활장면이 주를 이루며, 불교사원과 도교사원의 건축물을 묘사한 장면이 있다. 이수묘에서는 당대에 새롭게 출현하기 시작한 화제가 등장하는데 극가戟架를 동반한 보위의장도保衛儀仗圖이다. 극가는 수대부터 삼품 이상 관원의 문에 세운 것이다. 이수묘는 제4천정 동서벽에 각 7극戟, 합하여 14극을 묘사하였다. 이수묘 벽화는 16국과 북조, 수대 벽화묘의 벽화 주제가 존속되어 당대 벽화의 풍격이 아직 형성되기 전이다.

제2단계는 당대 벽화의 특징이 출현하기 시작하였다. 당 고종(재위 649-683)과 무주시기(624-705)로 아사나충묘, 집실봉절묘, 정인태묘 등이 있다. 653년의 아사나충부부묘에서 675년 이풍묘李風墓까지 해당된다. 이수묘와 벽화 배치가 완전히 다르며 벽화 배치가 일원화되어간다. 집실봉절묘, 정인태묘, 소정방묘, 아사나충묘, 이적묘 등은 이민족을 포함하여 당 초기 무훈을 세운 장군묘로서 벽화 내용이 풍부하게 남아있다.

초당 벽화묘의 벽화 구성은 묘도에 청룡과 백호가 묘문을 향하여 배치되어 신수神獸가 전체 묘장 공간을 선계로 이끄는 형식을 갖춘다. 청룡과 백호 이후의 공간은 묘도와 묘실 모두 당시의 가옥의 목조건축을 회화적으로 재현하였으며 인물상을 일정한 간격으로 배치하여 생활공간을 재현하는데 중점을 둔다. 위진남북조시대 묘실 후벽에 그려지던 묘주좌상은 사라지고 인물은 주로 의장대열과 남녀시종과 같이 입상으로 표현된다. 묘도 벽화는 저택의 문외門外의 풍경을 표시하고 묘실 벽화는 저택의 내실內室을 표시하면서 하나의 긴 두루마리 형식으로 간결하게 정리된다. 묘도에는 저택 문외의 의위儀衛, 거車, 마馬, 극가戟架 등의 내용이 그려진다. 묘실은 저택과 정원을 묘사하였고 그 사이에 시종侍從, 여악女樂 등을 배치하였다. 묘실 천정天頂에는 은하와 성수星宿를 그려서 별의 운행을 표시한 천상도天象圖가 묘사된다. 이 단계 벽화는 당대 벽화 배치의 전형적 특징을 보여주기 시작한다.

숙백의 관중지역 당벽화묘의 시기구분에서 제3단계는 706-729년으로서 의덕태자묘, 영태공주묘, 장회태자묘 등이다. 황족의 묘는 많은 천정과 과동이 있고 전축塼築의 묘실은 전실과 후실로 구성되며 석곽, 석문이 설치되었다. 초당에는 묘도 동서 양벽에 청룡과 백호가 그려지다가, 개원 연간부터는 벽화묘 묘실 남북 양벽에 주작, 현무가 첨가되어 완전한 사신도가 나타난다. 이는 성당 이후 나타나는 우주도상의 중요한 변화이다.[84]

묘도에 청룡과 백호, 의장대열, 수렵, 건축이 그려지고, 용도와 묘실에는 묘주를 시중드는 남녀 시종들이 무리를 이루어 서 있다. 묘주 등급이 비교적 낮은 경우는 목조구조를 모방한 것이 묘도까지 확대되며 인물 자태가 더욱 생동감 있고 배경이 풍부해진다. 묘주가 태자, 공주 등 등급이 비교적 높은 경우 출행도가 유지되고, 유락遊樂제재가 증가한다. 장회태자묘의 수렵도는 부감의 시점으로 그렸으며 질주하는 기마인물군이 생동감 있게 묘사되었다. 장회태자묘의 수렵도와 출행도의 배경의 산수수석은 이 시기의 산수화의 발달을 잘 보여준다. 장회태자묘의 사절도는 당 장안을 찾아온 외국사절들을 그렸는데 사신들의 복식과 얼굴 표현이 사실적이며 한국韓國과 토번吐蕃에서 온 사절도 포함하고 있다. 성당 벽화에는 화조화가 자주 그려지며 병풍화가 유행하는 것도 특징이다.[85] 병풍화에는 수하인물도가 많이 그려지는데 중국 당대에 성행한 나무 아래에 인물을 배치한 그림으로 인물이 여성일 때는 '수하미인도'라 한다.

제4단계는 730-805년의 천보연간天寶年間에서 덕종연간德宗年間이며 이 단계는 2, 3단계에 형성된 특징이 비교적 크게 변화하여, 목조구조 모방이 감소하며 벽화에서 출행의장대가 보이지 않고 묘주인상과 악무도가 출현한다. 또한 절선折扇병풍화가 유행한다. 묘실 남북 양벽에 주작과 현무를 그린다. 제5단계는 헌종원화연간憲宗元和年間에서 당말唐末까지(806-907)이다. 벽화가 간략화하며 묘실 서

---

84 李星明, 앞의 논문, p.110.
85 김진순, 「중국 唐代 고분벽화의 花鳥畵 등장과 전개」, 『美術史研究』26(2012), pp.267-300.

벽에 육폭 병풍을 그리며, 만당도교의 성행과 유관한 운학雲鶴인물화병풍이 많고, 인물형상이 감소한다.

당묘 벽화의 인물도의 발달은 이성명李星明에 의하여 4기로 구분하기도 한다. 고조에서 고종시기(618-683), 무측천에서 예종시기(684-712), 현종시기(712-756), 숙종에서 당말까지(756-907)이다. 제1기 초당묘의 인물화는 서안 근교에 분포하며 남북조 만기와 수의 인물화에서 발전한 것이다. 초당의 사녀 형상은 동감이 결핍되고 순박하고 강건하게 묘사되어 다음에 오는 '무주풍격武周風格'의 사녀 형상과 차이가 난다. 제2기는 무측천시기(684-705)와 중종과 예종시기(705-712)로 나눈다. 무측천시기 인물의 특징은 '무주풍격'이라 하는데 사녀상의 신체가 가늘고 길어지면서 동작에는 율동감이 강조되고 선조가 유려해진다. 제3기(712-756)는 이전 시기의 사녀가 삼곡 형태에 장신이었던 반면, 성당에 이르면 사녀의 조형이 농려풍비濃麗豊肥하게 변화한다. 제4기(756-907)는 당말까지로 묘실 구조가 단순화하면서 벽화를 그릴 화면이 대량으로 축소된다. 벽화는 의장, 극가는 많이 보이지 않고, 지도패검持刀佩劍의 무사도 크게 감소하며, 남녀시자, 문리, 무악舞樂, 병풍이 주요 제제가 된다.[86]

당대 묘실 안에 발견되는 석곽에는 선각화가 새겨져있는데, 관중지역 수당묘 가운데 608년-756년의 150년 사이에 27기 선각 석곽이 발견되었다. 정인태묘, 방릉장공주묘, 계필명묘, 이중윤묘, 이현묘, 이선혜묘, 위형묘, 금향현주묘, 아사나회도묘, 무혜비묘 등이며 주제는 화조도와 사녀도이다.

또한 당묘 내의 석문에 새겨진 선각화들도 있다. 대개 문미門楣에는 권운문과 산악문 배경 위에 쌍주작이 새겨지고 문선門扇에는 문리, 서수 등을 감지선각減地線刻 기법을 사용하여 그렸다. 영하회족자치구의 염지6호묘의 석묘문 문비에는 두 명의 남성의 호선무 도상이 새겨져 있다.

---

86 李星明, 앞의 책, pp. 230-318, p. 393.

당대 벽화가 아닌 견화絹畵, 지화紙畵, 마화麻畵의 사례는 건조한 기후의 신강 투루판 지역에서 여러 점 발견된다. 투루판 출토 견화는 TAM230호묘 장예신묘張禮臣墓의 무악도, TAM187호묘의 귀족부녀의 위기사녀도圍棋仕女圖, TAM188호묘의 목마도牧馬圖가 있다. 지화는 TAM105호묘의 화조도, 투루판 카라호자KTM50호묘의 화조도 등이다.[87]

신강 투루판 고창고성高昌故城 부근의 아스타나와 카라호자묘지에서 발견된 복희여와도도 잘 알려져 있다. 대략 40점 정도가 출토되었으며 현재 공개 작품 수는 32점으로 알려져 있다. 복희여와도가 발견된 아스타나묘는 국씨고창국鞠氏高昌國시기에서 당 서주西州시기의 묘이다. 복희여와도의 재질은 견과 마로 구별된다. 바탕색은 청, 황, 원래의 비단색 등 세 가지이다. 일반적으로 나무못을 사용하여 묘실 천장에 걸고 화면은 아래로 향하게 한다. 소수의 복희여와도는 접혀진 채 사자의 옆에 놓여 있었다. 한 기의 고분에서 1점에서 3-4점이 같이 발견되기도 한다. 대개 길이가 2m를 넘지 않으며 너비는 1m 정도이다. 상단은 넓고 하단은 좁은 형태가 많다. 화면 중앙에는 인신사미人身蛇尾 형태의 복희와 여와가 그려진다. 하반신이 얽힌 횟수는 1회에서 6-8회까지 다양하다. 복희・여와의 상하에는 일월을 그리고, 주위에 성신을 그렸다. 복희여와도는 하단의 남녀사미男女蛇尾의 결합형식과 교차횟수, 그리고 손의 자세에 의해 구분하기도 하며, 얼굴의 묘사나 일월의 표현에서 보이는 화풍상의 특징으로 중국풍과 서역풍으로 나누기도 한다.

중당 및 만당에 이르러서는 안록산・사사명의 난 이후 당이 쇠퇴기에 접어들면서 벽화묘의 축조가 줄어든다. 당 후기의 제릉과 배장묘 벽화의 사례로는

87　金維諾, 衛邊, 「唐代西州墓中的絹畵」, 『文物』19(1975), pp.36-43; 李徵, 「新疆阿斯塔那三座唐墓出土珍貴絹畵及文書等文物」, 『文物』10(1975), pp.89-90, 95-98; 王曉玲, 呂恩國, 「阿斯塔那古墓出土屛風畵硏究」, 『美與時代』2(2015), pp.42-44; 新疆維吾爾自治區博物館, 「吐魯番縣阿斯塔那-哈拉和卓古墳墓群淸理簡報(1963~1965)」, 『文物』10(1973), pp.7-27, 82.

그림 41 | 〈봉과반남장여시도〉, 아사나충묘

1995년 조사에서 벽화가 확인된 섬서 건현불철향남릉촌당희종정릉乾縣佛鐵鄕南陵村唐僖宗靖陵(888)이다.[88] 희종 정릉은 규모가 작으며 의장儀仗의 문무관文武官을 묘사한 벽화도 생기가 없는 형식적인 내용으로 당묘 벽화의 쇠퇴를 잘 보여준다.

이상에서 살펴본 당대 벽화묘의 양식적 특징과 변천을 기반으로 바얀노르벽화묘의 벽화를 양식적으로 분석하면 대략 650-670년대의 편년 추정이 가능하다. 바얀노르묘 묘실의 인물병풍화는 아직 초당의 사녀 형상에 가까워 무주풍격이 나타나기 전, 즉 돌궐제2제국(682-745)이 세워지기 전에 제작된 것으로 생각된다. 바얀노르묘의 인물도는 대체로 초당 관중지역 벽화들과 같은 양식적 특징을 보인다.[89] 특히 이사마묘李思摩墓(647), 집실봉절묘執失奉節墓(658), 위귀비묘韋貴妃墓(666), 이적묘李勣墓(669), 아사나충묘阿史那忠墓(675)에 그려진 인물상의 표현과 가까운데 이들 벽화묘의 묘주는 돌궐족이거나 돌궐과 인척관계 또는 돌궐과의 전쟁에 참여한 인물들이다(그림 41). 이사마는 힐리가한의 친척으로 나중에 당 황실의 성을 하사받아 아사나사마에서 이사마가 된다. 집실봉절은 정관년간에 당에 귀부한 돌궐 추장 집실사력執失思力의 아들이다.[90] 당 태종의 비妃인 위귀비는 증조와 조부, 아버지 모두 북주~수대 귀족세가였으며 그의 딸인 정양현주定襄縣主가 아사나충의 부인이었다. 아사나충은 돌

---

88   羅世平·廖暘,『中國出土壁畵全集』(北京: 科學出版社, 2011).

89   李星明, 앞의 책, p.393.

90   『新唐書』卷110「執失思力傳」.

궐 계민가한의 동생인 아사나소니실阿史那蘇尼失(?~634)의 아들이다.[91] 바얀노르 묘실의 인물도는 솜씨가 많이 떨어지나, 묘도의 인물도는 비교적 섬세하고 유려한 필치가 엿보여 소릉 배장 벽화묘를 조영한 화공집단이 파견되어 그렸을 가능성도 있다.

묘장미술에서 고분의 구조, 벽화와 부장품의 선택과 배치는 묘의 조성 시기의 정치, 사회, 문화적 흐름을 배경으로 하면서 묘주의 현세 생활의 재현과 내세관의 표현이라는 일정한 공식을 따라 이루어진다. 또한 벽화묘 축조문화의 전파에 따라 각 지역에서 문화적 변용이 이루어진다. 동아시아 묘장미술의 맥락에서 바얀노르묘 벽화 주제들의 유기적 관계를 고찰해보면 중국의 전국~한대에 시작하여 꾸준히 발달·변화되어 온 묘장미술의 전형적 구성을 따르고 있음을 알 수 있다. 묘주의 지위를 상징하는 의장행렬, 묘주의 사후 공간을 지키는 시종들, 묘주 영혼의 승선과 이동을 도울 청룡·백호와 안장을 얹은 말, 벽사의 상징인 귀면이 그 예이다. 묘장미술에 반복적으로 출현하는 이들 주제들은 시기적·지역적인 변용을 보여준다. 바얀노르벽화묘의 인물의 복식은 7세기 동아시아 벽화묘 축조 중심지의 복식 양식을 반영한다.

견마도 역시 여러 묘장벽화와 화상석에서 발견되는데 묘주의 영혼이 다음 세상으로 안전하게 이동할 수 있는 수단으로 준비된 말을 표현한다. 마부를 소그드계 호인으로 표현한 것은 당조 이전부터 활약해왔던 무위안씨武威安氏나 고원사씨固原史氏 등 소그드계가 양마養馬를 생업의 하나로 삼았던 역사적 사실에 기반하였을 것이다.[92] 한편으로 한대 화상석의 호한교전도胡漢交戰圖와 고구려 각저총 씨름도의 서역인이 가지는 내세로의 승선 이동 과정의 상징성도 담고 있을 것으

91 『舊唐書』卷109「阿史那忠傳」; 동북아역사재단 編, 『舊唐書 外國傳 譯註 上』 (동북아역사재단, 2011), pp.81-84.

92 박한제, 「唐代 六胡州 州城의 建置와 그 운용」, 『中國學報』 59 (2000), pp.187-223.

로 생각된다.[93] 묘도 입구의 청룡·백호의 묘사는 용호가 이끄는 묘주의 승선을 의미한다. 특히 거대한 크기로 묘사된 이들 사신은 묘주의 육체와 영혼을 담은 묘의 내부 공간을 내세로 이끄는 혼거魂車로서 역할이 강조된 것으로 짐작된다.

바얀노르벽화의 지역적 특색과 도상의 변용은 북조~수당대 벽화묘의 주제를 취사선택하여 조합 표현해낸 것이다. 바얀노르벽화 주제의 표현과 유사한 예가 같은 초당시기보다 이른 북조 고분들에서 먼저 관찰되는 이유는 바얀노르벽화의 출현이 위진남북조시대부터 동아시아와 중앙아시아 및 서아시아를 잇는 북방기류의 문화권대를 따라 꾸준히 이루어진 벽화문화의 전파와 교류가 축적된 결과이기 때문이다.[94]

2) 부장품의 종류와 특징

바얀노르벽화묘의 벽화 주제의 구성과 배치는 일견 초당 벽화묘의 것을 따르고 있으나 위에서 서술한 몇 가지 지역적 특징이 관찰된다. 이러한 지역적 특색의 발현의 배경으로는 해당 묘의 지리적 위치가 가진 특수성에서 찾을 수 있다. 초원로에 위치하면서 돌궐, 철륵과 같은 북방 유목민의 재지문화에 중앙아시아의 소그드, 서양의 동로마 비잔틴, 중국의 한문화가 흘러들어 섞이는 문화적 변용현상이 반영되었기 때문이다.

몽골 벽화묘에서 출토된 부장품들은 중국과의 교류만이 아니라 유목민 간의 또는 서방과의 교류를 반영하고 있어 상당히 흥미롭다. 바얀노르묘에서는 약

---

93 임영애, 「고구려 고분벽화와 고대중국의 西王母신앙」, 『강좌 미술사』 10 (1998), pp. 157-179.

94 '북방기류'라는 용어는 고구려 벽화에 보이는 일정한 문양과 특정한 양식적 표현이 서역 미술, 특히 돈황 벽화의 유사한 사례들의 선구가 되고 있어 이러한 고구려의 조형성이 북방의 넓은 지역에 영향을 미치면서 흐르는 현상을 명명한 것이다. 고구려 고분벽화와 바얀노르묘 벽화와의 유사성은 이러한 북방기류와 벽화문화의 관계를 설명한다. 권영필, 「고구려 회화에 나타난 대외교섭」, 『고구려 미술의 대외교섭』 (예경: 1996), p. 184; 박아림, 「고구려 고분벽화와 북방문화」, 『高句麗渤海研究』 50 (2014), pp. 281-341.

120여점의 토용이 발견되었다 그 가운데 채색 남녀 입상이 약 100점이다. 기마 인물 토우는 20여점이 나왔다.[95] 인물 입상 목용도 동시에 출토되었다. 그 외 진 묘수와 진묘무사용, 동물 토우도 있다.

120여점의 토용은 대부분 두 개의 감에서 나왔다. 남녀 인물상들은 대개 목을 앞으로 빼고 숙인 형상이다. 진묘수와 진묘무사용도 한 쌍씩 출토되었다. 중국 에서는 쌍으로 부장되는 진묘수의 전통이 북위부터 시작하여 북제·주, 수·당 으로 이어진다.

중국 수당대의 진묘무사용과 진묘수의 변천을 보면 수(581-618), 초당(618-683), 성당(684-756), 중만당(757-907)으로 시기가 구분된다.[96] 초당기의 용은 고종 재위 연간(650-683)에 수용隋俑의 전통에서 벗어나 새로운 변화를 보인다. 바얀노 르 진묘수는 그 양식이 초당의 진묘수에 가까우며, 성당기의 진묘수에 비하여

그림 42 | 〈진묘무사용과 진묘수〉, 바얀노르묘

95 A. 오치르, 「7세기 투르크 벽화무덤 발굴 조사 결과 및 성과」, 동북아역사재단 강연회 발표 문, 2011. 10. 27.

96 鄭州市文物考古硏究所, 『中國古代鎭墓神物』(北京: 文物出版社, 2004); 임영애, 「중국 고분 속 진묘수의 양상과 불교적 변형」, 『미술사논단』 25 (2007), pp. 37-65.

단순하다.

바얀노르벽화묘에서는 진묘무사용鎭墓武士俑(높이 66cm)이 두 점 출토되었다(그림 42). 산석좌山石座 위에 다리를 벌리고 섰으나 직립한 형태이고 상의에 화문도안花紋圖案을 그렸으며 전군戰裙이 길게 늘어져 대좌에 닿아 있다. 발굴보고서의 도면에 의하면 진묘무사용 한 점은 두 팔 부분이 떨어진 상태였으나 하르호린 박물관에는 팔을 복원하여 전시하였다. 다른 한 점은 머리, 가슴, 가슴 이하 부분, 팔 등이 분리된 채 발견되었으나 현재는 복원하여 전시하였다. 둘 다 가슴 높이로 주먹 쥔 팔을 들어 올린 형상이다. 바얀노르벽화묘의 진묘무사용과 진묘수는 채색에서 연한 청색과 연한 녹색의 사용이 두드러진다.

복고을돌묘의 진묘무사용은 얼굴이 붙어 있는 무사용과 얼굴 부분 없이 몸통만 남은 무사용 두 점이 있다. 대좌가 되는 엎드린 소의 조각은 따로 남아있다. 진묘수도 두 점이 있는데 이미 몸체가 조각난 것을 접합하였다. 한 점은 인면진묘수로 얼굴 부분이 남아있다. 자나바자르미술관에 전시된 복원된 진묘무사용은 동물 대좌 위에 다리를 넓게 벌리고 삼곡자세로 서있다.

바얀노르벽화묘의 진묘무사용, 진묘수, 여인용은 사도락묘(658)의 무사용과 진묘수, 정인태묘(664)의 무관용 및 여인용과 흡사하여 용俑의 양식적 특징에서 대략 650-660년대의 것으로 편년할 수 있다. 바얀노르벽화묘와 복고을돌묘의 俑들은 신강 투루판 아스타나 묘군에서 다수 출토된 니소용尼塑俑과 목조용木雕俑과 비교하여 그 재질이나 구성에서 유사한 특징을 갖고 있다.[97] 대표적인 예로는 1973년 발굴된 국씨고창국(502-640)의 좌위대장군左衛大將軍 장웅부부묘張雄夫婦墓 (73TAM206) 출토용들이 있다. 장웅(633)과 그 부인(688)은 하장시기가 다른데, 장웅부부묘의 니소기마용尼塑騎馬俑은 바얀노르묘 출토용과, 목신금의군여용木身錦

---

97   한정희 외,『동양미술사』(미진사, 2007), pp.336-340; 趙豊,『絲綢之路美術考古槪說』(北京: 文物出版社, 2007), pp.256-298

衣裙女俑과 진묘무사용은 복고을돌묘 출토용과 유사하다.[98]

또한 벽화묘에서는 약 140여점의 금속제 부장품(화관 장식, 귀걸이, 반지, 팔찌, 그릇, 허리띠, 방울, 마구)과 약 40점의 금화가 나와 묘주가 상당히 높은 지위의 인물이었음을 잘 보여준다. 그 외 목제품, 은제품, 청동기와 철기, 용, 말, 양, 거북

---

98   趙豊, 앞의 책, 도 80.

그림 43 | 〈관 장식〉, 바얀노르묘

그림 44 | 〈목신 채 회 고 결 니 두 여 용〉,
투루판 아스타나188호묘

그림 45 | 〈여인목용〉, 투루판 카라호자

이 등 동물모양 목제 조각품, 금동 자물쇠 등 다양한 유물이 출토되었다.

바얀노르묘의 금속제 출토품 가운데 금제 화관花冠 장식이 있는데 여러 조각으로 부서져 출토되었다(그림 43). 줄기에 작은 구멍들이 뚫려 있고 가는 금실이 남아 있어 천에 꿰어 붙여 착용하였을 것으로 생각된다. 투루판 아스타나묘군 출토 용 가운데 투루판 아스타나188호묘의 목신채회고결니두여용(높이24.5㎝)(그림 44)과 한국 국립중앙박물관 소장 여용(그림 45)과 같이 머리부분에 금박이나 금색의 관식을 한 예가 있다.

출토된 금제 장식품 중 능형의 화문 장식 금판은 유사한 예가 빌게 카간의 조각상(735)의 허리띠에 부조로 새겨진 것이 발견된다.[99] 돌궐인들과 밀접한 관계를 맺었던 소그드인들의 복식을 보면 왕은 삭발索髪(변발)하고 금과 여러 가지 보석으로 장식된 전모를 쓰고, 능라금수綾羅錦繍, 백첩白疊으로 된 의복을 입으며, 부인은 계髻를 틀어서 흑건으로 덮고 금화金花로 장식한다는 기록이 있다.[100]

바얀노르묘 출토 관식과 비교될 수 있는 관식이 측천무후와 고종의 발원으로 675년 완공된 하남 낙양 용문석굴 봉선사동奉先寺洞의 좌우협시보살상에서 발견되어 원래 관의 형태를 짐작할 수 있다. 봉선사동 보살상의 목걸이는 당시 발원자들이 실제 사용한 서역계 보석장신구의 영향으로 나타난 것으로 추정된다.[101] 금제 화관 장식을 통해서도 바얀노르묘가 대략 670년대에 조성된 고분이라는 것을 알 수 있다. 바얀노르묘 출토 금반지는 세 개의 보석을 감입한 것으로, 가장자리에 누금장식이 둘러 있다. 묘실의 제대 위에서 발견된 나무로 만든 말 조각에 장식된 재갈과 등자는 목마의 크기에 맞게 축소되어 만들어졌다.

99   A. Очир, Л. Эрдэнэболд, Эртний нүүдэлчдийн урлагийн галлерей. Улаанбаатар., 2012. Тал 52.

100 김소현, 「토번 지배기의 둔황 막고굴 벽화에 보이는 공양자 복식연구」, 『중앙아시아의 역사와 문화』 (솔, 2007), p. 379.

101 주경미, 「中國 龍門石窟 菩薩像의 莊嚴具 硏究 -목걸이와 영락장식을 중심으로-」, 『불교미술사학』 5 (2007), pp. 495-525. ___, 「장신구를 통해 본 동서교섭의 일면-수대 이정훈묘 출토 금제 공예품을 중심으로」, 『동서의 예술과 미학』 (솔, 2007), pp. 221-246.

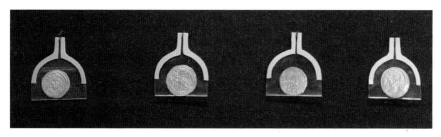

그림 46 | 〈동로마 비잔틴 금화와 사산조 금화〉, 바얀노르묘

부장품 가운데 특히 주목되는 동로마 비잔틴 금화는 목관 안에 화장한 유골의 남쪽(또는 아래쪽?)에 다른 금속제품들과 함께 주머니에 넣어서 놓여 있었다. 몇몇 금화에는 룬과 라틴 문자가 새겨져 있으며 대부분 비잔틴 시대의 것으로 여겨진다. 동로마 비잔틴의 헤라클리우스 1세(610-641)의 금화의 모조품과 사산조 페르시아의 호스로우 2세(590-627)의 금화 모조품 등이 있다(그림 46). 몽골 지역에서 6세기에서 8세기경에 거주하던 유목민들이 동로마 비잔틴제국과 직·간접적으로 폭넓은 교류를 가진 것을 보여주는 자료이다.

바얀노르묘 금화들은 교역에 사용된 것이 아니라 기념품과 장식품으로 사용했을 것으로 추정된다. 어떤 금화는 구멍이나 고리가 있어 어딘가 붙이거나 다는 식으로 사용되었을 것으로 추정되기 때문이다.[102] 금화에 구멍이 뚫려있는 것은 화폐로서의 기능을 잃어버리고 장신구로 사용되었다는 것을 의미한다. 바얀노르묘에서 출토된 구멍이 뚫린 금화나 얇고 한 면만 타출된 금화들은 모두 장신구류에 속하는 것으로 추정된다.

출토 금화 중에 구멍을 뚫고 작은 고리를 단 것이 있는데 목걸이 장식으로 사용되었을 것으로 보인다. 금화 앞면에 비잔틴의 헤라클리우스Heraclius(610-641) 황제와 그의 아들이 정면상으로 묘사되었다.[103] 앞면에는 왕관을 쓴 헤라클리우스

102   A. Очир, Л. Эрдэнэболд, Эртний нүүдэлчдийн урлагийн галлерей. Улаанбаатар, 2012. Тал 5-9.

103   A. Очир, Л. Эрдэнэболд, 위의 책, 2012, p. 29.

와 그의 아들이 정면 상으로 묘사되었다. 뒷면은 4층의 제단 위에 세워진 십자가와 'VICTORIA AVCCC(Victory of the Augusti)', 콘스탄티노플에서 조폐되었음을 표시한 'CONOB(Gold of Constantinople)'이 새겨져 있다. [104]

몇몇 다른 금화들은 사방에 네 개의 구멍이 뚫려있어 그 용도가 흥미롭다. 유사한 방식으로 구멍이 뚫린 비잔틴 금화가 고대 불가리아를 지배한 불가르Bulgar의 군주 쿠브라트Khan Kubrat와 연관된 것으로 추정하는 유물(우크라이나의 말라야 페레시체피나Malaya Pereshchepina 출토)로 출토된 바 있다. [105] 이 페레시체피나 유물들에서는 화장한 묘주의 유골과 금제 장식품, 금속 용기들이 발견되었다. 쿠브라트와 직접적인 연관관계에 대해서는 다소 유보적인 견해들도 있다. [106] 쿠브라트는 비잔틴제국에서 교육을 받았으며 아바르와 서돌궐에 복속했다가 635-640년에 반란을 일으켜 지배에서 벗어났고, 비잔틴 제국과 우호관계를 맺고 기독교로 개종하면서 비잔틴의 황제 헤라클리우스와 가깝게 지냈다.

러시아 에르미타시박물관에 소장된 말라야 페레시체피나 출토 금은제품(7세기) 중에서 특히 유목문화와 관련된 것으로 추정되는 유물들이 몽골 벽화묘 출토 유물들과 상당히 유사하여 주목된다. 특히 말라야 페레시체피나 금제 장식품

---

104 평강성서유물박물관, 『Coin, 그 속에 담긴 정복의 역사』 (평강성서유물박물관, 2005).

105 우크라이나의 말라야 페레시체피나 유물에 대해서는 В. Н. Залесская, З. А. Львова, Б. И. Маршак, И. В. Соколова, Н. А. Фонякова(V. N. Zalesskaya, Z. A. Lviv, B. I. Marshak, I. V. Sokolova, N. A. Fonyakova), Сокровища хана Кубрата. Перещ епинский клад(*Treasures of Khan Kubrat. Pereshchepinsky treasure*), Санкт-Пете рбург : Славия [St. Petersburg: Slavia], 1997; K. V. Kasparova, Z. A. Lvova, B. I. Marshak, I. V. Sokolova, M. B. Shchukin, V. N. Zaleskaya. I. P. Zasetskaya, *Treasure of Khan Kubrat – Culture of Bulgars, Khazars, Slavs* (Sofia: Committee for Culture - Bulgaria, National Museum of History, Ministry of Culture- USSR, State Hermitage - Leningrad, 1989), , pp.39-51; А. В. Комар (A. V. Komar), Перещепинский комп лекс в контексте основных проблем истории и культуры кочевнико в восточной европы *(Pereshchepina Complex in the Context of the Pivotal Problems of History and Culture of the Nomads in Eastern Europe).* Стр. 7-244.

106 А. В. Комар, op. cit., С. 7-244.

들의 복원도를 보면 몽골 벽화묘 출토 장식품들의 용도를 유추할 수 있다.[107] 이들 유목문화에 관련된 금은 유물들은 아바르를 포함하여 유목 기마무사들이 사용한 제의용 기물의 일부로 추정하고 있다.

몽골 벽화묘에서 나온 구멍이 뚫린 비잔틴 금화의 용도는 말라야 페레시체피나 유물 중에서 유사한 사례의 복원도를 보면 비잔틴 금화를 이용하여 목걸이를 만들거나, 구멍을 뚫어 연결하여 옷에 다는 장식으로 사용한 것을 알 수 있다. 예를 들면 말라야 페레시체피나 유물 중에 8개의 비잔틴 금화로 만들어진 목걸이와 옷에 달기 위한 구멍이 있는 30개의 비잔틴 금화로 만들어진 장식품이 발견된다.

말라야 페레시체피나 유물에서 나온 비잔틴 금화 목걸이(금화 지름 1.8-2.1㎝)는 헤라클리우스의 금화(629-632, 637, 638년 주조)와 콘스탄스 2세의 금화Constans II(642-646년 주조)로 만들어졌다.[108] 30개의 금화를 사방에 구멍을 뚫어 서로 연결하여 의복의 장신구로 사용한 것은 포카스 금화Phocas(607-609년 주조), 헤라클리우스 금화(629-632, 637, 638년 주조), 콘스탄스 2세 금화(642-646년 주조)로 구성되었다.[109]

말라야 페레시체피나 출토 유물에 대한 연구에 의하면 유사한 유목민족계 유물들이 아바르가 다스린 지역에서 출토되며 동유럽지역에서 발견된 유사 금제 장식품들은 비잔틴의 장식품을 모방하면서 유목민족 장인들에 의해 만들어졌을 것으로 추정하였다.[110]

---

107 말라야 페레시체피나 유물 가운데 출토된 원형의 금제 감입 장식품(지름 2cm 전후, 7세기 중)은 가장자리에 누금기법으로 금알갱이를 두르고 보석을 상감한 것이다. 복원도에 의하면 허리띠에 달거나 마구에 달아서 사용한 것으로 보인다. В. Н. Залесская, З. А. Львова, Б. И. Маршак, И. В. Соколова, Н. А. Фонякова, Сокровища хана Кубрата. Перещепинский клад (Санкт-Петербург : Славия, 1997), pp. 92-96.

108 В. Н. Залесская, Ibid., p. 126, fig. 101.

109 В. Н. Залесская, Ibid., pp. 128-129, figs. 102-131.

110 В. Н. Залесская, Ibid., pp. 92-93.

한편 이르게는 유목민족인 스키타이인들의 풍습을 보면 금판장식품을 옷에 매달아 장식하는 것이 보편적이었다고 한다.[111] 스키타이 고분출토품들 중 다수의 금판장식품에서도 그 양식을 발견할 수 있는데 모두 둘레에 구멍이 뚫려 있어 의복에 부착하게 되어 있다.[112]

사산조 페르시아에서는 금화와 은화를 모두 제작하였으나 상용되는 것은 은화였다. 호스로우 2세의 은화와 그 모조품은 중국 출토 사산조 페르시아 은화 가운데 가장 다량으로 발견되는 것으로 신강, 섬서, 산서 지역에서 천 점 이상이 출토되었다. 신강 투루판 아스타나묘군에서는 아스타나 78호묘(638년), 92호묘(639년), 206호묘(689년), 322호묘(663년), 338호묘(667년) 등 다수의 묘에서 나왔다.[113]

비잔틴제국에서 주조한 금화와 비잔틴 금화를 모방하여 중앙아시아에서 제작한 금화, 그리고 비잔틴 금화를 이용해 만든 장신구(얇고 납작하며 한 면에만 도상이 새겨진 금속제품)는 중국 내의 여러 고분에서도 발견된다. 비잔틴 금화는 6세기 초에 중국에 들어온 이래 6세기 중엽과 7세기 중엽 경의 고분에서 가장 많이 출토되

---

111 쿨 오바(Kul Oba) 고분 출토 壺에 그려진 스키타이인들은 모두 금판장식품을 매단 바지를 착용하고 있다. 파지리크 고분 출토 상의에도 가죽을 잘라 사슴모양으로 붙이고 그 위에도 또한 금판을 붙이고 있었으며, 이식(Issyk) 고분 출토 상의에도 화살촉 형태의 금장식을 부착하였다. 김문자, 「고대 스키타이계 장신구에 대한 연구」, 『중앙아시아의 역사와 문화』 (솔, 2007), pp. 329-346.

112 스키타이의 기원전 4세기 후반 드네프르 체르톰릭 고분(Chertomyk barrow, Dnieper area)에서 출토된 금판장식품은 9개의 꽃잎이 달린 장식판으로 모두 4개의 구멍이 꽃잎 부분에 뚫려 있어 옷에 꿰매진 것이다. 우리나라에서도 여러 고분에서 금판장식들이 출토되었다. 고구려 고분군에서 출토된 금동식 金具, 金絲는 의복에 장식되었던 것으로 추정한다. 무령왕릉 출토 금판장식은 반구형 圓座에 8개의 꽃잎이 달린 장신구로서 꽃잎들의 인접부에 작은 구멍이 하나씩 뚫려 있다고 한다. 스키타이 금판장식품 유물과 같이 옷에 부착하는 장치였을 것으로 보인다. 스키타이계 복식문화권에서는 의복에 금판장식을 붙여 장식하고 있었는데 이것이 우리나라에도 전수되었던 것으로 생각된다. 김문자, 위의 논문, pp. 329-346.

113 지역별 출토 현황은 孫莉, 「薩珊銀幣在中國的分布及其功能」, 『考古學報』 1(2004), pp. 35-54 참조.

었다.[114] 영하 고원의 사씨史氏 묘군, 하북 자현의 유연공주묘와 같이 중앙아시아 출신이거나 서역과 관계를 맺고 있는 묘주의 묘들에서 다수 발견되었다.[115]

영하 고원 남교에 위치한 사씨 묘군은 소그드 출신인 사씨의 가족묘장이다. 수대의 사사물묘, 초당과 무주시기 사색암묘史索岩墓, 사가탐묘史訶耽墓, 사철봉묘史鐵棒墓, 사도덕묘史道德墓가 있다.[116] 수대 사사물묘는 앞에서 언급하였듯이 천정의 문루도와 연화도의 배치가 바얀노르묘와 똑같다.[117] 사씨 묘군에서는 중앙아시아와의 교류를 보여주는 여러 부장품, 즉 비잔틴 금화의 모조품과 이를 활용한 금속 장신구가 발견되었다. 사씨 묘군의 비잔틴 금화는 사도락묘史道洛墓(658) 출토 동로마 황제 유스티누스 2세Justin II(재위 565-578)의 것을 제외하고 대부분 모조품이다.[118] 유스티누스 2세 금화는 묘실 동북부의 관상 앞 지면 위에서 발견되었다. 가장자리에 두 개의 구멍이 있어 의복 등에 꿰었던 장식품일 가능성이 있다. 금화의 가장자리에 치아 흔적이 있어 금화가 피장자의 입 속에 넣어졌을 가능성도 있다. 사도락묘의 축조시기와 금화 제조말년(578) 사이에는 80년의 차이가 있다.[119] 7세기 이후 비잔틴 금화의 모조품의 제조는 대부분 중앙아시아에서 이루어졌는데, 소그드지역에서는 5세기 초부터 사산 은화의 모조품을 만들기 시작하였으며 이후에 비잔틴 화폐의 모조품도 제작하였다.[120] 7세기 중엽 이후 중국 고분에서는 주로 비잔틴과 사산의 모조품과 이를 활용한 장신구가 출토된다.

사색암부부합장묘(664) 출토 류금수정부식鎏金水晶附飾(길이 4㎝, 너비 2.6㎝, 두께

---

114   羅豊, 『胡漢之間-"絲綢之路"與西北歷史考古』(北京: 文物出版社, 2004), pp. 113-155, 142-143, 162-188, 443-479, 표 5, p. 150.

115   羅豊, 앞의 책, p. 146, 표 3.

116   李星明, 앞의 책, pp. 114-119; 박아림. 「중국 영하회족자치구의 고원수당묘와 염지당묘 벽화와 석각연구」, 『동양미술사학』 8(2019), pp. 93-120.

117   앞의 책, 도 1-53.

118   寧夏回族自治區固原博物館 編, 앞의 책, 도 113, 121, 129; Annette L. Juliano and Judith A. Lerner, *Monks and Merchants* (New York: Asia Society, 2001), pp. 276, 289.

119   박아림, 앞의 논문, p. 108.

120   羅豊, 앞의 책, pp. 142-143.

1.2㎝)은 불규칙한 타원형으로 청색 수정을 상감한 것인데 바얀노르묘 출토품과 유사하다.[121] 사색암묘 출토 펜던트 장식과 같은 것은 소그드 지역에서 제작되었을 가능성이 크다고 한다.[122] 사도덕묘 출토품 중에서 수면금식獸面金飾(높이 2.8㎝, 너비 3.1㎝)은 유사한 형태의 금식이 바얀노르묘에서 여러 점 출토되었다.[123] 위 아래로 구멍이 뚫려있어 옷에 붙이는 장신구로 기능한 것으로 추정된다. 이들 비잔틴 금화 모조품과 장신구들은 사씨 묘주들에 의해 귀중한 물건으로 여겨져 무덤에 부장된 것으로 북방 유목민과 서역인들에 의해 공유된 위세품으로 생각된다. 바얀노르벽화묘에는 중국 내 비한인非漢人 묘주의 고분에서 주로 출토되는 외래계 장신구들이 다수 나와 북방 유목민들이 공유한 문화적 특징을 잘 보여준다.

흉노의 의복과 장신구 중에서도 금동 장식이나 터키석 감입 장신구가 발견되는데 소량의 비단, 자수, 실이 같이 붙어 발견되어 옷에 달리는 용도로 추정된다. 흉노의 한 기의 묘에서 이러한 장식품이 10개 넘게 발견되는데 이런 장식품은 유골의 가슴에서 종종 발견되며 아마도 옷에 부착되어서 사용한 것으로 보인다. 흉노가 옷에 금속 장식품을 사용한 것은 이웃의 스키타이 부족과 비슷하다. 장식품의 형태와 재료, 묘의 크기 사이의 상호 관계를 고려하면 그러한 옷 장식품은 위계의 표시였음을 보여준다.[124]

바얀노르묘에서는 여러 점의 소형 마구 모형이 나왔는데 사도락묘에서도 유사한 사례가 발견된다. 사도락묘의 소형 도금동마구 모형은 류금동마표鎏金銅馬鑣 5점, 류금동마등鎏金銅馬鐙 1점, 류금동행엽鎏金銅杏葉 1점이다. 이들 마구들은 모두 소형으로 목제 혹은 금속제 마용 위에 착용되었을 가능성이 있으나, 도굴

121 寧夏回族自治區固原博物館 編, 앞의 책, 도 114.
122 주경미, 「중국출토 外來系 장신구의 일고찰」, 『중앙아시아연구』 11 (2007), pp. 173-196.
123 Annette L. Juliano, 앞의 책, 도 92 a, b.
124 김문자, 앞의 논문, pp. 329-346; Г. Эрэгзэн. Хүннүгийн өв. ///(Treasures of the Xiongnu, Culture of Xiongnu, the first Nomadic Empire in Mongolia) (ШУА-ийн Археологийн Хүрээлэн, Монголын Үндэсний музей [Institute of Archeology of the Mongolian Academy of Sciences; Mongolian Museum of Fine Arts], 2011), p. 108.

로 인하여 묘실 내에서 마용은 발견되지 않았다. 사도락묘에서 발견된 5점의 마표를 고려하면 3필의 소형 마용이 부장되었을 가능성이 있다. 마구 출토 위치로 보아 마용은 묘실 중앙 남부에서 약간 서쪽으로 치우친 곳에 부장되었을 것으로 추정한다.[125]

그림 47 | 〈돌궐식 금제 용기〉, 바얀노르묘

바얀노르묘에서 나온 금제용기는 그릇의 형태가 전형적인 돌궐식 금속기이다(그림 47).[126] 유사한 금속용기가 빌게 카간 제사유적에서 금·은제 명기 세트로 출토되었다. 바얀노르묘의 금제 용기보다 작아 실제 사용이 어려운 소형의 주자와 잔으로 구성되었고 금제와 은제 각각 8점이 수습되었다.[127]

몽골 벽화묘에서 나온 유목민족계 금속제 장식품들과 금화들은 고분의 묘주가 유목민족의 전통을 계승하면서 당시 동·서 간의 활발한 교류에 직접적으로 참여한 인물이었음을 알게 해준다. 벽화와 유물에 대한 보다 상세하고 심도 깊은 고찰을 통하여 몽골 벽화묘가 담고 있는 국제적 교류상을 파악할 수 있다면 6-8세기 초원로를 통해 활동한 유목민족들의 역사와 문화를 복원해내는데 소중한 자료가 될 것이라 생각한다.

3) 묘주와 편년

중국 당대 벽화묘의 벽화 주제와 양식, 용류와 비교되는 바얀노르묘와 복고을

---

125   박아림, 앞의 논문, p. 108.

126   유사한 돌궐계 금은제 유물이 출토된 중요 유적으로는 중국 일리카자흐자치주 자오쑤현 보마 고대 무덤군이 있다. 신숙, 「보마무덤군 금은제 유물」, 국립문화재연구소 編, 『실크로드 연구사전 동부: 중국 신장』(국립문화재연구소, 2019), pp. 272-274.

127   신숙, 「신장 지역의 돌궐 금·은기」, 국립문화재연구소 編, 『실크로드 연구사전 동부: 중국 신장』(국립문화재연구소, 2019), pp. 136-139.

돌묘의 묘주와 편년에 대해서 알아보기 위하여 다음에서는 당대 묘장의 형식과 구조의 발달을 비교한다. 당대 묘장의 형식과 구조의 발달은 크게 5기로 구분된다〈표4〉. 단계별 주요 묘장형제墓葬形制는 제1기(618-657, 고조, 태종, 고종시기) 경사진 긴 묘도를 가진 토동묘斜坡墓道土洞墓와 전실묘磚室墓, 제2기(658-710, 고종 후기, 무측천, 중종시기) 쌍실전묘雙室磚墓와 단실전묘單室磚墓, 제3기(710-748, 예종, 현종 개원시기) 단실전묘와 단실토동묘單室土洞墓, 제4기(748-809 현종 천보, 숙종肅宗, 덕종德宗시기) 단실토동묘, 제5기(809-당말) 수정묘도묘竪井墓道墓이다. 바얀노르묘와 복고을돌묘는 대략 제2기에 해당되는 단실토동묘이다.

〈표4〉 당대 묘장 등급제도에 따른 분기[128]

		封土	陵園	石刻	墓葬 構造	石葬具	俑數
1기	特級	覆頭形	8개土闕	石人, 石羊, 石虎, 石柱 各2	單室磚墓, 5개 이상 천정, 2쌍 이상 소감	石門, 石棺床	100件 以上
	三品以上	圓錐形 위주	無	石人, 石羊, 石虎, 石柱 各2	單室磚墓, 4개 이상 천정, 2쌍 이상 소감	石門	90
	五品以上	圓錐形	無	文獻記載4件獸	單室土洞墓, 천정과 소감은 비교적 적음	磚封門, 磚棺床	60~50
2기	特級	覆頭形	8개土闕	石人, 石羊, 石虎, 石柱 各2	單室磚墓, 5개 이상 천정, 3쌍 이상 소감	石門, 石棺床	120件 以上
	三品以上	圓錐形, 像山形	無	石人, 石羊, 石虎, 石柱 各2	單室磚墓, 雙室磚墓, 3개 이상 천정, 2쌍 이상 소감	石門, 石棺床(개별 石棺 도 존재)	120件 左右
	五品以上	圓錐形	無	未發見, 文献記載 石獸4件	單室土洞墓, 雙室土洞墓, 二室은 2-3개 천정, 2쌍 소감	磚封門, 磚棺床(石墓門을 사용 하는 경우도 있 음)	70
3기	特級	覆頭形	有	石獅, 石人, 石柱	雙室磚墓	石門, 石樟, 玉册	600件 以上

---

128 程義, 앞의 책, pp.334-342, 표 28-32.

		封土	陵園	石刻	墓葬 構造	石葬具	俑數
3기	三品以上	圓錐形, 像山形	無	石人, 石羊, 石虎, 石柱 各2	雙室磚墓, 單室磚墓	石門, 石棺床(石椁)	90
	五品以上	圓錐形	無	未發見, 文獻記載 石獸4件	單室磚墓, 單室土洞墓, 3개 이상 天井, 2쌍 이상 小龕	磚封門, 磚棺床	60
4기	特級	覆頭形	雙重垣墻	石狮, 石人, 石柱 各2	單室磚墓	石門, 石棺椁, 玉册	600件以上
	三品以上	圓錐形	無	文獻記載 石人, 石羊, 石虎, 石柱 各2	單室磚墓, 4개 이상 천정, 3쌍 이상 소감	石門, 石棺床	70
	五品以上	圓錐形	無	未發見, 文獻記載 石獸4件	單室土洞墓, 刀形墓	磚封門, 磚棺床	40
5기	特級	覆頭形	有	이미 파괴됨	單室磚墓	石門, 石棺床	不明
	三品以上	圓錐形	無	石人, 石羊, 石虎, 石柱8件 (文獻記載)	單室土洞墓 또는 竪井墓道墓	不明	100件以下
	五品以上	圓錐形	無	未發見, 文獻記載 石獸4件	單室土洞墓 또는 竪井墓道墓	不明	70

초당의 신성장공주묘, 장락공주묘, 혜장태자묘는 긴 경사진 묘도에 여러 개의 천정을 가진 단실전묘單室磚墓이며, 위귀비묘, 방릉대장공주묘, 영태공주묘, 의덕 태자묘 등은 경사진 묘도에 여러 개의 천정을 가진 쌍실전묘이다. 중당의 당안 공주묘唐安公主墓는 단실전묘이다. 만당 당희종묘는 경사진 묘도를 가진 단실토 동묘로 구조상 간소화된다.[129]

당대 묘장의 관상棺床은 석石관상, 전磚관상, 토土관상 등이 있다. 관상의 평면 은 장방형으로, 남, 북, 서 삼면과 묘실 벽이 접한다. 석관상과 전관상은 동측 입 면에 대개 호문壺門장식이 있다. 석관상은 태자, 공주와 삼품이상 관원이 사용한 최고급 장구葬具로서 장락공주묘, 단간벽묘, 장사귀묘, 위지경덕묘, 신성장공주

129　程義,『關中地區唐代墓葬硏究』(北京: 文物出版社, 2012), pp. 77-85.

묘, 방릉공주묘, 이풍묘, 절민태자묘 등에서 사용하였다. 전관상은 당대 가장 흔히 보는 관상 형식으로서 평면은 장방형이 가장 많다. 몽골의 두 묘는 석관상이나 전관상을 사용한 당대 묘들과 달리 목관을 사용하였다.

당묘 묘실의 입구를 폐쇄하는 봉문封門의 형식은 전塼봉문이 가장 흔하다. 당묘의 건축 구조물 가운데 대개 보존이 가장 잘 되어있는 석묘문石墓門은 문비門扉, 문주門柱, 문액門額, 문미門楣, 문침門砧 등으로 구성되었다.[130] 일부 묘의 석묘문에는 주작, 문리門吏, 서수瑞獸 등이 감지선각減地線刻 기법으로 새겨졌다. 묘주 품급에 따른 등급 제한의 예가 없으나 삼품이상 귀족계층이 주로 사용하였다. 비용이 많이 들고 제작이 쉽지 않아 묘장의 사치스러움을 증명한다. 석문의 사용자의 신분은 태자, 공주가 가장 많아 석관상과 등급 범위가 일치한다. 바얀노르묘와 복고을돌묘는 벽돌을 사용하여 묘 입구를 폐쇄하였다.

당대 묘장은 등급제도에 따라서 구조상의 분기와 비슷하게 5기로 나누어지기도 한다. 제1기 고조, 태종시기(618-649), 제2기 고종, 무측천시기(650-705), 제3기 중종, 예종, 현종시기(706-741), 제4기 현종 천보에서 덕종시기(741-805), 제5기 덕종말년에서 당말(805-907)이다.[131]

벽화묘의 전체 규모는 신분등급에 의해 정해지는데 신룡神龍2년(706) 매장한 최대급 묘인 의덕태자懿德太子 이중윤묘李重潤墓는 전체 길이 100.8m의 전후前後 이실묘二室墓이며, 천정 7개, 과동 6개, 소감 8개이다. 같은 해에 매장한 영태공주묘는 전체 길이 87.5m이며, 천정 6개, 과동 5개, 소감 8개이다. 장회태자 이현묘의 전체 길이는 71m이고, 천정 4개, 과동 4개, 소감 6개로 구성되었다.

바얀노르묘는 각 4개의 천정과 과동, 2개의 감, 복고을돌묘는 각 3개의 천정과 과동, 2개의 감이 있다. 바얀노르묘와 복고을돌묘는 천정과 과동 및 소감의 수에서는 삼품이상에 가깝다. 용의 수로는 삼품이상은 120점 좌우, 오품이상은 70점

---

130 程義, 앞의 책, pp.104-107.
131 程義, 앞의 책, pp.334-337.

★ —— Заамарын Шороон бумбагар дурсгал

그림 48 | 복고을돌묘 위치도

인데, 바얀노르묘와 복고을돌묘는 파손된 용이 많아 정확한 수를 헤아리기 어려우나 대략 100점 이상이 나와 삼품에 가깝다.

　당벽화묘의 규모와 등급과 비교하여 바얀노르묘와 복고을돌묘의 묘장 구조는 단실토동묘로서 형식상 제2기의 삼품 이상에 해당된다. 바얀노르묘의 편년을 구체적으로 살펴보기 위하여 2009년 7월 몽골 투브 아이막의 자마르 솜에서 발굴된 복고을돌묘僕固乙突墓와 비교한다. 투브 아이막의 복고을돌묘와 볼간 아이막의 바얀노르벽화묘는 두 아이막의 경계선을 따라 흐르는 톨 강을 사이에 두고 인접해 있다(그림 48). 복고을돌묘는 토동묘土洞墓로서 봉토의 직경 약 20m, 높이 5m이다. 묘도, 3개의 과동, 3개의 천정, 2개의 감실, 묘실로 구성되었다. 묘의 총 길이 23m, 묘실 크기 3.6×3.5×2.8m, 지면으로부터 깊이 6m이다(그림 49). 제2천정 동서 양벽에 감을 설치하였다. 묘실과 감에서 토용土俑, 목용木俑, 동포정銅泡釘 등 백여 점의 유물이 발견되었다. 약 70점의 남자토용男子土俑과 기마인물토용騎馬人物土俑, 40점의 남녀목용男女木俑, 각종 동물목용動物木俑, 진묘무사용鎭墓武士俑, 진묘수鎭墓獸 등이다(그림 50).

　복고을돌묘의 출토품 가운데 중요한 것은 묘문 근처에서 나온 700여자의 한

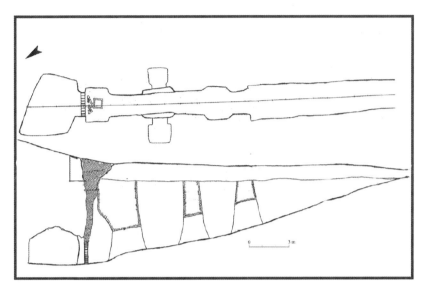

그림 49 | 〈평면과 단면도〉, 복고을돌묘

그림 50 | 〈감실 발굴 현장〉, 복고을돌묘

유라시아 초원 문화의 정수 몽골미술

그림 51 | 〈묘지〉, 복고을돌묘

자로 쓰인 묘지墓誌(75×75㎝)이다(그림 51). 묘주인 복고을돌僕固乙突(635-678)은 우효위대장군右驍衛大將軍, 금미주도독金微州都督, 상주국上柱國, 임중현개국공林中縣開國公(정삼품)을 지냈다.[132] 을돌은 중국 사서에는 그 이름이 보이지 않으나 당 태종을 방문한 외국 번신蕃臣을 묘사한 당 건릉의 "번신" 석상에서 이름이 발견된다. 복고(복골僕骨)는 종족 명칭으로 고대 투르크계 유목민인 철륵鐵勒의 하나였다. 철륵 복골부僕骨部는 몽골의 톨강 북쪽에 거주한 부족으로 돌궐과 거의 같은 습속을 가졌다.[133] 당 초기에 철륵 구성九姓의 하나로 당에 투항하여 복고씨僕固氏로 불리게 되었다. 처음에는 돌궐에 역속役屬하다가 나중에는 설연타薛延陀에 부속附

---

132   А. Очир, С. В. Данилов, Л. Эрдэнэболд, Ц. Цэрэндорж, Эртний нүүдэлчдийн бунхант булшны малтлага судалгаа. (Төв аймгийн Заамар сумын Шороон бумбагарын малтлагын тайлан). Улаанбаатар, 2013; 陳灿國, 「唐乾陵石人像及其銜名的硏究」, 『文物集刊』 2 (1980), p. 191; 楊富學, 「唐代僕固部世系考—以蒙古國新出僕固氏墓誌銘爲中心」, 『西域硏究』 1 (2012), pp. 69-76; 趙靖·楊富學, 「僕固部與唐朝關係考」, 『新疆大學學報』 6 (2011), pp. 59-64; 東潮, 「モンゴル草原の突厥オラーン・ヘレム壁画墓」 『德島大學總合科學部 人間社會文化硏究』 21 (2013), pp. 1-50.

133   薛宗正, 「僕固部的興起及其與突厥回鶻的關係」, 『西域硏究』 3 (2000), pp. 8-18; 『北史』 卷99, 「突厥·鐵勒傳」, 동북아역사재단 編, 『北史 外國傳 譯註 下』 (동북아역사재단, 2010), pp. 443-561; 『隋書』 卷84, 「北狄傳」, 동북아역사재단 編, 『周書, 隋書 外國傳 譯註』 (동북아역사재단, 2010), pp. 257-367.

屬되었으나 설연타의 멸망 후에 금미주金徽州가 설치되면서 복고을돌의 조부인 가람발연歌濫拔延이 정관20년(646) 우무위대장군右武衛大將軍, 금미도독金徽都督으로 임명되었다. 돌궐이 다시 흥기하자 당의 지배에서 벗어나 돌궐에 귀부한다.

복고을돌이 다스린 금미도독부는 정관 21년(647) 철륵 부락의 하나인 복골에 설치된 기미부로 연연도호부燕然都護府에 소속되었다. 몽골국 헨티 이북과 오논 강 상류부터 러시아 시베리아 남부 일대에 해당된다. 663년 연연도호부는 한해瀚海도호부로 바꿔 설치되며 막북지역으로 이전하는데 치소는 지금 몽골국 서남 오르혼 강 상류의 서안(지금 하르호린 서북)이다. 관할구역은 지금 몽골국과 러시아 시베리아 남부였다. 총장總章2년(669)에 안북安北도호부로 개칭되었다. 한해도호부는 금미 등 7곳의 도독부를 통제하였고 추장을 발탁해 도독과 자사刺史로 삼았다.[134]

복고을돌묘의 묘지의 발견으로 복고부의 원거주지가 울란바토르 이동以東이 아니라 서북에 있었으며 활동중심지가 톨 강을 중심으로 한 지역이라는 것을 확인하게 되었다.[135] 복고을돌은 조부인 가람발연과 아버지 사복思匐을 이어 657년경 금미주도독이 되어 당의 대외원정에 여러 차례 동원되었는데 657년의 당의 서돌궐의 아사나하로阿史那賀魯의 난의 평정, 668년의 말갈 동정東征, 670년 아사나충의 토번 정벌에 참여하였다. 또한 금미주도독으로 활동한 657년경부터 678년경 사이에 중국의 묘장미술 형식을 받아들여 자신의 무덤에 중국식 묘지墓志와 각종 용俑을 매장하였다.

복고을돌묘는 고분의 크기나 구조 및 토용·목용의 부장품이 바얀노르벽화묘과 유사하면서, 진묘무사용과 인물용이 양식상 바얀노르벽화묘보다 시기적으로

---

134 『舊唐書』卷121「僕固懷恩傳」, 『新唐書』卷217下「僕骨傳」. 동북아역사재단 編, 『舊唐書 外國傳 譯註 上』(동북아역사재단, 2011), p.96; 동북아역사재단 編, 『新唐書 外國傳 譯註』(동북아역사재단, 2011), pp.127-130, pp.497-505.

135 정재훈, 『돌궐 유목제국사 552~745』(사계절, 2016), pp.392-393.

후대의 것으로 보인다. 바얀노르벽화묘는 묘지가 출토되지 않아 정확한 조성시기를 알기 어렵다. 보다 발달된 양식의 진묘무사용과 인물용이 출토된 복고을돌묘가 678년경 세워진 것으로 미루어 볼 때 바얀노르묘는 복고을돌묘보다 약간 이른 시기, 670년 전후에 만들어진 고분으로 추정된다.

바얀노르묘 출토 삼량진현관三梁進賢冠(직경 20㎝, 높이 23㎝)은 삼품 이상이 사용 가능하여 당의 소릉배장묘 가운데 이적묘와 등급이 같다. 그러나 이적묘 출토 진현관과 비교하여 바얀노르묘의 진현관은 모형으로 크기가 현저하게 작다.

630년 동돌궐이, 657년 서돌궐이 당에 각각 복속된 후 당에 의한 기미 지배기(630-682)가 시작된다.[136] 630년 돌궐의 패망 후 돌궐 강호민降戶民이 당에 내항하자 당은 이들을 하남에 분치하였고 639년에는 고비 남부에 돌궐을 재건한다. 646년 설연타를 멸망시킨 당은 647년 회흘 등 10여 부락이 귀순하자 설연타가 통치하던 지역에 6부府7주州의 기미부주를 두고 각 부락의 추장酋長을 부주의 도독 혹은 자사로 삼았다.[137] 기미지배 하의 회흘은 서돌궐 및 고구려와의 전쟁에 동원되었는데 복고을돌 역시 수차례 당의 원정에 참여하였다.[138] 한편 당은 640년 고창을 정복하여 서주西州로 만들고 안서도호부를 두어 서역진출의 전진기지로 삼는다. 642년에 아사나하로를 시켜 구자龜茲를 정벌한 당은 서주西州(고창)의 안서도호부安西都護府를 구자로 이치移置한다. 아사나하로가 고종 즉위 후 반기를 들자 당은 657년 회흘을 동원하여 정벌하고 정벌된 서돌궐에도 기미부주를 두었다.

당의 기미지배기간에 바얀노르벽화묘가 세워진 지역을 다스린 인물이나 집단에 대한 정보를 찾기가 쉽지 않다. 중국식 묘지와 토용·목용이 출토된 자마르묘의 묘주는 당시 금미주도독이었던 복고을돌이다. 아사나사마와 아사나충

---

136 薛宗正, 앞의 책, pp.371-385; 金浩東, 「唐의 羈縻支配와 北方 遊牧民族의 對應」, 『歷史學報』137 (1993), pp.143-154.
137 동북아역사재단 편, 『舊唐書 外國傳 譯註 下』(동북아역사재단, 2011), p.666.
138 염경이, 『唐 前半期 使臣 外交 研究』, 전북대학교 대학원 석사논문 (2011), p.125.

과 같이 돌궐의 지배부족이던 아사나씨 부족의 귀족 중에서 섬서 서안의 소릉의 배장묘에 묻힌 사례를 볼 수 있어 바얀노르벽화묘의 묘주를 아사나씨에 속하는 인물로 생각할 수도 있으나, 바얀노르벽화묘가 위치한 지역은 당의 기미지배시기 회흘回紇을 비롯한 투르크계(철륵)가 활동하던 영역이었다. 돌궐의 주류 세력들은 고비 남부로 이주해서 거주하고 있었다. 따라서 이 지역에 650-670년대 당조의 지원을 받아 거대한 규모의 무덤을 조성할만한 세력은 복고 이외의 다른 인물을 거론하기 어려우므로 바얀노르벽화묘의 묘주는 금미주도독을 지낸 인물, 즉 복고을돌의 조부이자 646년에 당에 귀부한 가람발연일 가능성이 있다.

5. 맺음말

몽골의 중부 볼간 아이막 바얀노르 솜에서 발견된 벽화묘는 7세기 당의 기미지배시기 북방유목민에 의해 동서문화교류가 이루어지던 초원로에 조성된 고분이다. 이러한 지리적, 시기적 특성과 배경으로 인해 묘의 구조, 벽화 주제의 배치와 표현, 부장품의 성격에서 다양한 문화적 변용현상이 관찰된다. 고분의 구조, 벽화와 부장품의 내용에서 유목민인 돌궐, 철륵과 중국, 비잔틴, 소그드와의 관계를 다각도로 검토해볼 수 있는 중요한 고분이다. 초기 발굴 보고에 의하면 바얀노르묘는 기원후 6세기 후반에서 7세기 초반에 만들어진 것으로 추정한다.

벽화묘의 구조와 벽화 주제의 구성, 인물의 복식, 채색 토용과 진묘수 및 진묘무사용의 부장은 중국의 북조, 수당대 벽화묘와의 연관을 보여준다. 중국 묘장과의 친연성은 동돌궐 지역에 미친 한계漢系 장의미술의 영향을 반영하는 것으로 해석할 수 있으나, 벽화 주제의 표현이나 장제葬制에서는 중국과 다른 문화적 변용과 지역적 특징도 관찰된다. 목관 안에 화장을 한 묘주의 유골과 금제 부장품을 함께 넣어 돌궐과 소그드의 화장풍습을 반영하고 있고 돌궐계 금제 용기, 금제 화관 장식, 누금세공 감입장신구, 비잔틴 금화 등 유목문화와 서방문화 계통의 유물들이 다수 부장되었다.

이러한 바얀노르벽화묘의 지역적 특색과 동서교류에 있어서 문화변용의 문제를 어떻게 인식할 것인가에 대해서는 신강 투루판 아스타나묘군이 좋은 비교가 된다. 당唐 서주西州시기(640-907) 투루판 아스타나묘들은 바얀노르묘와 구조, 벽화 장식, 부장품의 종류와 구성에서 유사한 특징을 보인다. 서주시기 아스타나고묘들은 경사진 묘도와 여러 개의 천정, 2~4개의 이실, 방형동실묘로 구성되며 많은 수의 니질泥質·목질木質의 인물용과 진묘수, 진묘무사용이 출토되었다.[139]

벽화의 주제와 구성 및 배치에서는 아사나사마, 아사나충와 같은 돌궐 출신 묘주가 포함된 7세기 후반 소릉 배장 벽화묘들과 가장 큰 친연성을 보인다. 바얀노르벽화묘와 초당 벽화묘의 구조와 벽화의 연원을 거슬러 올라가면 북방민족이 다스리던 북조 후기의 산서, 섬서, 영하 지역의 북방문화권대의 벽화 전통을 따르고 있다. 바얀노르벽화묘의 구조와 벽화 주제면에서 유사한 북조 후기와 수대 벽화묘들은 부장품의 성격에서도 북방유목민이 교류를 주도하던 중앙아시아 지역과의 교류상을 반영하고 있다.

돌궐은 중국 측에 처음 조공한 북제 천보4년(553)부터 당 무덕4년(621)까지 중국과 잦은 외교관계를 가졌다.[140] 벽화묘가 7세기에 축조된 것이라면 돌궐의 계민가

---

139 투루판 지역은 5세기 중엽부터 麴氏 고창국(502-640)의 7세기 중엽까지 하서 지방에서 이주해 온 漢人系들이 지배하였다. 고창국과 당 서주시기 투루판의 지배층은 한인계, 선주민들은 이란계 혹은 투르크계였다. 7세기 중엽 이전의 투루판의 미술에는 서역화된 양식이 적지 않게 나타난다. 王炳華, 『訪古吐魯番』(烏魯木齊: 新疆人民出版社, 2001), pp. 175-183.

140 돌궐의 조공횟수를 보면 북제 5회, 북주 9회, 수 14회, 당 12회이다. 당 건국 이후부터 무덕 4년까지 중국 서북부 11개국의 조공에서 돌궐의 조공이 차지하는 비중이 41%를 차지한다. 당 건국 이후 돌궐은 매년 2번 이상 조공을 보낸 것으로 보인다. 북주와의 관계를 보면 타발가한 재위 시기에 북주 조정에서는 돌궐과 화친한 뒤 해마다 명주, 명주솜, 비단, 무늬 있는 비단을 10만 단씩 주었다. 경사(북주 수도 장안)에 머무는 돌궐 사람들에게는 또한 예로 우대했다. 북제 사람들도 돌궐이 침략해 약탈할 것을 두려워해 돌궐에게 많은 재물을 주었다. 재위시기에 북주와 북제의 분열을 이용하여 많은 이익을 얻었으며 나라를 발전시켰다.

한啓民可汗 시기(재위 599-609)의 중국의 복식과 법용을 받아들일 당시 중국의 고분문화를 포함한 문물을 받아들였을 가능성이 있다.[141] 계민가한은 고구려 영양왕 18년(607) 오르도스로 파견된 고구려 사신이 방문하였던 돌궐 가한으로 당시 그곳을 방문한 수양제와 마주치는 사건으로 고구려와 수의 관계가 악화되기도 하였다.[142]

또한 630년 동돌궐이, 657년 서돌궐이 당에 각각 복속된 후 당은 돌궐지역에 도독부를 설치하여 지배하였는데 이 시기가 당에 의한 기미 지배기(630-682)로 중국의 문화가 널리 퍼졌을 것으로 생각된다.

8세기의 돌궐 비문의 기록을 보면 퀼 테긴과 빌게 카간의 사후 중국 황제에게서 직속 장인(화공畵工과 조각공들)을 데려오게 하여 능묘를 건설하고 고분의 안팎에 장식을 새기며 비석을 건설한 것을 알 수 있다.[143] 중국의 당 현종이 퀼 테긴 장례에 필요한 공인들을 직접 보냈다는 점으로 미루어 몽골 벽화묘의 묘도의 사신도, 인물도 등은 어쩌면 중국에서 온 화공들이 그렸을 가능성을 생각해볼 수 있다. 묘도와 묘실에 그려진 벽화의 화풍의 차이는 돌궐의 묘장 풍습에 따라 시간을 달리하여 그렸을 가능성도 있으며, 중국에서 온 화공이 묘주가 죽은 직후 묘도의 벽화를 먼저 그리고 나서 묘주의 매장 시에 묘실의 벽화는 지역의 화공

---

141   7세기경의 啓民可汗(599-608)은 608년 수양제에게 보낸 상표문에서 자신이 중국의 臣民임과 동시에 중국의 服飾과 法用을 받아들이게 해달라고 청하였다. 이전의 돌궐 可汗인 사본략은 585년 수문제에게 보낸 上表文에서 돌궐의 관습과 문물제도를 개변시킬 수 없다고 밝힌 반면, 계민가한은 스스로 중국으로의 신속은 물론 돌궐의 문물제도를 개변시켜 중국화하고자 하였다. 우덕찬, 「고대 북아시아 유목제국과 중국왕조간의 정치관계 변화에 관한 연구」, 『한국중동학회논총』 20-1호(1999), pp. 229-245.

142   『삼국사기』 권20 고구려본기8, 영양왕 18년. 동북아역사재단 편, 『周書·隋書 外國傳 譯註』, 동북아역사재단, 2010, p. 319. 당 건국 초기 돌궐의 힐리可汗(619-630) 치세에는 돌궐이 오히려 당을 정치 군사적으로 압도하기도 한다. 그러나 629년 당이 돌궐을 대대적 공격하면서 630년 힐리가한을 생포하여 돌궐제1제국이 멸망한다. 패망한 돌궐제부는 오르도스, 산서북부, 화북변경 일대에서 50년간 당의 지배를 받게 된다. 우덕찬, 위의 논문, pp. 229-245.

143   퀼 테긴 비문의 해당 구절은 Talat Tekin 저, 이용성 역, 『돌궐비문연구』(제이앤씨, 2008), pp. 87-88, pp. 117-117. 빌게 카간 비문의 해당 구절은 Talat Tekin 저, 이용성 역, 위의 책, p. 163.

이 제작하였던 것이 아닌가 하는 추측도 해본다.

퀼 테긴 비문에는 잘 알려진 바와 같이 장례식에 고구려에서 문상객이 왔다는 구절이 있다.[144] 바얀노르벽화묘가 세워진 7세기 중반은 철륵, 돌궐, 소그드, 당, 고구려의 세력 다툼과 연합이 치열했던 시기이다. 돌궐계로 추정되는 바르후만 왕에 대한 당의 강거도독 임명(650-660)을 기념하기 위해 제작된 것으로 추정되는 아프라시압 벽화에도 돌궐과 고구려 간의 관계를 살펴볼 수 있다. 벽화 제작 당시 고구려는 당나라와 대립 중으로 돌궐의 서행루트, 즉 초원로를 통하여 사마르칸트에 사신을 파견한 것으로 추정된다. 아프라시압 벽화에는 사마르칸트를 장악하고 있던 돌궐족들과, 당나라 공주와 사신의 모습이 함께 그려져 있어 고구려, 돌궐, 소그드, 중국 간의 교류상을 잘 반영한다. 벽화 제작 당시 고구려는 당나라와 대립 중으로 돌궐의 서행루트, 즉 초원로를 통하여 사마르칸트에 사신을 파견한 것으로 추정된다. 고구려는 동맹을 찾아 "유연·돌궐·설연타와의 오랜 교섭의 경험"을 바탕으로 돌궐 루트를 이용해 소그드와 접촉하려고 시도하였다. 고구려의 사마르칸트 방문 시기는 연개소문 집권기(642-665)의 후반, 특히 '645년 이후'에 설연타와 협공 계획을 세운 시기, 특히 분열되었던 서돌궐이 잠시 통합된 시기(651-657)로 추정된다. 아프라시압 궁전 벽화 제작의 시작은 고구려 사절의 방문(651-657 추정) 이후와 책봉(650-655) 이후, 서돌궐의 통합시기(651-657)를 종합하면 651-657년으로 추정된다.[145]

동돌궐은 당에 멸망하기까지 고구려와 긴밀한 관계를 계속 유지했을 가능성이 높다. 돌궐은 고구려 멸망 후 발해 건국 전까지 당의 통치에서 벗어나고자 한

---

144 Talat Tekin 저, 이용성 역, 앞의 책, p.90.

145 권영필, 「아프라시압 궁전지 벽화의 '고구려 사절'에 관한 연구」, 『중앙아시아 속의 고구려인 발자취』(동북아역사재단, 2007), pp.14-59; 이재성, 「아프라시압 宮殿址 壁畵의 "鳥羽冠 使節"에 관한 고찰 -高句麗에서 사마르칸트(康國)까지의 路線에 대하여-」, 『중앙아시아연구』18-2 (2013), pp.1-34.

고구려 유민의 주요 도피처 중 하나가 되었다고 한다.[146] 그리고 681년 재흥에 성공한 후 동돌궐은 7세기 말-8세기 전반 요서와 요동에서 반당 연대의 동반자로서, 발해 역사발전에 중요한 역할을 한다.[147]

한편 바얀노르묘 출토 금제 장신구와 금화에서 유목민족적 특징이 확인된다. 비잔틴 제국에서 만들어진 금화를 이용한 목걸이나 옷장식의 사용은 유연, 돌궐과 철륵과 같은 투르크계 북방민족, 비잔틴, 소그드 간의 활발한 교류를 증명한다. 567년 돌궐은 소그드인 비단업자 마니악Maniakh 을 단장으로 비잔틴제국에 외교사절을 보내 외교관계를 맺고 직접 교역관계를 가진다. 돌궐과 소그드는 상호협력하며 중국 및 비잔틴과 교류하였으며 고구려도 이들을 통하여 서방, 서역과 교류하였을 가능성이 높다. 돌궐은 중국과의 교류에서도 소그드인들을 적극 활용하였다. 돌궐 제국 초기 아사나씨가 서위와 통상을 위해 서위 대통 11년(545), 감숙 주천의 소그드인 취락의 안락반타安諾槃陁라는 부하라 출신의 상인을 단장으로 사절단을 파견한다. 565년경에는 돌궐이 소그드 본토를 차지하게 되고 소그드인은 돌궐의 지배 아래 중앙아시아에서 활발한 상업활동을 벌인다. 중국으로 이주한 소그드인은 그들의 장의제도를 중국의 것과 결합하여 6세기 말에서 7세기 동안 독특한 고분 미술을 남긴다. 소그드족의 고분은 감숙, 산동, 산서, 섬서, 하남 등 5개성에서 발견되었다. 소그드인은 중국의 전통적인 가옥 형태, 또는 동한 이래의 벽화에 보이는 탑상榻床형식에 병풍을 친 절충식의 '위병석탑圍屛石榻' 또는 석곽에 채색부조로 소그드의 풍속을 그렸다. 당의 수도 서안에서 발견된 소그드인 안가묘의 위병석탑과 사군묘의 가옥형 석곽에는 소그드인과 돌궐인의 교류상이 그려져 있다. 당과 활발한 외교관계를 가졌던 돌궐인들이

---

146   681년 再興에 성공한 후 동돌궐은 7세기 말-8세기 전반 요서와 요동에서 반당 연대의 동반자로서, 발해 역사발전에 중요한 역할을 한다. 정병준,『중국의 발해 대외관계사 연구』(동북아연구재단, 2011), p.114.

147   정병준 외 지음, 위의 책, p.114.

서안 지역의 장의 문화를 접하고 익숙하게 받아들였을 가능성도 있다.

몽골의 돌궐 시기 벽화묘도 중국내에서 제작된 소그드인 고분미술과 같이 중국의 북조~수당대 벽화묘의 특징을 보여 당시 중국의 고분문화를 받아들인 것으로 보인다. 그러나 소그드인이 그들의 전통 풍속을 반영하여 위병석탑과 석곽을 장식하였듯이, 몽골 벽화묘 역시 벽화 제재의 표현양상이나 부장품의 성격 등으로 미루어 볼 때 동시기 중국지역 벽화묘와는 많은 차이점을 보이며, 해당 지역의 문화적 전통이 반영된 것으로 생각된다. 또한 유연, 소그드, 비잔틴 등 유목문화와 서방문화와의 활발한 교류상 역시 반영되었다. 아프라시압 사절도에도 보이는 당시 돌궐과 고구려와의 대외교류를 고려할 때 새롭게 발견된 몽골 벽화묘는 앞으로 소그드, 돌궐, 철륵을 포함한 투르크계 북방민족들, 비잔틴, 중국의 역학관계를 고려하여 고구려 문화의 국제적 성격을 파악하는데 중요한 자료가 될 것이다.

실크로드에 위치한 투루판 아스타나 고묘군에서 보이는 문화 흡수와 변용이 초원로의 바얀노르벽화묘에서도 관찰되는 것은 이와 같이 실크로드와 초원로를 통하여 이루어진 다양한 외교관계와 문화적 접촉과 전파가 그 배경이라고 하겠다. 바얀노르벽화묘의 발굴로 향후 초원로를 통한 문화교류에 대하여 보다 많은 고고발굴과 소개가 활발하게 이루어져 구체적인 교류상을 복원해낼 수 있기를 기대한다.

제 2 부

몽골 바얀노르벽화묘와
복고을돌묘 출토 부장품 연구

- 용류俑類와 비잔틴 금화金貨를 중심으로

1. 머리말

실크로드의 오아시스로를 통한 동서교류는 20세기 초부터 각국의 탐험대의 활동에서부터 고고학적 발굴과 석굴벽화, 조각과 유물에 대한 미술사적 고찰을 통하여 활발한 연구가 이루어져왔다. 그에 비하여 초원로를 따라 이루어진 교류는 중요도에도 불구하고 발견된 자료가 영성하여 교류의 지역적, 시기적 범위와 내용에 대해서 많은 연구가 진척되지 못하였다. 그러나 2009년과 2011년 몽골 중부에서 발견된 두 기의 묘는 앞으로의 초원로 연구에 중요한 자료를 제공하였다.

2009년 몽골 투브 아이막 자마르 솜에서 발굴된 복고을돌묘와 2011년 볼간 아이막 바얀노르 솜에서 발견된 바얀노르벽화묘에서는 동시기의 동아시아와 중앙아시아의 묘장미술 만이 아니라 초원로를 통한 동서교류를 탐색할 수 있는 묘지명과 벽화, 부장품이 한꺼번에 발굴되었다(그림 1). 두 묘에 대해서는 발굴보고서와 여러 편의 연구논문이 나왔다.[1] 선행연구에서는 바얀노르벽화묘에 대하

---

1 제2부는 2017년『중앙아시아연구』에 실린 논문을 수정 보완한 것임. 박아림·L. 에르데네볼드·낸시 S. 스타인하트, 「몽골 바얀노르벽화묘와 복고을돌묘 출토 용과 비잔틴 금화 연구」, 『중앙아시아연구』22-1 (2017), pp.73-99; 바얀노르묘와 복고을돌묘에 대해서는 A. 오치르, 「몽골에서 발견된 고대유목민 벽화무덤에 대하여」, 동북아역사재단 발표문, 2011; А. Очир, С. В. Данилов, Л. Эрдэнэболд, Ц. Цэрэндорж, Эртний нүүдэлчдийн бунхант булшны малтлага судалгаа. (Төв аймгийн Заамар сумын Шороон бумбагарын малтлагын тайлан). Улаанбаатар, Соёмбо принтинг хэвлэлийн үйлдвэр. 2013: А. Очир, Л. Эрдэнэболд, С. Каржаубай, К. Жантегин. Эртний нүүдэлчдийн бунхант булшны малтлага судалгаа. (Булган аймгийн Баяннуур сумын Улаан хэрмийн шороон бумбагарын малтлагын тай

그림 1 | 바얀노르묘와 복고을돌묘의 위치

여 묘의 구조와 벽화, 그리고 부장품을 정리하고, 복고을돌묘와 중국 신강 투루판 아스타나묘군과 섬서 서안과 영하 고원의 초당벽화묘들과 벽화 주제와 부장품들을 비교하여 묘주를 추정하고 650-670년대로 편년하였다.[2] 아즈마 우시오 (2013, 2016)도 두 묘와 중국의 벽화묘를 비교하여 670년 전후로 연대를 추정하였다.[3] 야첸코(2014)는 바얀노르묘와 복고을돌묘 벽화와 용의 복식, 장신구 등을 중국의 사례와 비교하여 돌궐 초기 복식의 특징을 논하였다.[4] 복고을돌묘 출토 묘지에 대해서는 양부학楊富學(2012, 2013)과 풍은학馮恩學(2014)이 묘지명의 내용을

лан). Улаанбаатар, Соёмбо хэвлэлийн үйлдвэр, 2013.

2 박아림, 「몽골에서 최근 발굴된 돌궐시기 벽화고분의 소개」,『고구려발해연구』43 (2012), pp.175-200; 박아림, 「몽골 볼간 아이막 바얀노르 솜 올란 헤렘 벽화묘 연구」,『중앙아시아연구』19-2 (2014), pp.1-25; 박아림,『고구려 고분벽화 유라시아 문화를 품다』(학연 문 화 사 , 2015); Lhagvasuren Erdenebold, Ah-Rim Park and Nancy Shatzman Steinhardt, "A Tomb in Bayannuur, Northern Mongolia", *Orientations* 47-8 (2016), pp.84- 91.

3 東潮, 「モンゴル草原の突厥オラーン・ヘレム壁画墓」,『徳島大學総合科學部 人間社会文化研究』21(2013), pp.1-50; 東潮, 「蒙古国境内的両座突厥墓」,『北方民族考古』3(2016), pp.31-42.

4 Sergey A. Yatsenko, "Images of the Early Turks in Chinese Murals and Figurines from the Recently-discovered Tomb in Mongolia," *The Silk Road* 12 (2014), pp.13-24.

바탕으로 복고을돌의 가계와 복고을돌의 활동상을 밝혔다.[5]

솔롱고와 오치르(2016)는 바얀노르묘 출토 토용과 벽화 석회에 대한 발광분석을 통하여 670±70 또는 680±100년에 해당하는 편년을 제시하였으며 토용이 해당 지역에서 생산되었을 가능성을 제시하였다.[6] 임영林英(2016)과 곽운염郭雲艷(2016)은 바얀노르묘 출토 비잔틴 금화의 형식을 분류하였으며, 이강李强(2016)은 초원로에서 발견되는 비잔틴 금화에 대하여 소그드와 카자흐의 사례를 들어 비교하였다.[7]

바얀노르묘와 복고을돌묘가 보여주는 초원로에서의 문화교류의 성격을 규명하기 위하여 두 묘에서 출토된 다수의 부장품들에 대하여 종류별로 비교연구를 진행하는 가운데 여기에서는 용류俑類와 동로마 비잔틴 금화를 택하였다. 중국의 영향을 강하게 보여주는 벽화와 다른 성격의 동서교류상을 살펴볼 수 있는 부장품이기 때문이다. 출토용의 제작기법과 종류는 신강 투루판 아스타나묘들과 유사하여 투루판 지역이 위치한 오아시스로와 몽골의 초원로 간의 남북선상의 교류관계를 잘 보여준다. 비잔틴 금화는 초원지역의 아바르(유연)와 돌궐의 비잔틴제국과의 관계를 배경으로 중국에서 다수 출현한다. 바얀노르묘의 비잔틴 금화는 그 형태와 제작기법면에서 신강 투루판과 영하 고원지역 묘들의 출토품들과 유사하다. 따라서 다음에서는 바얀노르묘와 복고을돌묘의 토용과 목용 그리고 비잔틴

5   楊富學,「唐代僕固部世系考—以蒙古國新出僕固氏墓誌銘爲中心」,『西域研究』1 (2012), pp. 69-76; 趙靖・楊富學,「僕固部與唐朝關係考」,『新疆大學學報』6 (2011), pp. 59-64; 楊富學, 「蒙古国新出土僕固墓志研究」,『文物』5(2014), pp. 77-88; 馮恩學,「蒙古国出土金微州都督僕固墓志考研」,『文物』5(2014), pp. 83-88.

6   Saran Solongo, Ayudai Ochir, *Chronology of Mural Paintings and Terracotta Figurines from a Royal Tomb at Ulaankhermin Shoroon Bumbagar* (Ulaanbaatar: Selenge press, 2016).

7   郭雲艷,「論蒙古國巴彥諾 突厥壁畫墓所出金銀幣的形制特征」,『草原文物』1 (2016), pp. 115-123; 李强,「歐亞草原絲路與沙漠綠洲絲路上發掘的拜占庭錢幣研究述論」,『草原文物』1 (2016), pp. 109-114; 林英, 薩仁華力格,「族屬與等級：蒙古國巴 諾爾突厥壁畫墓初探」, 『草原文物』1 (2016), pp. 124-129.

금화와 금화 모조품의 종류와 제작 기법상의 특징을 중국의 섬서와 영하, 신강 등의 북조-수당대 묘장에서 나온 유사한 사례와 비교하여 살펴보고자 한다. 이를 통하여 현재의 몽골 지역에서 7세기에 조성된 두 기의 묘에서 보이는 초원로를 통한 동서교류의 양상과 문화적 특징을 살펴보고자한다.

2. 용의 종류와 특징

1) 용의 출토상황

바얀노르묘와 복고을돌묘의 구조는 모두 봉토단실토동묘封土單室土洞墓이다. 바얀노르벽화묘는 남향으로 묘도 길이 약 20m이며 묘실은 남북길이 3.4m, 동서너비 3.1m, 높이 2.7m이다. 묘도墓道, 과동過洞, 천정天井, 감실龕室, 용도甬道, 묘실墓室로 구성되었다(그림 2). 2009년 7월 투브 아이막 자마르 솜에서 발견된 또 다른 돌궐시기 묘는 벽화는 없지만 묘실 입구에서 75×75㎝의 크기의 묘지墓誌가 나와 복고을돌(635-678)이라는 당의 기미지배시기에 금미주도독을 지낸 묘주의 이름과 신분을 알 수 있다.[8] 또한 바얀노르벽화묘와 유사한 토용과 목용이 다수 출토되었다. 자마르묘는 총 길이 23m, 묘실 크기 3.6×3.5×2.8m, 지면으로부터 깊이 6m이다(그림 3). 바얀노르묘와 같이 묘도, 과동, 천정, 감실, 용도, 묘실로 구성

8 　두 묘의 구조, 벽화, 부장품, 묘지명에 대해서는 А. Очир, С. В. Данилов, Л. Эрдэнэболд, Ц. Цэрэндорж, Эртний нүүдэлчдийн бунхант булшны малтлага судалгаа. (Төв аймгийн Заамар сумын Шороон бумбагарын малтлагын тайлан). Улаанбаатар, Соёмбо принтинг хэвлэлийн үйлдвэр, 2013: А. Очир, Л. Эрдэнэболд, С. Каржаубай, К. Жантегин. Эртний нүүдэлчдийн бунхант булшны малтлага судалгаа. (Булган аймгийн Баяннуур сумын Улаан хэрмийн шороон бумбагарын малтлагын тайлан). Улаанбаатар, Соёмбо хэвлэлийн үйлдвэр, 2013; 阿‧敖其爾, 勒‧額爾敦寶力道, 薩仁畢力格, 「蒙古國布爾幹省巴彦諾爾突厥壁畫墓的發掘」, 『草原文物』1(2014), pp. 14-23; 박아림, 앞의 논문.

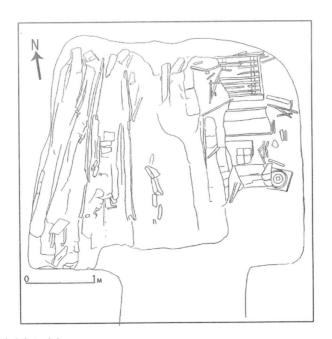

그림 2 | 〈묘실 평면도〉, 바얀노르묘

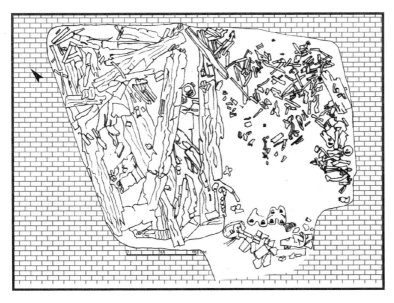

그림 3 | 〈묘실 평면도〉, 복고을돌묘

되었다. 바얀노르묘는 4개의 천정, 복고을돌묘는 3개의 천정이 있다. 두 묘 모두 묘실 앞쪽에 2개의 좌우 감을 달았으며, 묘실과 감에서 다수의 유물이 발견되었다. 본 연구에서 다루는 용과 비잔틴 금화는 두 묘의 주실主室과 감에서 나왔다.

바얀노르묘의 감은 제4천정 저부低部 동서 양벽에 위치하며 반타원형 토동이다. 제1호 감은 제4천정 저부 서벽에 위치하며 평면은 정타원형이고 직경 1.5-2.0m, 높이 1.4m 이다. 입구에 달린 목제문(길이 1.24m, 너비 1.10m, 두께 0.05m, 묘도 지면으로부터 높이 0.60m)은 장방형으로 온전히 보존되었다. 제2호 감은 제4호 천정 저부 동벽에 위치하며 제1호과 대칭이고 구조는 같으며 벽감의 문은 손상되었다. 두 감에서 채회남녀용, 기마용, 동물용 등이 나왔다. 궁륭형 동혈洞穴인 묘실의 평면은 불규칙한 형태의 방형이다. 묘실 안에 쌓인 퇴적층을 정리한 후 묘문 양측에서 한 쌍의 진묘수와 진묘무사용을 발견하였다. 마용馬俑 등 기타 용들이 묘실 안에서 발견되었다.

장구葬具는 묘실 서측에 5㎝ 두께의 목판을 깔고 그 위에 관곽을 설치하였다. 묘정이 탈락하면서 관곽의 파손이 심하여 목곽 형태를 알아보기 어렵다. 목관곽은 3중의 공간으로 구성되었는데, 가장 외면의 곽은 이미 훼손이 심각하여 구조를 분별하기 어렵다. 곽내에 관(길이 2.30m, 머리부분 너비 0.85m, 다리부분 너비 0.40m)을 설치하였다. 관 안에는 금박 장식의 직물로 덮은 소형의 나무상자(길이 0.80m, 너비 0.40m)가 있었고 그 안에서 묘주의 유골이 담긴 주머니가 나왔다. 나무상자의 머리 부분과 바닥 부분에서도 두 개의 주머니가 발견되었는데 각각 금은화와 금제기구金製器具를 담았다. 나무상자 안에서는 도陶, 목木, 철鐵, 사絲 등 각종 기물이 수십점이 나왔다. 묘실 북측에는 장방형 목제 제대를 놓고 그 위에 각종 부장품(목제 말, 낙타, 수레 등)을 올려놓았다. 바얀노르묘에서 나온 570여점의 유물들은 목, 금, 은, 동, 철, 사, 유리 등의 재료에 따라 유형을 나눌 수 있다.

바얀노르묘와 복고을돌묘 출토 용은 적지 않은 수가 파손되어 정확한 수량 파악이 쉽지 않다. 〈표5〉에는 유형별로 발굴보고서를 통해 파악할 수 있는 용의 수량을 넣었으며 파손된 용이 많아서 실제 부장된 용의 총수와 일치하지 않을 수

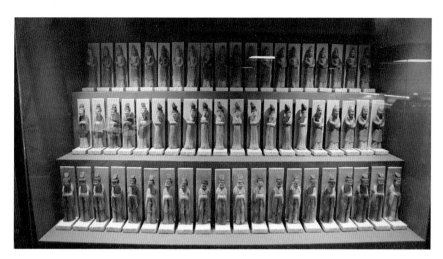

그림 4 | 〈토용〉, 바얀노르묘

도 있다. 바얀노르묘에서는 대략 121점의 인물토용과 20여 점의 인물목용이 나
왔다. 바얀노르묘 토용은 황토로 만든 후 채색을 하였다. 인물목용은 남성입용
은 완형이 나왔으나 여성목용은 두상만 남은 형태이다. 토용은 남녀입용, 기마
용 등의 인물용과 진묘무사용, 진묘수, 그리고 양羊, 타駝, 계鷄, 구狗, 저猪 등의 동
물용으로 구성되었다(그림 4).

　복고을돌묘는 약 110여 점의 용이 나왔는데 남성입상토용과 기마인물토용 약
70점과 남녀목용과 동물목용 약 40여점으로 목용의 수가 바얀노르묘보다 많다.
대부분의 용은 제2천정과 제3천정 사이의 과동 양벽에 위치한 감과 묘실에서 나
왔다. 벽돌을 쌓아 막은 감 안에서는 남성풍모용과 기마인물용이 주로 출토되었
다. 묘실에서는 주로 목용이 나왔는데 인물용 두상, 호인용, 견의여용絹衣女俑, 진
묘무사용, 진묘수, 낙타용駱駝俑 두상, 어용魚俑, 가릉빈가용迦陵頻伽俑, 마용馬俑 등
이다(그림 5).

〈표5〉바얀노르묘와 복고을돌묘 출토 인물토용과 목용 분류

墓名	種類	鎮墓獸와 鎮墓武士俑俑		人物俑								총수
				男俑						女俑		
				立俑				騎俑				
								騎馬俑				
		鎮墓獸	鎮墓武士俑	A 風帽俑	B 小冠俑	C 幞頭俑	D 胡人俑	A 騎馬	B 騎馬器樂	A	B 絹衣俑	
바얀노르묘	土俑	2	2	36	40	0	0	11	5	14	0	121
	木俑	0	0	0	4	0	0	0	0	10		14
복고을돌묘	土俑	2	2	54	0	0	0	9	0	0	0	70
	木俑	0	0	0	3	3	5	0	0	9	6	36

그림 5 | 〈토용과 목용〉, 복고을돌묘

2) 남녀용

바얀노르묘의 남성토용은 약 76점으로 복식에 따라 두 가지 종류로 나눌 수 있다. A형은 풍모용風帽俑으로 36점이다(그림 6). 마른 얼굴에 짙은 눈썹, 큰 눈에 팔자수염을 하고 머리에는 풍모를 쓰고 몸에는 긴 두루마기를 입고 허리에는 흑색 가는 허리띠를 하고 백색의 긴 바지를 입었다. 오른손과 왼손은 주먹을 쥐고 배 앞에 놓았다. 손에 구멍이 나있다. 대개 높이는 23㎝, 너비 6㎝, 두께 5㎝ 정도이다.

B형은 소관용小冠俑이며 40점으로 둥근 얼굴에 팔자수염이며 머리에 소관을 쓰고 몸에는 넓은 소매의 관수장포寬袖長袍를 입고 가는 허리띠를 맸으며 두 손을 배 앞에 모으고 있다. 대개 높이 23㎝, 너비 6㎝, 두께 5㎝ 정도이다(그림 7). 목용은 남성 소관용이 4점 나왔다. 적색관수장포를 입고 있다 (그림 8).

여성토용은 14점으로 형태와 크기가 기본적으로 같으나 각 인물의 표정은 약간씩 다르다. 둥근 얼굴에 얇은 눈썹, 이마 중앙과 입술 우측에 점이 있고 머리를 모아 머리 위에 단계單髻를 틀었다. 원령조문장군圓領条紋長裙을 입고 두 손은 소매 안에

그림 6 | 〈풍모용〉, 바 얀노르묘

그림 7 | 〈소관토용〉, 바얀노르묘

모아 배 앞에 두었다. 대개 높이는
24cm, 너비 5cm, 두께 5cm 정도이다
(그림 9). 바얀노르묘의 여성목용은
약 10점이 머리와 어깨부분만 출토
되었다(그림 10).

기마용은 16점으로 형태에 따라
단순한 기마용과 기마기악용의 두
가지로 구분한다. A형은 기마용으로
11점이다(그림 11). 형태는 비슷하여
머리에 풍모를 쓰고 사교차령장포斜
交叉領長袍를 입고 두 손은 배 앞에 모
았다. 말 아래에는 발판이 있다. 대
략 전체 높이는 25cm이며 말의 높이
는 21cm, 길이는 26cm, 두께는 10cm
정도이다.

B형은 기마기악용으로 5점이다
(그림 12). 풍모를 쓰고 밝은 녹색의
옷을 입고 있다. 인물의 복식과 말의
형태는 A형과 기본적으로 같으며 기
마인물의 오른손 또는 양손을 가슴
앞에 모으고 손에 배소排簫와 종적縱
笛 등 악기를 들고 연주한다. 대략 전
체 높이는 25cm, 말의 높이는 20cm,

그림 8 | 〈소관목용〉, 바얀노르묘

그림 9 | 〈여성토용〉,
바얀노르묘

그림 10 | 〈여성과 남성목용 두상〉, 바얀노르묘

그림 11 | 〈기마용〉, 바얀노르묘   그림 12 | 〈기마기악용〉, 바얀노르묘

길이 26㎝, 두께는 11㎝ 이다.[9]

　바얀노르묘의 남용과 어용 그리고 진묘수와 진묘무사용에 사용된 밝은 녹색과 하늘색 등은 복고을돌묘나 중국의 남북조-당대묘 도용에서 보기 드물다. 바얀노르묘와 복고을돌묘 출토용과 유사한 신강 투루판 아스타나묘 출토용에 대하여 간다라와 키질 석굴 등 중앙아시아 계통의 채색기법의 영향을 지적하는 연구를 고려하면 해당 지역에서 사용된 안료나 제작기법에 대하여 중앙아시아와의 관련성을 보다 고찰할 필요가 있다.[10]

　복고을돌묘 출토 남성토용은 풍모용이 54점이며 소관용은 없다(그림 13). 유물번호2011.02-09의 풍모용은 바얀노르의 풍모용과 형태와 채색이 거의 같다.

9　박소현, 「몽골 올란 헤렘 고분의 기마악토용(騎馬樂土俑)」, 『국악원논문집』 33 (2016), pp. 55-74.

10　牛金梁, 「阿斯塔納張雄夫婦墓出土彩塑俑的造型風格辨析」, 『史論空間』 253 (2014), pp. 98-99; 王志燁, 「吐魯番出土彩繪土俑的藝術風格—以騎馬女俑造型爲例」, 『藝術百家』 6 (2009), pp. 212-216.

그림 13 | 〈남성토용〉, 복고을돌묘   그림 14 | 〈기마용〉, 복고을돌묘

높이 24㎝, 너비 6.6㎝, 두께 5㎝ 이다.

　기마인물용은 9점이 확인되는데, 대부분의 기마인물용의 팔 끝부분이 파손되어 확인이 어렵지만 몇 점의 기마인물용은 원래 악기를 들었을 가능성도 있다. 기마인물용은 짙은 수염이나 팔자수염을 하고 있으며 대개 적색의 번령포를 입고 있다(그림 14).

　복고을돌묘 출토 남성목용으로는 소관용 3점, 복두용 두상 3점, 호인용 5점이 나왔다. 복두용 두상 3점은 아스타나지역에서 나온 환관용과 같이 견의목용으로

그림 15 | 〈호인용〉, 복고을돌묘   그림 16 | 〈견의목용〉, 복고을돌묘

제작되었을 가능성도 있다. 유물번호2011.02.13.의 호인용(높이 43.5㎝, 너비 8.0㎝)은 채색을 제외하고 아스타나 장웅부부묘 호인용과 제작 재료나 기법, 인물의 형상이 유사하다(그림 15). 복고을돌묘에서 여성목용 두상 9점과 견의목용 6점이 발견되어 유사하게 견의목용이 다수 나온 아스타나묘와 비교하여 주목된다(그림 16). 바얀노르묘에서는 여성견의목용이 나오지 않았으나 나무로 만든 여성두상이 여러 점 나온 것으로 보아 몸체를 구성한 직물이 부패하여 없어진 것으로 추정한다면 여성목조두상 가운데 견의를 입은 목용 형태로 부장되었을 가능성이 있다. 자나바자르미술관에 전시된 복고을돌묘의 여성견의목용 10점 가운데 약 3점은 두부頭部만 남은 여성목용에 견의를 복원하여 전시한 것으로 보인다.

3) 진묘무사용과 진묘수

바얀노르묘의 진묘무사용 가운데 유물번호XXM2012.5.115는 둥근 얼굴에 짙은 눈썹과 큰 눈에 수염이 무성하고 머리는 오른쪽을 향하고 있다(그림 17). 머리에는 투구를 쓰고 몸에는 장포長袍 위에 갑옷을 입고 허리에는 화문花紋의 넓은 요대腰帶를 매었다. 발 아래에는 방형의 대좌가 있다. 두 손은 파손되었다. 높이는 66㎝, 가슴너비는 11㎝, 대좌는 길이 25㎝, 너비 23㎝이다. 유물번호 XXM2012.5.116는 여러 조각으로 파손되어 발견되었는데 방형의 얼굴에 짙은 눈썹과 큰 눈, 팔자형 수염이고 머리에 투구를 쓰고 몸에는 장포 위에 갑옷을 입었으며 정면을 보고 있다(그림 18). 다리 아래에는 방형 대좌가 있다. 복원 후의 전체 높이는 59.5㎝이며, 다리 앞부분 너비는 14.2㎝, 뒷부분 너비는 13.2이고, 대좌는 길이 25㎝, 너비 23㎝, 두께 6.8㎝ 이다.

바얀노르묘 진묘수 2점 가운데 유물번호XXM2012.5.118은 대좌 위에 웅크리고 앉은 사자형獅子形 수면獸面 진묘수(전체 높이 30.5㎝, 진묘수 높이 26㎝, 너비 16㎝)로 목 양측과 등 부위에 갈기가 있고 전신에 반점이 있으며 장방형 대좌(길이 28㎝, 너비 21㎝, 두께 4.5㎝)가 있다(그림 19). 유물번호XXM2012.5.117은 새부리가 달린 인면 진묘수(전체 높이 35㎝, 진묘수 높이30.5㎝, 너비 16.5㎝)이며 두 눈이 동그

그림 17 | 〈진묘무사용〉, 바얀노르묘　　　　　그림 18 | 〈진묘무사용〉, 바얀노르묘

그림 19 | 〈사자형 수면진묘수〉, 바얀노르묘　　　그림 20 | 〈조형 수면진묘수〉, 바얀노르묘

그림 21 | 〈진묘수〉, 복고을돌묘

그림 22 | 〈진묘수〉, 복고을돌묘

그림 23 | 〈진묘무사용〉(좌), 〈진묘무사용(복원품)〉(우), 복고을돌묘

랗고 머리 위에는 짧은 외뿔이 달렸고 양어깨와 등에 갈기가 있다(그림 20). 전신에 반점이 있고 아래에 장방형 대좌(길이 26㎝, 너비 20㎝, 두께 4.5㎝)가 있다. 중국의 경우 대개 인면 진묘수와 수면 진묘수로 얼굴 형이 다른데, 바얀노르묘는 새부리가 달린 인면 진묘수가 수면에 가깝게 표현되었다. 새부리 모양의 입이 달린 진묘수는 정의程義의 당대묘장의 진묘수에 대한 분류에 의하면 Ⅱb형의 인면 진묘수로 머리부분이 삼각형으로 융기된 유형과 유사한데 신성장공주묘 등에서 그 사례를 볼 수 있다.[11]

복고을돌묘의 진묘수(그림 21, 22)와 진묘무사용(그림 23)(유물번호2011.02.76. 2011.02.68. 2011.02.36.)은 얼굴, 몸체, 대좌가 여러 부분으로 파손된 채 출토되어 자나바자르미술관에 복원 전시되었다. 진묘수는 바얀노르묘의 것과 유사한 반면 복원된 진묘무사용은 아스타나206호묘 출토 진묘무사용과 가깝다.

4) 동물용

바얀노르묘에서는 양, 타, 계, 구, 저 등의 동물 토용이 각각 한 점씩 나왔다. 동물 목용은 마용, 조용 등이 있으며, 가릉빈가, 거북이, 용 등으로 추정되는 몸체 일부만 나온 목용들도 있다. 복고을돌묘의 동물용으로는 토용 8점, 목용 25점이 나왔으며, 토용은 대부분 말이다.

바얀노르묘 마용은 3점으로 두 가지 종류로 구분한다. A형은 2점으로 말의 몸에 갑옷을 입혔으며 안장을 얹었다. 유물번호XXM2012.5.56의 높이는 14.5㎝, 길이 22㎝, 너비 13.2㎝ 이다. B형은 1점(유물번호XXM2012.5.58)으로 등에 언치를 얹었다. 다리와 꼬리 부분이 손상되었다. 복원 후 높이는 14.5㎝, 길이 26.5㎝, 두께 9.2㎝ 이다.

그 외에 양용(길이 15㎝, 머리 높이 8.3㎝, 둔부 높이 7.3㎝, 머리 길이 6㎝, 다리 사이

---

11   程義, 앞의 책, pp.115-117.

그림 24 | 〈동물용〉, 바안노르묘

그림 25 | 〈동물용〉, 장락공주묘

그림 26 | 〈동물목용〉, 복고을돌묘

그림 27 | 〈彩繪武官俑〉, 李貞墓(718)

그림 28 | 〈彩繪木身鷹髻女泥俑〉, 아스타나188호묘

너비 5.2cm, 두께 5.0m), 낙타용(높이 17.6cm, 길이 22.8cm, 두께 9.6cm), 계용(길이 8.9cm, 너비 4.5cm, 높이 7.8cm), 구용(길이 12.6cm, 너비 8.1cm, 높이 5.4cm, 바닥 너비 10cm), 저용(길이 16.9cm, 높이 4.7cm, 너비 7.7cm)은 각 1점씩 나왔다(그림 24). 섬서 서안의 장락공주묘의 동물용의 구성과 유사하다(그림 25).

복고을돌묘의 동물 목용은 마용 3점, 낙타용 1점, 어용魚俑 3점, 조용鳥俑 9점이 있다(그림 26). 물고기 모양의 용은 몸체 양면에 날개 또는 지느러미를 꽂을 수 있는 구멍이 있다. 새는 머리, 날개, 꼬리 등이 대부분 분리되어있어 완형으로 나온 것이 드물다. 상반신은 사람의 몸통과 팔이 달린 경우도 있어 새와 인간의 결합 유형도 존재한다. 그 외에 새 또는 물고기의 날개, 다리, 꼬리 등의 잔편이 여러 점 발견되었다. 복고을돌묘에서 새모양 목용이 10여점 나온 것은 주목할 만한 특징이다. 새를 관의 앞면에 장식하는 것은 이정묘李貞墓(718) 출토 채회무관용彩繪武官俑(그림 27)과 같이 당대 무관 도용에서 흔히 볼 수 있다. 몽골 호쇼 차이담의 퀼 테긴의 두상조각 앞면의 새모양 장식이나, 빌게 카간 제사유적 출토 금관의 새모양 장식은 모두 당나라 무장의 관모로 본다.[12] 한편 아스타나188호묘 출토 채회목신응계녀토용彩繪木身鷹髻女土俑(높이 16.5cm)(그림 28)과 같이 여성 목용의 머리 부분에 날개를 펼친 새를 조각하여 장식한 사례도 있다. 복고을돌묘의 새모양 용들은 대체로 크기가 큰 편이어서 특정 용의 관식보다는 독립적인 동물용으로 부장된 것이다. 따라서 무관의 관식보다는 불교적 내세관을 보여주는 가릉빈가용이거나, 장의미술에서 새가 갖는 내세로의 승천을 돕는 의미로 제작되었을 가능성이 높다. 이러한 새의 하반신을 가진 목용 조각은 안가묘, 사군묘, 우홍묘 등 소그드계 묘에서 보이는 조로아스터교의 제의 장면에서 배화제단 앞에 서 있는 새의 하반신을 가진 배화교의 승리와 전쟁의 신인 바흐람과의 연관성도 고려된다.[13]

---

12   정재훈, 『돌궐 유목제국사 552-745』(사계절, 2016), pp. 526-527.
13   몽골의 호쇼 차이담의 퀼 테긴과 빌게 카간 제사유적의 석곽에 새겨진 새 모양 석각에 대한

그림 29 | 〈채회여기마용〉, 단간벽묘   그림 30 | 〈호인용〉, 영태공주묘

5) 중국 섬서, 영하와 신강 당묘 출토용과의 비교

이상으로 바얀노르묘와 복고을돌묘 출토용의 특징에 대하여 살펴보았다. 다음에서는 동시기의 중국 섬서, 영하와 신강 당묘 출토용들과 비교한다. 중국의 수당시기 관중지구 도용의 발달은 3기로 분기한다.[14] 제1기는 수-초당으로 수문제에서 당 고종시기(6세기 만기에서 7세기 만기)이다. 주요 수묘는 이화묘(582), 이정훈묘(608년) 등이다. 초당시기 발굴묘장은 태종 소릉 배장묘가 중심으로 장사귀묘(657), 정인태묘(664), 신성장공주묘, 장락공주묘, 아사나충묘(675), 위귀비묘(666), 단간벽묘 등이다(그림 29). 수에서 초당도용은 북조의 풍이 아직 남아있으

조로아스터교와의 연관성에 대해서는 張小貴, 『中古華化・敎考述』 (北京: 文物出版社, 2010), pp. 218-129.

14   양홍, 「중국 俑의 연원과 발전」, 『미술사논단』 26 (2008), pp. 33-34; 임영애, 「중국 고분 속 鎭墓獸의 양상과 불교적 변형」, 『미술사논단』 25 (2007), pp. 37-65.

며 이 시기 진묘수는 인면진묘수와 수면진묘수가 명료하게 구별된다. 무사용은
방패를 들지 않고 형체는 짧고 작다. 조기의 의장용군儀仗俑群은 우거牛車가 중심
이며, 남용의 관모는 소관小冠, 농관籠冠, 풍모風帽, 복두襆頭 등이다.

제2기는 성당시기로 측천무에서 현종시기(7세기 만기에서 8세기 중엽)이다. 의
덕태자묘(706), 영태공주묘(706), 장회태자묘(711) 등이다(그림 30). 성당시기 도
용은 제재가 풍부하고 형상이 생동하고 장식이 화려하며 삼채도용이 출현한다.
제3기는 중, 만당으로 8세기 중엽에서 10세기 초기이다.

당묘에 부장된 용의 종류와 수량 면에서 분기를 구분하면 제1기 무덕, 정관시
기(618-649), 제2기 고종시기(649-684), 제3기 무측천시기(684-704), 제4기 예종·중
종과 개원20년(704-732)으로 나눈다.[15] 제1기 무덕정관시기의 묘는 이수묘, 장락
공주묘 등이다〈표6〉. 제1기는 삼품 이상 90점 이상이다. 장락공주묘 출토 인용
의 수는 74점, 진묘용 6점, 대형낙타용 3점, 합이 83점이다. 기마고취용은 없다.

〈표6〉7-8세기 당대 묘장 출토 용의 종류와 수량[16]

墓主	品階	葬年	男俑	女俑	人俑總數	俑類總數	人俑		官品
							立俑높이	騎俑높이	
李壽	正一	630	立俑, 騎馬甲士, 鼓吹	立俑, 舞俑, 騎俑	-	333	-	-	司空(正一), 淮安郡王(從一)
段元哲	正四下	639	立俑, 鼓吹	立俑	66	66	-	-	太子左衛副率(從四)
長樂	公主	643	立俑	-	74	83	23	31	
司馬睿	從四上	649	立俑, 鼓吹21	立俑, 女騎9	153+36(木)	176	25	31	鷹揚郎將(正五)
段簡璧	邳國夫人	651	甲士, 立俑, 騎俑26	立俑, 騎俑22	130+36	179	28	42	
董僧利	庶人	652	立俑, 騎俑9, 胡人	立俑, 騎俑2	72	78	25	殘高24	
張士貴	從一	657	立俑, 胡俑, 鼓吹22	立俑, 女騎9, 坐俑	227+14	367	23	38	輔國大將軍(正二), 荊州都督(從二), 虢國公(從一)
新城長	公主	663	立俑, 騎俑33	立俑, 騎俑30	244+34	323	32	48	

---

15   程 義,『關中地區唐代墓葬研究』(北京: 文物出版社, 2012), 표15, pp. 159-162.

墓主	品階	葬年	男俑	女俑	人俑總数	俑類總数	人俑		官品
							立俑높이	騎俑높이	
鄭仁泰	正二	664	立俑, 鼓吹38, 胡俑, 獵俑	立俑, 女騎36, 坐俑, 坐樂俑, 舞俑	467	483	39	40	右武衛大將軍 (正三), 同安郡公 (正二)
蘇君	從二	667	立俑, 鼓吹24, 男騎82	-	331	352	32	60	
段伯陽妻	夫從三	667	立俑, 騎俑	立俑			31	35	
李爽	正三	668	立俑, 鼓吹 (男女47)	立俑, 女騎	179	212	23	40	司刑太常伯 (正三)
張臣合	從三	668	立俑, 鼓吹13, 胡俑, 侏儒, 崑崙奴	立俑, 女騎11	104	135	39	34	泉州刺史 (正四上)
溫綽	正四	670			6(木)	6	21	31	
李鳳	王	674	立俑, 鼓吹68+17	女騎16	225	225	29	-	
阿史那忠	從二	675	立俑, 男騎8	立俑	88+13 (木)	92	22	37	
臨川	公主	682	立俑, 男騎56	女騎47	284	199	-	-	
元師奬	正二	684	男騎5, 鼓吹9, 胡人	女騎2	44	59	23	36	
安元壽	從三	684	立俑, 鼓吹8	立			23	32	右威衛將軍 (正三), 上柱国(正二)
董務忠	從五下	691	騎俑13	立俑, 騎俑1	42	60	23	30	
姚無陂	正八下	697	男騎2, 侏儒, 胡人	立俑, 女騎1	19	21	23	38	
康文通	庶人	697	立俑, 胡人	立俑1	10	16			
獨孤思貞	正三	698	立俑, 鼓吹22, 舞俑, 胡俑	-	85	141	25	38	
華文弘	正四	705	立俑, 騎俑14	立俑, 騎俑6	61+13	70	21	24	
懿德	太子	705				805			
永泰	公主	706	立俑264, 男騎216(含獵俑), 鼓吹27 胡人俑	立俑106, 女騎79	504	718	20	35	
任氏	庶人	707	立俑, 胡人		13	22	23	-	
韋洞	從一	708	男騎68(含鼓吹), 立俑14	女騎19	102	149	17	37	
獨孤思敬	從五	709	立俑, 胡人	立俑	18	32	23	-	
節愍	太子	710	甲士, 騎俑105	-	253	265	24	35	
章懷	太子	711	立俑	立俑	600		33	-	
李貞	越王	718	立俑	女騎2	85		32	51	
鮮于庭海	正二	723	立俑, 鼓吹22, 胡人, 樂駝1	女騎8	69	116	45	35	
惠庄 (李撝)	太子	724	立俑, 騎俑507, 騎馬樂俑1	-	1077	1090	33	36	
金鄕縣主	縣主	724	立俑, 鼓吹18, 狩獵8, 百戲俑	立俑, 騎俑4, 騎樂5	98	138	40	30	
李仁	成王	726	立俑, 騎俑10	立俑	17	18	?	?	

墓主	品階	葬年	男俑	女俑	人俑總數	俑類總數	人俑		官品
							立俑높이	騎俑높이	
韋美美	庶人	732	-	-	-	-	-	-	
韋愼名	從三	736	立俑, 鼓吹22, 男騎14, 胡俑		76	238	20	35	
孫承嗣	庶人	736	立俑, 胡人, 坐樂俑4, 百戲		15	124	57	-	
李承乾	王	738	立俑, 鼓吹10	立俑	65	123	20	32	
俾失十囊	正三	739	立俑, 男騎7	立俑, 坐樂俑	57	57	54	43	
楊思勗	正二	740	石俑2, 立俑	立俑	121	121	79	-	
李憲	讓皇帝	741	立俑, 騎俑193, 胡人	立俑, 騎俑57	807	853	76	46	
韋胡氏	子五品	742	立俑	立俑	7	71	10	-	
豆盧建	從二	744	立俑	立俑	-	-	-	-	
史思禮	正四下	744		立俑	-	-	58	-	
雷宋氏	從四	745	立俑	立俑	32	33	49	-	
蘇思勗	從三	745	立俑, 騎俑24	-	82	194	22	30	
張去逸	正二	748	立俑, 騎俑	立俑	-	-	49	21	
吳守忠	正三	748	立俑, 騎俑	立俑	-	-	54	-	
裴利物	正七	752	立俑	-	7	9	31	-	
清源縣主	縣主	757	立俑	立俑	7	17	32	-	
高力士	正二	762	立俑, 鼓吹14	-	90	192	24	34	
唐安	公主	784	立俑, 坐樂10, 胡人	立俑	27	49	-	-	
史氏	正七	792	立俑	立俑	6	26	-	-	

제2기 고종시기(649-684) 묘는 묘주의 등급이 삼품 이상은 13기, 오품 이상은 2기이다. 이 시기 묘장의 부장품 수량은 대개 삼품 이상 120점, 오품 이상 90-100점, 구품 이상 70점이다. 용류 총수는 단간벽묘(651)는 179점, 장사귀묘(종일품, 657)는 367점, 신성장공주묘(663)는 323점, 정인태묘(정이품, 664)는 483점, 소군묘(종이품, 667)는 352점, 아사나충묘(종이품, 675)는 92점이다.

부장품이 가장 많은 묘는 정인태묘로서 용류의 총수는 467점이며, 가장 적은 묘는 아사나충묘로서 인물용의 수가 도용 74점, 목용 13점 포함하여 용류 총수 92점이다. 파손되거나 도굴된 진묘용 수를 고려하면 100점 좌우이다. 남아 있는 용의 수량 면에서는 바얀노르묘와 복고을돌묘는 아사나충묘에 가깝다.

제3기 무측천시기(684-704)의 용류 수량은 삼품 이상은 약 100점, 오품 이상은 약 60점, 구품 이상 30-40점이다. 영태공주묘(706)는 총 718점, 장회태자묘(711)는 총 약 600점이다.

용의 재료로서 바얀노르묘와 복고을돌묘에 여러 점 부장된 목용은 당묘 가운데 사마예묘(649)의 36점, 단간벽묘(651)의 36점, 장사귀묘(657)의 14점, 신성장공주묘(663)의 34점, 아사나충묘(675)의 13점 등으로 주로 2기의 649-675년 사이의 묘에서 발견된다.

당묘의 용류의 배치 특징을 보면 대다수 입용은 감의 입구에 배열하며, 그 후에 기마용이 배열된다. 기마무사용이 일반적으로 앞쪽에, 기마기악용이 뒤쪽에

그림 31 | 〈채회무관용〉(좌), 〈채회문관용〉(우), 장사귀묘

3-6점 배열된다.[17] 바얀노르묘와 복고을돌묘의
발굴 사진에서도 입용, 기마용, 기마기악용의
배치 순서를 볼 수 있다.

부장품의 분포 규율은 일정한데 소감 내에
부장품을 주로 배치한다. 소감이 없으면 용도
끝이나, 묘지墓誌 주위, 혹은 묘실 동남 모서리
에 부장품류가 집중 분포한다. 진묘무사용과
진묘수는 묘문 부근에 배치하는데 바얀노르묘
도 같다. 가금가축류와 고취의장용은 소감 내
에 배치한다.

대략 7세기 후반으로 편년되는 바얀노르묘
와 678년의 복고을돌묘의 용은 7세기 후반의
당묘의 용류의 종류와 수량, 그리고 배치면에
서 유사하다. 7세기 후반의 용류가 출토된 당
묘로는 단간벽묘, 장사귀묘, 신성장공주묘, 정
인태묘, 소군묘가 있는데, 그 가운데 용의 수량
이나 종류에서 유사한 것은 675년의 아사나충
묘가 있다. 용류가 총 92점이 나왔고 그 가운
데 목용이 13점 포함되었다. 재료나 제작기법
을 비교하면 장안지역 용들은 주로 도용이며,
드물게 목용이 있으며, 유약과 화려한 채색을
사용하고 크기가 크고 세련된 외양을 보인다.
바얀노르묘의 복두용과 유사한 예는 장락공주

그림 32 | 〈여입용〉, 정인태묘

그림 33 | 〈진묘무사용〉, 사도락묘

---

17 程義, 앞의 책, pp. 140-146.

묘, 사마예묘, 단간벽묘, 장사귀묘, 신성장공주묘, 정인태묘의 복두용들이다. 풍
모용은 장락공주묘, 사마예묘, 신성장공주묘, 정인태묘 등이다.[18]

바얀노르벽화묘의 진묘무사용과 유사한 예는 소릉 배장묘인 장사귀묘張士貴墓
(657)와 정인태묘鄭仁泰墓(664)에서 보인다.[19] 장사귀묘에서는 첩금채회문관용貼金彩
繪文官俑(높이 68.5㎝)과 무관용武官俑(높이 72.5㎝)이 출토되었다(그림 31). 명광개를 입
고서 산석좌에 선 무관용의 형상이 바얀노르묘의 것과 비슷하다.[20] 정인태묘에는
채회유도문리용彩繪釉陶文吏俑(높이 69㎝)과 채회유도무관용彩繪釉陶武官俑(71.5㎝)이 있
다. 무관용은 직립형으로 명광개明光鎧를 입고 산석좌山石座를 밟고 올라서있다.[21]
전군戰裙이 길게 늘어져 산석좌에 닿아 있는점이 바얀노르벽화묘 산석좌무사용과
같으나 관모의 형태에서 차이가 난다. 정인태묘 채유여용彩釉女俑(높이 38㎝)은 고
발高髮에 홍색 조문條紋의 장군長裙을 입고 있으며 목을 앞으로 숙인 모습이 바얀노
르묘의 여용을 연상시킨다(그림 32).[22]

영하 고원 사도락부부부묘(658) 출토 진묘무사용(높이 83-85㎝)은 명광갑과 전군을
착용한 채회소조상으로 흙으로 구운 후 금박을 입혔다(그림 33).[23] 산석좌 위에 서
있는 모습이나 귀 아래까지 내려오는 투구는 바얀노르벽화묘 것과 같으나 금박
을 입혀 보다 화려하다. 또한 두 어깨가 앞으로 굽고 다리를 벌리고 엉덩이를 뒤
로 약간 뺀 모양은 복고을돌묘의 것과 가깝다. 664년의 정인태묘 이후 진묘용은
불교의 천왕상으로 대치되며 발밑에는 짐승이나 소가 표현되기도 한다.[24] 678년

18 程義, 앞의 책, pp.128-130.

19 張士貴(584-657)는 당의 장군으로 貞觀15년(641) 李勣 등과 함께 薛延陀를 격파하였으며
정관 말에는 태종을 수행하여 고구려 원정에도 참여하였으며 소릉에 배장 되었다. 『新唐書』
卷92 「張士貴傳」. 정인태도 당의 장군으로 顯慶3년(658) 土蕃을 遠征했으며, 顯慶5년(660)
에는 左武衛 大將軍으로 鐵勒에 원정하였다.

20 陝西省歷史博物館·昭陵博物館 合編, 앞의 책, pp.44-45.

21 조선일보사 編, 앞의 책, 도 156, 157.

22 陝西省歷史博物館·昭陵博物館 合編, 앞의 책, p.60

23 寧夏回族自治區固原博物館 編, 앞의 책, 도 98, 99; 조선일보사 編, 앞의 책, 도 158.

24 양홍, 앞의 논문, pp.33-34; 임영애, 앞의 논문, pp.37-65, 도 26, 27.

그림 34 | 〈인면진묘수〉(좌), 〈수면진묘수〉(우), 사도락묘

의 복고을돌묘의 진묘용은 복원된 형태가 오른손은 허리에 얹고 왼손은 앞으로 뻗고 소 위에 양발을 벌리고 서있어 바얀노르벽화묘의 것보다 발달된 형태이다.

바얀노르벽화묘의 진묘무사용, 진묘수, 여인용은 사도락묘의 무사용과 진묘수(그림 34), 정인태묘의 무관용 및 여인용과 흡사하여 용俑의 양식적 특징에서 대략 650-670년대의 것으로 편년할 수 있다. 바얀노르묘의 진묘수의 얼굴은 두 점 다 수면에 가깝게 묘사된 점이 독특하며 얼굴 형태나 옅은 녹색과 하늘색의 사용은 동시기 다른 묘에서는 보기 드문 특징이다.

재료와 제작기법, 종류면에서 바얀노르묘와 복고을돌묘의 용과 비교할 수 있는 예는 신강 투루판 아스타나지역의 국씨고창국(502-640)과 당서주시기(640-907)의 용들이다.[25] 바얀노르묘와 복고을돌묘와 유사한 특징을 가진 수당시기 투루판지역의 용은 주로 고창고성 이북의 아스타나와 카라호토 일대에서 발견되었다. 1959-1975년 아스타나고묘군에서 13차의 대규모 조사와 발굴을 하여 국씨고창국시기와 당서주시기 묘장 400여기를 조사·정리하였다. 신강지역 용상俑像은 종류가 다양하여 토용, 목용, 대인목패代人木牌, 면용面俑과 초용草俑이 있다. 니泥, 면綿, 초草를 재질로 한 용상은 중원 지역의 묘장에서 드물게 보이는 것이다. 초용과 면용 부장의 풍습은 투루판지역에서 국씨고창시기와 당서주시기 묘장 중에 고르게 발견된다.

당시 중국 중원지역 묘장 출토 용상은 도질陶質이 주를 이루는데 아스타나 묘들의 용상은 몽골 묘들과 같이 대부분 니질과 목질이 주를 이룬다(그림 35). 아스타나 묘군의 용이 준수형蹲獸形, 인두수신형人頭獸身形, 수두수신형獸頭獸身形의 각종 진묘수와 남녀토용男女土俑, 니두목신녀용泥頭木身女俑, 견의채회목우絹衣彩繪木偶, 무사용武士俑, 기마용騎馬俑, 의장용儀仗俑, 타부마부용駝夫馬夫俑, 취주악용吹奏樂俑, 악무용樂舞俑 등의 인물용과 우牛, 마馬, 타駝, 저猪, 압鴨 등의 가축류 동물용으로 구성된 점도 바얀노르벽화묘와 같다. 토용은 홍, 녹, 백색 채색이 주를 이룬다.

대표적인 예로는 1973년 발굴된 국씨고창국의 좌위대장군 장웅부부묘(73TAM206) 출토용들이 있다. 장웅은 당태종 정관7년(633)에 하장되었고, 그의 처는 55년 후, 무측천 공수拱垂4년(688)에 묻혔다. 따라서 장웅부부묘의 부장품은 재료, 제작기법 및 종류가 국씨고창국시기와 당서주시기의 부장품의 변화를 보여준다. 장웅의 둘째 아들인 장회적이 공봉供奉한 부장품 중에서 진묘무사용과 같이 수준 높은 용들은 장안에서 제작하여 투루판으로 가져온 것으로 여겨진다.[26] 장웅부

---

25   한정희 외, 앞의 책, pp. 336-340; 趙豊, 『絲綢之路美術考古槪說』(北京: 文物出版社, 2007), pp. 256-298.

26   Janet Baker, "Sui and Early Tang period images of the heavenly king in tombs and

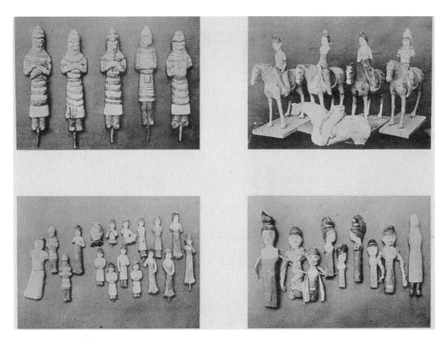

그림 35 | 〈토용과 목용〉, 아스타나묘군 출토

부모의 니소기마용은 바얀노르묘 출토용과, 목신금의군녀용과 진묘무사용은 복
고을돌묘 출토용과 유사하다.[27]

장웅부부묘의 인물용은 국씨고창국시기에 제작된 목용(완정한 목용 약 78점, 목
용의 팔과 다리 잔편 200점 이상)과 당서주시기의 목태채소토용木胎彩塑土俑이 같이
나왔는데 바얀노르묘와 복고을돌묘의 목용과 토용의 혼합 부장 현상과 유사하
다〈표7〉. 장웅부부묘의 대량의 목용 부장은 이전에 고창지역 묘에서 보이지 않
던 현상이다. 당서주시기에 토용은 목용을 대체하여 부장품의 주류가 되었는데
투루판지역의 지질 특성상 토용의 제작 재료를 얻기 쉬워 무주시기에 이르기까
지 토용 부장이 성행하였다.

---

temples, *Orientations* 4 (1999), pp. 53-57; 조선일보사 編, 앞의 책, 도 161. pp. 226-227.
27   趙豊, 앞의 책, 도 80.

〈표7〉 장웅부부묘 출토 용의 종류

진묘용		인물용													
		立俑										騎俑			
		男俑						女俑				騎馬俑			
진묘수	진묘무사용	A 風帽俑	B 小冠俑	C 幞頭俑	D 絹衣木俑	E 胡人俑 (駝夫俑)	F 武士俑	A 高低雙髻式	B 高髻式	C 高髻戴雲式	D 絹衣木俑	A 기마무사	B 기마문관	기타	총수
0	1	17	4	0	7	2	5	10	2	3	17	5	5	200건이상	약78
														馬俑, 人物俑 팔, 다리 부분	

인물용의 종류로는 남용(풍모용 17점, 소관용 4점, 기마무사용 5점, 기마문관용 5점, 호인타부용 2점, 견의목용 7점)과 여용(여성목용 15점, 견의목용 17점)이 있다. 용의 종류와 수량, 그리고 재료와 제작기법에서 장안지역 출토용들과 차이가 있으며 바얀노르묘와 복고을돌묘와 다수의 목용의 부장, 특히 견의목용과 호인용 등의 제작에서 유사하다. 당대의 시기에 따른 변천을 보여주는 여자의 두발 양식이 여용에 여러 가지로 표현되어 있어 몽골지역 묘들보다 부장시기가 길었던 점을 잘 보여준다.

장웅부부묘 출토용 가운데 몽골지역 출토용과 몇 가지 사례를 비교하면 복고을돌묘의 호인용은 채색만 제외하고 장웅부부묘 호인용과 나무를 사용한 제작 재료나 기법, 인물의 형상이 유사하다. 장웅부부묘의 호인용(높이 56㎝)은 머리, 몸통, 팔, 다리 각각의 부분을 조각한 후에 접착하여 제작하였다(그림 36). 심목고비에 짧은 팔자수염을 하고, 머리에는 백전첨정모白氈尖頂帽를 쓰고 몸에는 녹색겹포綠色袷袍를 입고 가슴 앞 좌측의 옷깃이 접혀있다. 흑대黑帶를 메고 흑색장화를 신었으며 양손을 굽혀 위로 들어 낙타나 말을 끄는 형상이다. 이러한 호인용은 당묘 출토용 가운데 자주 볼 수 있으며 섬서지역에서는

그림 36 | 〈호인용〉, 아스타나 206호묘

주로 도용으로 고창지역에서는 목용으로 출현한다. 복고을돌묘에서도 같은 목용으로 제작되어 제작양식과 기법상의 교류가 이루어진 사례로 보인다.

장웅부부묘 출토 견의채회목용(높이 약 35㎝)은 20점이 넘는데 다른 지역에서는 찾기 어려운 예이다. 견의목용은 무악희롱용舞樂戲弄俑과 사녀용仕女俑의 두 가지 종류로 분류한다. 견의여용의 복식에 그려진 연주문은 대표적인 중앙아시아계 문양이며, 복고을돌묘의 견의목용도 연주문 복식을 입고 있다.

장웅부부묘에서는 기마목용(기마무사용과 기마문관용, 전체 높이 32~33㎝, 말 높이 24~26㎝)이 10점 이상 나왔다. 인물과 말을 8개 부분으로 나누어 만든 후에 조합한 것이다. 복고을돌묘에서도 여러 점의 마용 잔편이 나왔는데 제작기법면에서 유사성이 관찰된다.

장웅부부묘에서 출토된 대량의 목용 잔편 가운데 낙타목용의 머리 부분은 바얀노르묘와 복고을돌묘의 것과 비슷한데, 완형의 전체 높이와 길이는 80㎝ 정도로 추정된다. 기타 지역의 묘장에서 이러한 대형 낙타목용이 발견된 사례가 없고 남은 부분의 조각 수법이 정교하여 주목된다.

한편 복고을돌묘의 동물용 가운데 날개 또는 지느러미를 따로 단 물고기나 새 형상의 목용이 다수 나와 주목된다. 아스타나와 장안의 당묘에서는 거의 보이지 않는 용류이다. 이러한 날개를 양옆으로 활짝 펼친 새의 형상은 돌궐 제사 유적지의 석곽 외면의 부조와 퀼 테긴의 금관의 부조로 새겨진 새의 형상을 연상시킨다.

목용의 마지막 비교 예로서 장웅부부묘 출토 답귀무사목용踏鬼武士木俑(높이 86㎝)은 30여개의 크고 작은 목제 조각으로 접합하여 만든 후 채색을 하였다(그림 37). 복고을돌묘의 진묘무사용

그림 37 | 〈답귀무사목용〉, 아스타나 206호묘

과 비슷하거나 약간 늦은 시기에 제작된 것으로 보인다. 나무로 제작된 진묘무사용의 드문 사례이다. 678년의 복고을돌묘와 대략 650년대에서 670년대 추정의 바얀노르묘, 그리고 633년과 688년의 장웅과 국씨부인묘의 매장연도를 고려하면 장웅부부묘의 보다 발달된 형태의 머리모양을 한 여용이나 높은 수준의 진묘무사용은 688년의 부인의 하장시기에 부장된 것으로 추정된다.

장웅부부묘 외에도 투루판 아스타나지역의 부장용들은 대체로 바얀노르묘와 복고을돌묘 출토용들과 종류, 재료, 제작기법상 공통점이 많다. 최다 수량의 부장토용이 출토된 성당시기의 아스타나60TAM336호묘에서는 복원 가능하고 비교적 완전한 형태의 용이 100점 이상 나왔다. 용의 종류도 풍부하여 남녀입용 53점, 기마용 14점, 백희용百戱俑 14점, 취주악용吹奏樂俑 7점, 니두목신여용泥頭木身女俑 1점, 진묘수 2점, 천왕용(수량미상), 말, 낙타, 양 등의 동물모형이 있다. 토용은 홍, 녹, 백의 삼색 위주의 채색이 가해졌다.

앞에서 언급하였듯이 투루판 아스타나 당서주시기 용의 조형, 제재, 조합, 부장 위치 등은 동시기 관중지역 도용과 유사하나 재료 사용면에서 차이가 있다. 관중지역의 도용은 다수가 합모성형合模成型이며 투루판지역의 토용은 소형 마용이 합모인 것을 제외하고 일반적으로 소조이다. 이에 따라 아스타나묘의 토용과 감숙 돈황과 신강 각 지역의 소조불상의 제작방식의 연관관계가 지적된다.[28]

아스타나지역의 용은 비교적 이른 북량시기(5세기 중엽)에는 소면니소素面泥塑가 특징이며, 목조木雕는 206호묘 출토용들이 대표적이다. 두 가지 재료를 함께 사용한 니목결합泥木結合과 목견결합木絹結合도 독특하다. 아스타나출토 용의 많은 수를 차지하는 것이 채소彩塑이다.[29] 여러 재료를 결합하여 만드는 방법으로는 먼저 나무와 진흙으로 외형을 소조하고, 종이로 팔을 만들고 견직물로 장포長袍를 만든 후, 안료로 채색을 하였다. 인물형상과 복식, 채색은 호한胡漢문화가 병존한

---

28 趙豊, 앞의 책, pp. 270-276.
29 姚書文,「吐‧番阿斯塔那出土의雕塑及制作工藝」,『新疆文物』4 (1989), pp. 141-144.

다. 187호묘 출토 사녀도와 호인여성기마상이 그 예이다. 투루판 출토용은 니소泥塑에 유약을 바르지 않은 것이 많으며 색채의 운용과 표현에서 독특한 특징이 있다. 한편으로 불교와 서역지역 회화의 색채의 영향이 보이며 주홍과 청록색의 배합을 선호한다. 색의 사용에서 석굴벽화의 특징을 많이 보인다. 채색 종류가 다양하여 분록粉綠, 자석赭石, 토황土黃, 백白, 회灰, 흑黑 등이다.

투루판 채회토용은 재질, 소조기법 및 제작에서 아프가니스탄 간다라 불교조각의 영향이 지적된다. 불교 니소泥塑의 발전이 묘장의 니소에도 영향을 미쳐 부장용 조각의 재질, 조형, 수법에 불교미술조각의 재료와 기법이 적용되었다. 서주시기의 투루판 토용 구조와 조소제작은 신강 미란의 고대사원 출토 불상과 같은 불교 니소와 유사하다. 소형용의 몸체에 목주木柱를 사용하고 풀이나 짚으로 혼합하여 형태를 만드는 방법이다. 이에 따라 투루판 니소의 재질과 제작방법에 간다라미술과 같은 중앙아시아미술에 연원관계가 있다고 본다.[30]

아스타나의 당대 채소彩塑의 안료 가운데 녹색안료의 사용은 키질석굴과 같다. 남색안료는 청람靑藍으로 키질석굴 등에 사용된 색과 같고 당시의 중원에서 사용된 안료와는 차이가 있다. 장웅부부묘의 호인용의 채색은 서역 지역의 특징을 반영하고 있다. 따라서 바얀노르묘의 기마기악용과 진묘수, 진묘무사용에 보이는 독특한 청색과 녹색의 사용도 중앙아시아지역의 석굴벽화와 안료면에서 연관성을 고려할 필요가 있다. 바얀노르묘에서 사용된 안료 가운데 밝은 하늘색, 백색 등은 장안지역에서 흔히 볼 수 없는 것으로 진묘수용에 사용된 독특한 색감과 함께 당시 해당 지역에서 사용된 안료의 지역적 특수성과 중앙아시아지역 석굴 벽화와 조각과의 예술적 교류를 반영하는 것으로 보인다.[31]

---

30 위의 논문, pp.141-144.
31 바얀노르묘와 복고을돌묘의 용류의 안료 분석에 대해서는 류성욱, 「古代アジアにおける彩色顔料の変遷—モンゴル出土顔料の科学的研究」, 奈良大學 博士學位 論文 (2020) 참조. 바얀노르묘를 포함한 몽골의 중요 벽화들의 안료 분석에 대해서는 Odkhuu Angaragsuren, Kohdzuma Yohsei, 「An investigation of the pigments and materials used in some mural

주목할 것은 최근의 연구에 의하면 바얀노르묘의 토용은 태토의 성분 분석 결과 재지에서 생산된 것이다.[32] 중원지역과 차별성이 있는 독특한 형식의 채색용과 목용의 제작은 해당 지역에 거주한 집단의 미술품 생산 능력이나 조각 기술에 대한 정보를 제공한다. 이들 집단이 해당 지역에서 계속 거주하면서 제작하였는지 또는 다른 지역에서 해당 지역으로 이주하여 기존의 생산기술을 사용한 것인지 여러 가지 상황을 고려할 필요가 있다. 신강, 감숙 지역의 소조기술이 발달하였던점을 고려한다면 중앙아시아 지역의 불교석굴의 제작 장인 집단과 묘 축조 장인 집단(고차, 철륵, 회흘 등) 간의 상호 교류에 따라 기술이나 장인이 공유되었을 가능성도 있다. 목용의 경우 장웅부부묘와 바얀노르묘, 복고을돌묘에서 나온 견의목용과 호인목용의 유사점이 주목된다. 목용의 제작 방면에서는 소조 제작과 다른 목조 조각 제작 집단의 특징이나 견의목용이 착용한 연주문 복식 등에 대해서도 보다 더 고찰이 필요하다. 당시 몽골 중부 지역의 부장품 제작과 매장 풍습이 신강 투루판 지역과 유사한 점은 다음에서 살펴볼 비잔틴 금화에서도 확인할 수 있다.

3. 동로마 비잔틴 금화의 분류와 성격

1) 비잔틴 금화의 종류

중국 신강에서부터 요녕에 이르기까지 여러 기의 북조-당대묘에서 발견된 동로마 비잔틴 금화와 페르시아 사산조은화(또는 모조품)는 중앙아시아계통의 금은용기와 장신구 부장품들과 함께 실크로드를 통한 교류를 보여주는 실물 자료로서

---

paintings of Mongolia,」『保存科學』59 (2020), pp. 1-14 참조.

32   Saran Solongo, Ayudai Ochir, op cit., pp. 3-18.

중시된다.[33] 중국 내에서 발견되는 비잔틴 금화는 대개 한 기의 묘에서 1-2점 정도 나오는데, 바얀노르묘에서는 40점 이상이 나왔다. 복고을 돌묘에서는 외국계 금은화가 출토되지 않았다. 다음에서는 바얀노르묘에서 어떠한 종류의 비잔틴 금화가 발견되었는지 살펴본다. 그리고 유사한 종류의 비잔틴 금화들의 중국 출토 사례와 출현 시기, 매장 시점 등을 비교한다. 이를 통해 초원로에 위치한 바얀노르묘의 문화적 성격을 살피고자 한다.

그림 38 | 〈비잔틴 금화 A형(티베리우스 578~582)〉, 바얀노르묘

바얀노르묘의 3중의 목관곽 가운데 가장 안쪽에 놓인 작은 나무상자 안에서 유골, 금화, 금제 기물을 각각 따로 넣은 세 개의 주머니가 나왔다. 비잔틴 금화와 금화 모조품은 30점이 넘고, 사산조 금화 모조품은 약 7점이다〈표8〉.

바얀노르묘 출토 금화와 금화 모조품은 대부분 금화의 정면 또는 배면의 단면을 두드려 만든 두께가 얇고 가벼운 금편金片이다. 비잔틴

그림 39 | 〈비잔틴 금화 B형(포카스 602~610)〉, 바얀노르묘

금화의 경우 정면, 사산은화의 경우 배면을 주로 방제하였다. 전체 유형에 대해서 우선 표면의 도안에 의해서 10가지 종류로 분류할 수 있다. 주화의 정면과 배면 도안이 다르고 인물의 형상과 배면의 십자가상과 배화제단을 알아볼 수 있는 경우를 A, B, C 형으로 나눌 수 있다. A형은 티베리우스 2세Tiberius II Constantine (재위 578-582)의 금화로 한 점이 있다(그림 38). B형은 포카스Phocas(재위 602-610) 금

---

33   박아림, 앞의 책, pp. 385-461.

〈표8〉 바얀노르묘 출토 비잔틴 금화와 사산조 금화

비잔틴 솔리더스와 모조품의 구분	A형 Tiberius II Constantine 578-582	B형 Phocas 602-610	C형 Heraclius 610-641
비잔틴 솔리더스와 솔리더스 모조품	① 2.3cm, 2.92g	① 2.0cm, 3.90g	① 2.2cm, 3.42g ② 2.1cm, 2.76g ③ 2.1cm, 4.6g
모조품			④ 2.0cm, 0.25g ⑤ 2.0cm, 0.53g ⑥ 2.6×1.8cm, 1.01g ⑦ 1.9cm, 0.30g ⑧ 1.9cm, 1.95g ⑨ 2.0cm, 0.45g ⑩ 2.0cm, 0.17g

	D형	E형	F형
	사산조 금화 모조품		
모조품	① 1.9cm, 0.11g	① 1.8cm, 0.11g	① 2.1cm, 2.42g
	② 2.1cm, 0.17g	② 1.8cm, 0.17g	
	③ 2.1cm, 0.22g	③ 1.8cm, 0.12g	
	④ 2.0cm, 0.20g		
	⑤ 2.0cm, 0.14g		
	⑥ 1.7cm, 0.27g		
	⑦ 2.0cm, 0.40g		

	G형	H형	I형
모조품	① 0.17cm, 1.9g	① 1.7cm, 0.09g	① 2.1cm, 0.68g
		② 1.9cm, 0.12g	
		③ 1.8cm, 0.43g	
		④ 1.9cm, 0.32g	
	미확인 유형		
모조품	① 1.7cm, 0.21g	② 1.7cm, 0.18g	③ 1.6×2.0cm, 0.42g
	④ 1.9cm, 0.42g	⑤ 1.7cm, 0.09g	⑥ 1.8cm, 0.24g
	⑦ 1.7cm, 0.18g	⑧ 1.9×.5cm, 0.91g	⑨ 1.8×1.3cm, 0.14g
	⑩ 1.6cm, 0.12g	⑪ 1.7cm, 0.22g	

그림 40 | 〈비잔틴 금화 C형 정면(헤라클리우스 610~641)〉(좌), 〈비잔틴 금화 C형 배면〉(우), 바얀노르묘

화로 역시 한 점이다(그림 39). C형은 헤라클리우스Heraclius (재위 610-641)와 아들의 금화로 약 10점 정도인데, 배면에 십자가 제단이 있는 경우가 3점이고, 정면과 배면의 도안이 모두 헤라클리우스 황제와 그 아들인 경우가 7점이다. 전자와 후자의 무게가 확연하게 차이가 나서 후자는 대개 1g이하이다. 유물번호 XXM2012.5.142는 헤라클리우스 황제의 머리 위에 구멍을 뚫고 원형의 고리를 달았다. 아마도 목걸이와 같은 장식품으로 사용된 것으로 보인다(그림 40).

그림 41 | 〈사산조 금화 모조품〉, 바얀노르묘

D형은 사산조 금화의 배면을 모방하여 만든 경우이다. 사산조 페르시아는 금화와 은화를 모두 만들었으나 은

그림 42 | 〈비잔틴 금화 E형〉, 바얀노르묘

그림 43 | 〈금화〉, 우브군트 묘지 출토

그림 44 | 〈비잔틴 금화〉, 아스타나 Ast.i.3묘 출토

화를 주로 사용하였다. 사산조 금화와 은화의 정면은 사산조 황제의 초상인데 바얀노르묘 출토 사산조 금화 모조품은 모두 배면만 도안으로 사용하여 정면과 배면이 모두 배화제단이며 무게가 0.5g 이하로 얇고 가볍다(그림 41).

E형은 세점으로 인물의 측면두상을 찍은 금화인데 무게가 0.1g 전후로 모조품이다(그림 42). 머리에 원형의 띠를 두르고 턱수염을 기르고 둥근 깃의 옷을 입고 있으며 등 뒤로 리본을 날리고 있으며 주화 가장자리에 알아보기 어려운 명문을 새겼다. 독특한 것은 정면과 배면의 도안이 요철식이 아니고 모두 양각으로 보여 다른 모조품과 달리 단면 타압이 아닌 양면 타압방식으로 보인다는점이다. 또한 정면과 배면의 도안 모두 정확하게 일치되도록 제작되어 정, 배면 도안이 조합이 잘못되어 중심선이 달라지는 다른 모조품과 차별성이 관찰된다. 양면 타압을 사용하였다는 것은 다른 모조품과 다른 형태의 제작기법과 모형이 사용되었다는 것을 시사한다. A. 네이마크도 지적하였듯이 비잔틴 금화 가운데는 유사한 황제 초상을 찾을 수 없으며 소그드지역의 비잔틴 금화 가운데에서도 유사한 도상이 없다고 한다.[34] 두 점은 두상 중앙에 여러 개의 구멍이 나있어서 일부러 훼손한 것

---

34   2019년 10월 펜실베이니아대학교에서 열린 몽골 국제학술대회에서 네이마크는 바얀노르묘 출토 비잔틴 금화에 대해서 발표하면서 E유형에 대해서 관이 아니라 띠를 두른 것으로 보았

인지 아니면 복식에 장식으로 꿰맨 흔적인지 확실하지 않다. 머리에 두른 원형의 띠와 얼굴의 수염은 1983년 몽골-소비에트 공동 조사단에 의하여 볼간 아이막 부렌항가이 솜의 톨 골의 좌측 하안에 위치한 우브군트 산의 묘지에서 발굴한 금화의 인물과 유사하다. 바얀노르묘의 북서쪽에 위치한 부렌항가이 솜의 우브군트 묘지에서 나온 금화는 가장자리에 연주문을 둘렀으며, 상하에 구멍이 뚫리고 고리가 달려 있다(그림 43). 금화의 명문의 해석은 학자들에 따라 의견이 다른데 7-11세기 오르혼-예니세이의 룬 문자가 새겨진 비잔틴 금화의 모조품으로 보는 의견이 있다.[35]

F형은 단면타압으로 제작된 금화 모조품으로 인물의 머리 위에 구멍을 뚫고 납작한 고리를 달아서 유사한 고리가 달린 헤라클리우스황제 금화 모조품처럼 목걸이 등의 장신구로 사용되었을 것으로 추정된다. G, H, I형은 인물의 형상이 조금씩 차이가 나서 구분하였으나 거의 유사한 단면타압 유형이다. G와 H형은 A. 스타인이 중국 신강 투루판 아스타나묘군에서 발견한 후 대영박물관에 소장된 비잔틴 금화 모조품들과 유사하다. 대영박물관 유물번호 IA,XII.a.1은 A. 스타인이 중국 신강 투루판 아스타나묘 Ast.i.3호묘에서 묘주의 입 안에서 발견한

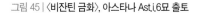

그림 45 | 〈비잔틴 금화〉, 아스타나 Ast.i.6묘 출토

그림 46 | 〈비잔틴 금화〉, 아스타나 Ast.i.5묘 출토

으며, 비잔틴이나 소그드 주화 가운데에서 유사한 예를 찾기 힘들다는 점을 지적하였다.

35 S. Zolboo, Khurst script on the archaeological findings "Huna's golden man"; "Taxila copper plate." Улаанбаатар, 2014.

금화 모조품(무게 0.48g, 직경 11㎜)이다(그림 44).[36] 대영박물관 유물번호 IA,XⅡ.c.1 의 비잔틴 금화 모조품(무게 0.85g, 직경 16㎜)은 유스티니아누스 1세 Justinian I 의 3/4 측면상으로 아스타나묘군의 Ast.i.6호묘에서 여성의 입 안에서 발견되었다(그림 45).[37] 대영박물관 유물번호 IA,XⅡ.b.1 (무게 0.59g, 직경 16.5㎜, 5-6세기)은 아스타나묘군 Ast.i.5호묘에서 남성 묘주의 입 안에서 발견되었다(그림 46).[38] 마지막으로 금화의 원형을 유지하지 못한 잔편들이 10점이 넘는다.

바얀노르묘 금화를 전문적으로 다룬 곽운염 郭雲艷의 2016년 논문에 의하면 바얀노르묘 출토 비잔틴 금화는 도상과 무게에 따라 5가지로 분류가 가능하다.[39] 제1유형은 사산조은화 배면도안 모조품으로 10점이다. 제2유형은 6-7세기 비잔틴 금화 세미시스 또는 트레미시스(솔리더스의 1/2 또는 1/3)의 정면도안 모조품 4점이다. 제3유형은 6-7세기 비잔틴 솔리더스 정면도안의 모조품으로 17점이다. 제4유형은 솔리더스 금화와 유사 솔리더스 모조품으로 4점이다. 솔리더스 및 솔리더스류의 모조품은 바얀노르 발견 금화 가운데 비교적 두껍고 양면의 도안이 다르다. 제5유형은 도안 분별이 어려운 원형의 소금편 小金片(직경 16-20㎜)이다.

---

36   Helen Wang, *Money on the Silk Road: the evidence from Eastern Central Asia to c. AD 800* (London: BMP, 2004), p.239; Marc Aurel Stein, *Innermost Asia: detailed report of explorations in Central Asia, Kan-su and Eastern Iran* (Oxford: Clarendon Press, 1928), pl.cxx, no.17.

37   Helen Wang, Ibid., p.239; Marc Aurel Stein, Ibid., p.649.

38   Helen Wang, Ibid., p.239; Marc Aurel Stein, Ibid., pp.646, 648, pl.CXX.

39   郭雲艷,「論蒙古國巴彥諾 突厥壁畫墓所出金銀幣的形制特征」,『草原文物』1 (2016), pp.115-123. 6-7세기의 비잔틴 금화는 솔리더스 (Solidus nomisma, 직경 18-22mm, 4.55g), 세미시스(Semissis, 직경 16-19mm, 2.27g), 트레미시스(Tremissis, 직경 14.5-17.5mm, 1.50g)로 나뉜다. 비잔틴 금화의 기준형인 솔리더스는 콘스탄틴 1세(Constantine I the Great)때에 제작되기 시작하였으며 무게는 4.55g이다. 세미시스는 솔리더스의 1/2의 가치를 가지며 무게는 2.25g이다. 트레미시스는 솔리더스의 1/3에 무게는 1.52g이다. Philip Grierson, *Byzantine Coinage* (Washington, D.C.: Dumbarton Oaks Research Library and Collection, 1999), pp.6-8, 59-60.

총 9점이다.[40]

바얀노르묘 출토 금화는 대부분 모조품으로 실제 비잔틴 금화와 도상 비교가 쉽지 않은데 곤차레프Lur ll E. Goncharev에 의하여 세 가지 종류의 비잔틴 금화의 황제초상 도상이 확인되었다. 티베리우스 2세Tiberius ll Constantinus(578-582), 포카스Phocas(602-610), 그리고 헤라클리우스Heraclius(616-625)이다〈표9〉.[41]

그 가운데 2인 황제 흉상이 새겨진 헤라클리우스Heraclius의 금화 모조품이 특히 여러 점이다. 10여 점의 헤라클리우스 금화 모조품은 헤라클리우스 금화를 모방하면서 좌대우소左大右小의 구조를 좌소우대左小右大로 바꾸는 등 좌우의 황제의 크기가 각기 다르다.

〈표9〉 바얀노르묘 출토 중요 비잔틴 금화의 분류

유물번호	XXM2012.5.142	XXM2012.5.240	번호미상	번호미상
금화				
왕명	Heraclius (616-625)	Heraclius (616-625)	Phocas (602-610)	Tiberius ll Constantine (578-582)
크기	2.1cm	2.2cm	2.0cm	2.3cm
무게	4.7g	3.42g	3.90g	2.92g

유물번호XXM2012.5.142(직경 20.44㎜, 두께 0.79㎜, 무게 4.701g)는 양면의 도안이 다르며 정면의 2인 인물흉상의 정수리 부분에 고리가 달렸는데 배면에는 십자가 계단의 하단 우측에 달려있어 양면이 정확하게 180도로 찍히지 않았다. 정면은 대소크기가 다른 두 명의 황제 정면흉상으로 좌측인물이 비교적 크다. 머

---

40   郭雲艶, 앞의 논문, pp.115-123.
41   Saran Solongo, 앞의 책.

그림 47 | 〈헤라클리우스 금화 정면〉(좌), 〈헤라클리우스 금화 배면〉(우), 바얀노르묘

리에 수식垂飾이 달린 왕관을 쓰고 있다. 관정冠頂에 십자가十字架가 있고 두 인물의 머리 사이에도 십자가가 있다. 가장자리의 명문은 글자가 작아 판독이 어렵다. 배면에는 4층의 제단 위에 대형 십자가가 있고 아래에 CONOB, 십자가 좌우에 VICTORIAAVIUI 라는 명문이 있다. 중량과 형식으로 보아 헤라클리우스 1세 통치 초기의 솔리더스의 특징을 보인다.

유물번호XXM2012.5.240(직경 22.60×22.49㎜, 두께 1.10㎜, 무게 3.423g)은 정면은 좌측의 인물이 큰 2인 황제정면흉상이고 배면의 십자가상이 잘 남아있다(그림 47). 정면 세부는 위의 헤라클리우스 금화와 같다. 배면에는 4층의 제단 위에 십자가가 있으며 십자가의 우측 하단에 희랍자모 Γ가 있고 아래 부분의 명문은 CONOB이며 금화의 가장자리에 대략 VICTORIA - AVCCIε라는 명문이 있다. 곽운염은 도상 특징으로 보아 모조품이라는 증거가 없어 헤라클리우스 1세 재위 초기의 솔리더스라고 추정하였다.

다음으로 포카스 황제의 정면흉상이 담긴 금화(유물번호미상, 직경 2.0㎝, 무게 3.90g)는 관정에 십자가가 있고 양쪽에 수식이 달린 황제의 관을 쓰고 있으며 오른손에 십자가 원구를 들고 있다. 오른쪽 어깨에 버클이 달린 주름이 잡힌 상의를 입었다. 정면의 명문은 CAS-PϹAPΛVCT이다. 배면은 4단의 제단 위에 십자가가 있으며 하부의 명문은 COHO이며 양측의 명문은 B9VƆV?-NΛIPO〉THC이다. 4세기 이래 비잔틴 솔리더스 배면의 명문은 대부분 VICTORI -AVCCC이다. 곽운 염에 따르면 이 금화의 배면 명문은 특이하여 비잔틴 화폐에 보이지 않는 것이다. 또한 이러한 두 가지 종류의 정면과 배면 도상은 비잔틴제국에서 공식적으로 제 작한 솔리더스에는 동시에 출현하지 않는다. 배면의 도상은 포카스 통치시기에 는 사용되지 않았다. 이러한 제작방식은 비잔틴 솔리더스 모조품의 특징으로, 두 가지 다른 시기의 도상이 양면에 동시에 사용된 모조품이라고 보았다.

곤샤레프에 의해 티베리우스 2세 금화 모조품(유물번호미상, 직경 2.3㎜, 무게 2.92g)으로 추정된 금화의 정면은 황제의 3/4 측면흉상이다. 머리에 반구형의 관 을 썼고 갑옷을 입었다. 양측의 명문은 판독이 어렵다. 배면은 4단의 제단 위의 십자가상이다. 계단 아래의 명문은 CONOB이다. 곽운염에 의하면 이러한 정면 과 배면 형식은 비잔틴 초기 솔리더스의 도상으로 자주 보인다. 3/4 측면흉상은 5세기 중기에서 6세기 초에 상용되던 형식으로 7세기 중후기의 콘스탄틴 4세 Constantine IV(재위 668-685년) 통치시기에는 정면 도안으로 발행하였다. 이러한 도 상의 솔리더스는 이후 다시 출현하지 않았다. 배면의 4단의 제단 위의 십자가형 상은 가장 이르게는 6세기 후기에 티베리우스 2세의 화폐로 출현하였는데, 이 시기 정면 도상은 이미 정면 흉상으로 변화하였다. 따라서 이 금화의 형태는 동 로마 비잔틴제국에서 공식적으로 제작한 금화가 아닌 모조품이라고 할 수 있다.

앞에서 E형으로 언급한 3점의 인물 측면 도안 금화는 세미시스 혹은 트레미시 스 금화 정면의 모조품으로 분류된다. 유물번호XXM2012.5.122(직경 20.05-20.11 ㎜, 두께 0.08㎜, 무게 0.138g), 유물번호XXM2012.5.123(직경 18.33㎜, 두께 0.14㎜, 무 게 0.171g), 유물번호XXM2012.5.124(직경16.45-18.43㎜, 두께 0.08㎜, 무게 0.115g), 유물번호XXM2012.5.127(직경18.2㎜, 두께 0.09㎜, 무게 0.125g)이다.[42] 단면만 눌러

---

42 비잔틴주화 가운데 세미시스와 트레미시스 모조품은 형태상 차별이 크지 않으며 황제 측면 두상이 공통적이다. 비잔틴 화폐 체계의 핵심인 솔리더스의 형태는 끊임없이 변화하여, 5세

그림 48 | 〈은호〉, 이현묘 출토

찍어 제작하였다. 머리에 띠를 두르고 얼굴에는 짙은 수염이 덮였으며 둥근 옷깃의 상의를 입고 있다. 두상 주위로 명문 혹은 부호가 있으나 식별하기 어렵다. 금화의 중앙에 3-7개의 구멍이 뚫려있어 해당 금화의 용도가 직물에 다는 등 장식품으로 활용되었을 가능성이 있다. 이와 유사한 황제 측면상 금화 도안은 중국 출토 예에서는 찾아보기 어려워 독특한 사례이다. 금화 도안으로는 찾아보기 어려우나 중국 산서 대동 출토 에프탈 금속용기의 측면을 장식한 원형의 인물 두상과 영하 고원 이현묘 출토 은호의 손잡이에 달린 인물 두상과 유사하다(그림 48).[43] 금화의 도안이 아닌 금속용기의 도안을 비잔틴 금화 모조품에 사용하였다면 바얀노르묘 출토 금화의 장식적 성격과 제작 연원을 시사하는 중요한 자료가 될 수 있다.

2) 중국 출토 비잔틴 금화와의 비교

이상에서 바얀노르묘 출토 중요 비잔틴과 사산조 금화들을 살펴보았다. 다음에서는 중국에서 발견된 비잔틴 금화와 사산조 은화 및 모조품에 대하여 비교해

기 정면 도안은 3/4 측면 자세에 우향의 황제 흉상이다. 6세기에서 7세기 초는 정면흉상으로 변화한다. 7세기 전반기는 1-3명의 황제의 단독 혹은 병존 흉상이다. 반면 세미시스와 트레미시스의 도안은 황제의 측면 흉상으로 장기간 변화가 없었다. 郭雲艷, 위의 논문.

43 박아림, 「중국의 북조 시대 고분 출토품에 보이는 북방·서역계 금속용기의 전래- 고구려 벽화고분에 보이는 북방·서역계 문화의 유입 경로의 이해를 위하여 -」, 『고구려발해연구』52, 2015, pp. 241-272.

본다〈표10〉.[44] 1915년 A. 스타인이 신강 투루판 아스타나묘지 1구 3호, 5호, 6호 묘의 시신의 입안에서 3점의 5-6세기의 동로마 금화 모조품을 발견한 이래 중국 경내에서는 다수의 비잔틴 금화와 모조품이 발견되었다.[45]

〈표10〉 중국 출토 비잔틴 금화 목록

지역	출토지	시대	왕명	수량	출토 금화	크기 (cm)	무게 (g)
	和田	-	Justin I	1			
	吐魯番阿斯塔那墓 1區 3號墓	?	Justinian I (모조품)	1			
	吐魯番阿斯塔那墓 1區 5號墓	?	Justinian I (모조품)	1			
	吐魯番阿斯塔那墓 1區 6號墓		모조품	1			
	吐魯番阿斯塔那67TAM91墓	643-5 (唐貞觀17년-19년)				1.8	
新疆	吐魯番阿斯塔那67TAM92墓 (楊保救墓, 妻張氏墓)	668(唐夫總章元年) 639(妻, 延壽16년)	모조품				
	吐魯番阿斯塔那68TAM105墓	645 (唐貞觀十九年文書)	모조품				
	吐魯番阿斯塔那69TAM138墓	623 (高昌重光四年文書)	Justinian I (모조품)				
	吐魯番阿斯塔那69TAM118墓	唐	모조품				
	吐魯番哈拉和卓69TKM36墓	唐	모조품				
	吐魯番阿斯塔那66TAM48墓	596 (高昌延昌三十六年文書)	모조품				
	吐魯番阿斯塔那72TAM150墓	645(唐贞观十九年文書)	모조품				
	吐魯番阿斯塔那72TAM153墓	596(麴氏高昌時期 唐延昌36년)	모조품				
	吐魯番阿斯塔那72TAM188墓 (張氏/夫人 麴仙妃墓)	715(唐開元三年墓志)	모조품				
	吐魯番阿斯塔那72TAM191墓	680(唐永隆元年文書)	모조품				

---

44 중국에서 발견된 비잔틴 금화와 모조품의 목록표는 羅豊, 『胡漢之間』(北京: 文物出版社, 2004)의 표6.1과 발굴보고서들을 참고하여 작성하였음. ____, 「中國境內發現的東羅馬金幣」, 『胡漢之間-"絲綢之路"與西北歷史考古』(北京: 文物出版社, 2004), pp.113-155; 羅豊, 「固原隋唐墓中出土的外國金銀幣」, 『胡漢之間-"絲綢之路"與西北歷史考古』(北京: 文物出版社, 2004), pp.162-188; 祁小山, 王博, 『絲綢之路 新疆古代文化』(烏魯木齊: 新疆人民出版社, 2008), p.113; 上海博物館, 「吐魯番近年來出土的古代錢幣」, 『絲綢之路古國錢幣暨絲路文化國際學術硏討會論文集』(上海: 上海書畵出版社, 2011), pp.136-150; 楊軍凱, 『北周史君墓』(北京: 文物出版社, 2014), p.44.

45 A. Stein, *Innermost Asia*, vol.4 (London: Clarendon Press, 1928), pp.993-994, Pl. CXX, Nos. 15, 16, 17.

지역	출토지	시대	왕명	수량	출토 금화	크기 (cm)	무게 (g)
新疆	吐魯番阿斯塔那73TAM116墓	614(義和元年墓志)	모조품				
	吐魯番阿斯塔那73TAM213墓	唐	모조품				
	吐魯番阿斯塔那73TAM214墓	665(唐麟德二年墓志)	모조품				
	吐魯番阿斯塔那73TAM222墓	671(唐咸亨二年文書)	모조품				
	吐魯番哈拉和卓75TKM87墓	唐	모조품				
	吐魯番哈拉和卓75TKM105墓	唐	모조품			1.7	0.4
	吐魯番朵坎76TCM1墓	5~6世紀	모조품				
	吐魯番朵坎76TCM3墓	5~6世紀	모조품			1.7	
新疆	吐魯番交河溝西墓地 05TYGXM11墓(墓主 康業相)	640	모조품	1		1.7	0.2
	吐魯番 交河溝西墓地 05TYGXM20墓(墓主 厶)	662	모조품	1		1.34	0.15
	吐魯番 巴達木墓地 04TBM103墓		Astanasius I (모조품)	1		1.8	0.5
	吐魯番 巴達木墓地 04TBM106墓		모조품	1		2.15	0.43
	吐魯番 巴達木墓地 04TBM234墓	597	모조품	1		1.65	0.38
	吐魯番 巴達木墓地 04TBM235墓		Tiberius II (모조품)	1		1.8	0.67
	吐魯番 巴達木墓地 04TBM237墓		모조품	1		0.06	0.06
	吐魯番 巴達木墓地 04TBM238墓		모조품	1		1.85	0.7
	吐魯番 巴達木墓地 04TBM252墓		모조품	1		1.7	0.4
	吐魯番 巴達木墓地 05TBM301墓		모조품	1		1.4-1.6	1
	吐魯番 巴達木墓地 05TBM304墓		모조품	1		1.8	0.4
	吐魯番 木納爾墓地 04TMNM102墓 (墓主 武歡)	656	모조품	1		1.8	0.02
	吐魯番 木納爾墓地 04TMNM103墓(夫婦合葬墓)	627	모조품	1		1.7	0.43
		632	모조품	1		1.8	0.4
	吐魯番 木納爾墓地 04TMNM203墓	609	Tiberius II (모조품)	1		1.6	0.6
	吐魯番 木納爾墓地 05TMNM214墓		Tiberius II (모조품)	1		1.7	0.8
	吐魯番 木納爾墓地 05TMNM302墓		Heraclius I (모조품)	1		2.1	1.22
	吐魯番 木納爾墓地 05TMNM312墓		모조품	1		1.8	0.35

지역	출토지	시대	왕명	수량	출토 금화	크기 (cm)	무게 (g)
陝西	商州隋墓 M3	隋	Justin II (모조품)	1		1,8	2,8
	咸陽底張灣獨孤羅墓	600(隋)	Justin II	1		2,1	4,4
	咸陽唐賀若氏墓	621(唐武德四年)	Justin II	1		2,0	4,1
	西安		Justinian II	1			
陝西	西安市 金屬回收公司	北朝	Theodosius II	1		1,8	3
	西安市 北周史君墓	580(北周大象二年)	모조품	1			
	西安康業墓	571(天和六年)	Justin I	1		1,81	2,1
	西安曹家堡墓	唐	모조품				
	西安東郊唐陳感意墓	640(貞觀十四年)	Anastasius I (모조품)	1			
	西安東郊堡子村	唐	Anastasius I	1			
	西安東郊墓	唐	모조품				
	西安西郊土門村2號唐墓	唐	Heraclius (모조품)	1		2,1	4,1
陝西	西安西郊飛機場	?	Anastasius I	1			
	西安南郊何家村窖藏	756(8세기중엽)	Heraclius (모조품)	1			
	西安南郊何家村窖藏		Anastasius I (Leo I?)	1		1,8	2
	定邊縣安邊鎭	-	Zeno	1		1,74	3,25
內蒙古	土默特旗畢克鎭		Leo I	1		1,4	2
	武川縣		Anastasius I (Theodosius II?)	1			
	呼和浩特市土默特左旗畢克齊鎭 水磨溝	北魏	Leo I	1		1,4	2
甘肅	天水市	-	Basiliscus	1		1,6	1,2
	淸水縣	?	Phocas	1		2,0	4,1
	隴西縣城		Theodosius II	1		1,8	2,3
	武威康阿達墓						
寧夏	固原田弘墓	575(建德4年)	Leo I	1		1,54	6
			Justin I	1		1,67	2,9
			Justin I, Justinian I共治	2		1,62	2,6
						1,62	3,3
			Justinian I	1		1,65	2,5
	固原農田中	北朝말기	Anastasius I	1		1,76	3,1
	固原史索岩夫婦合葬墓		모조품			2,4	7

지역	출토지	시대	왕명	수량	출토 금화	크기 (cm)	무게 (g)
寧夏	固原史訶耽夫婦合葬墓		모조품			1.9	0.8
	固原史鐵棒墓		모조품			2	7
	固原史道洛墓	?	Justinian II	1		2.1	4.6
	固原史道德墓	678	Justin II (모조품)	1		2	4
	固原九龍山M4墓	唐	Justin I	1		1.6	2
	固原市原州區南郊 九龍山M33墓	唐	Justinian I	1		1.8	3
河北	贊皇李希宗墓	575(武平六年)	Theodosius II	1		2.1	3.6
			Justin I, Justinian I 共治(527)	2		1,681.7	2.5 2.6
	磁縣茹茹公主墓	550(武定8年)	Anastasius I	1		1.6	2.7
			Justin I	1		1.8	3.2
	河北閭氏墓	東魏	Justinl, Justinian I 共治	1			
河南	洛陽衡山路北魏大墓	北魏	Anastasius I	1			
	洛陽龍門唐安菩夫婦墓	709	Phocas	1		2.2	4.3
	洛陽30墓	唐					
遼寧	朝陽雙塔區唐墓	唐	Heraclius	1		2.0	4.4
青海	都蘭香日德鎮吐谷渾墓	北朝	Theodosius II	1		1.45	2.36
	烏蘭縣銅普大南灣祭祀遺址	수당	Justinian I	1		1.2	
浙江	杭州市征集	-	Leo I	1		1.7	0.4

중국에 유입된 비잔틴 금화의 시기적 분포를 보면 아르카디우스Arcadius(재위 395-408) 이전에는 출토사례가 없다. 테오도시우스 2세Theodosius II(재위 408-450) 부터 시작하여 마르시안Marcian(408-450), 레오 1세Leo I(457-474), 레오 2세Leo II (473-474), 제노Zeno(474-475), 바실리스쿠스Basiliscus(475-476), 제노Zeno(476-491)에 이르는 불안정한 시기의 금화는 거의 출토되지 않았다. 아나스타시우스 1세 Anastasius I(491-518), 유스틴 1세Justin I(518-527), 유스티니안 1세Justinian I(527-565), 유스틴 2세Justin II(565-578)의 금화는 모두 연속으로 출토되며 이 시기 상당 히 집중적으로 유입되었음을 알 수 있다. 이후의 티베리우스 2세Tiberius II Constantine(578-582)에서 마우리스Maurice(582-602) 금화 진품은 출토되지 않았다.

그림 49 | 〈비잔틴과 사산조 금화 모조품〉, 사씨묘군 출토

다음의 포카스Phocas(602-610)와 헤라클리우스Heraclius(610-640) 금화는 연속으로 출토되었다. 중국 출토 비잔틴 금화 통계를 보면 테오도시우스 2세, 유스틴, 헤라클리우스황제의 금화가 가장 많다. 바얀노르묘의 티베리우스 2세 금화 모조품은 다음에서 서술할 비교적 최근에 조사된 신강 투루판 지역 묘장에 유사한 예가 발견된다. 바얀노르묘에서 헤라클리우스 금화 모조품이 다수 출토된 점은 바얀노르묘의 조성시기에 가깝기 때문으로 생각되며 묘주의 활동 범위와 관련하여 주목된다.

중국 내에서 비잔틴 금화가 10점 이상 발견된 지역은 신강, 영하, 섬서의 세 지역이다. 중국 경내에서 발견된 비잔틴 금화 진품의 무게는 평균 3.15g이며 장식의 용도로 금화에 뚫은 구멍에 따라 무게에 감경이 있다. 구멍은 대개 1-2개이나 많게는 4개까지 발견된다. 모조품의 무게는 최소 0.8g이다. 바얀노르묘 비잔틴 금화 모조품은 크기 2㎝ 이하, 무게 1g 이하가 다수이다.

제작기법면에서는 중국 출토 비잔틴 금화 모조품을 세 가지 종류로 나눌 수 있다. 첫째는 단면을 두드려 만든 금편金片으로서 비잔틴 금화 솔리더스의 정면 혹은 배면 도상을 원형으로 제작한 것이다. 주로 신강 투루판 아스타나묘지와 영하 고원 사씨묘군(그림 49)에서 출현한다. 둘째는 양면 모조품으로 조잡하게 제작되었다. 섬서 서안 북주 사군묘史君墓 출토 금화 모조품은 양면에 도안이 있으나, 두께 0.5㎜, 무게 1.75g 밖에 되지 않으며, 금화의 표면이 모호하여 솔리더스와 차이가 크다. 셋째는 비잔틴 금화 솔리더스 진품과 차이가 없어 보이나 각각 다른 시기의 솔리더스의 정면과 배면 도상을 하나의 금화에 조합한 것이다. 도상은 흡사하나 비잔틴제국의 관영 조폐창에서 생산하지 않은 모조품이다. 1998년 감숙 롱서隴西에서 발견된 테오도시우스2세 금화와 1966년 서안 남교 하가촌何家村 당묘 출토 아나스타시우스 1세 금화가 그 예이다.

바얀노르묘 금화들은 이 세 가지 제작방법을 모두 볼 수 있다. 첫째 유형이 대다수로서 투루판지역과 토용과 목용 제작기법만이 아니라 금화 제작기법도 공유하는 것으로 보인다. 따라서 제작지나 장인의 공유, 또는 유통경로의 공유를 추정할 수 있다. 아래에서 살펴볼 투루판지역 묘와 고원지역 소그드계 사씨묘군은 바얀노르묘가 위치한 지역과 남북으로 이어지는 인적, 물적 교류가 이루어졌을 가능성이 높다.

다음에서는 바얀노르묘와 유사한 비잔틴 금화 또는 모조품이 중국에서 출토된 사례를 살펴본다. 헤라클리우스 금화는 섬서 서안 서교 토문촌2호당묘 1점, 서안 남교 하가촌교장(8세기 중엽) 1점, 요녕 조양 쌍탑구 당묘 1점이 있다. 포카스 금화는 감숙 천수 1점, 감숙 청수현 1점, 하남 낙양 용문 안보부부묘(709) 1점이 있다.

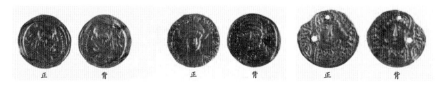

正　　背　　　　　正　　背　　　　　正　　背

그림 50 | 〈비잔틴 금화 모조품〉, 파달목묘지

티베리우스 2세 금화는 비교적 최근에 신강 투루판 파달목묘지巴達木墓地, 목납이묘지木納爾墓地, 교하구서묘지交河溝西墓地에서 여러 점 출토되었다. 파달목묘지 04TBM235호묘의 모조품(직경 1.8㎝, 무게 0.67g), 목납이묘지04TMNM203호묘의 모조품(609년, 직경 1.6㎝, 무게 0.6g), 목납이묘지05TMNM214호묘의 모조품(직경 1.7㎝, 무게 0.8g)이다(그림 50).[46] 이들 투루판 묘의 구조는 바얀노르묘와 복고을돌묘과 같은 토동묘이다. 세 지역의 묘지에서 나온 38점의 고대 금속화폐 가운데 비잔틴 금화의 모조품은 18점이며 대개 하나의 묘에서 한 점씩 출토되었다. 두 점을 제외하고 대부분 무게 1g 이하로서 정면의 황제초상의 단면만 찍어 만든 것이다.

묘장 구조와 부장품으로 보아 기원후 6-7세기의 고창왕국과 서주시기에 세워진 것으로 추정하며 묘주는 한족과 소그드인 등이 섞인 것으로 보인다. 묘장 내의 금화 위치는 대부분 불명확하며 금은화가 출토된 묘장은 묘지로 보아 가장 이른 것은 연창延昌37년(597), 가장 늦은 것은 용삭龍朔2년(662)이다. 묘의 조성시기도 바얀노르묘와 복고을돌묘와 가까워 해당 지역의 비잔틴 금화 모조품의 유입시기와 묘주의 성격, 제작지역, 유통경로에 대하여 중요한 비교자료가 된다. 다만 이들 묘의 구조나 크기, 부장품의 성격 등으로 미루어 바얀노르묘와 비교하여 묘주의 등급이 높지 않은 것으로 보인다. 바얀노르묘의 비잔틴 금화 모조

---

46   투루판의 파달목묘지, 목납이묘지, 교하구서 묘지 출토 금화 가운데 04TBM103:1은 정면에 아나스타시우스 1세(Anastasius I, r. 491-518) 초상이 있고, 압인의 자모는 "DNANASTASIVSPPAVG" 이다. 단면 타압으로 만들었으며 모조품이다. 05TMNM203:33, 05TMNM214:1, 04TBM235:1의 도상 중에 왕이 십자구를 손에 든 것은 티베리우스 2세 (Tiberius Ⅱ, 578-582)로 보인다. 05TMNM302:1은 헤라클리우스 1세와 그의 아들 콘스탄틴 (Heraclius I and his son Constantine in 629-632) 때 제작된 것으로 보인다. 吐魯番地區文物局, 「新疆吐魯番地區巴達木墓地發掘簡報」, 『考古』12(2006), pp.47-72; 李肖, 張永兵, 張振峰, 「新疆吐魯番地區木納爾墓地的發掘」, 『考古』12(2006), pp.27-46; 張永兵, 「新疆吐魯番阿斯塔那墓地西區2004年發掘簡報」, 『文物』7(2014). pp.31-53; 김대환, 「교하고성 거우시 무덤군 강씨가족무덤」, 국립문화재연구소 編, 『실크로드 연구사전 동부: 중국 신장』(국립문화재연구소, 2019), p.368; 박아림, 「바다무 무덤군 방로마 금화」, 국립문화재연구소 編, 『실크로드 연구사전 동부: 중국 신장』(국립문화재연구소, 2019), pp.392-393.

품들도 형체를 알아보기 어려운 경우를 제외하고 대부분 인물 두상이며 1g 이하의 얇은 금화가 다수여서 형태와 제작방법면에서 유사성이 보인다. 소그드인의 묘에 한 점씩 부장되는 비잔틴 금화가 바얀노르묘에서는 사산조 은화의 금제 모조품을 포함하여 40점이나 한꺼번에 부장된 점은 상당히 독특한 사례이다.

바얀노르묘와 같이 사산조 금화를 방제한 사례는 많지 않은데 영하 고원 사씨묘군의 사철봉묘에서 직경 2㎜, 무게 7g의 사산조 금화 모조품이 나왔다. 상부에 구멍이 하나 있다. 정면은 아르다시르 3세(621-630)의 측면초상으

그림 51 | 〈비잔틴 금화〉, 우크라이나 말라야 페레시체피나

로 머리에 왕관을 쓰고 있다. 가장자리에 페르시아어로 "Ardashir"라는 명문이 있다.[47]

대량의 비잔틴 금화가 한 곳에서 발견되는 사례는 비잔틴 금화에 구멍을 뚫어 엮어서 장신구로 만든 우크라이나 말라야 페레시체피나Malaya Pereshchepina에서 발견된 소위 쿠브라트 유물들이 있다(그림 51). 헤라클리우스와 그 아들의 재위기간에 제작된 금화(637, 638년 주조)와 콘스탄스 2세(642-646년 주조) 금화로 만들어진 목걸이(7세기 중, 금화 직경 1.8-2.1㎝)[48]는 유사한 다른 보석감입 장식품들과 함께 유목민계통의 공방에서 7세기 중에 제작되었을 것으로 여겨진다.[49]

또한 포카스(607-609년 주조), 헤라클리우스와 그의 아들들(629-632년, 637년, 638년 주조)과 콘스탄스 2세(642-646년 주조)의 금화 30점이 구멍이 뚫린 채 한꺼

---

47   許成, 董宏徵, 『寧夏歷史文物』(銀川: 寧夏人民出版社, 2006), p. 251.

48   В. Н. Залесская, op. cit., p. 126, fig. 101.

49   В. Н. Залесская, Ibid., pp. 92-93.

번에 발견되었다. 말라야 페레시체피나 유물의 소유자는 이러한 비잔틴 금화로 이루어진 목걸이와 금화로 장식된 비단관모, 그리고 에메랄드 상감 팔찌를 함께 착용하였을 것으로 추정한다.[50]

다양한 금속제 용기와 장신구 등으로 구성된 말라야 페레시체피나 유물들은 목제 매장 구조의 흔적과 함께 발견되었다. 철제 못 흔적이 있는 60점의 금제 사각형 판, 금실이 달린 갈색 직물 조각 등은 직물로 덮인 관 외부에 금판이 장식된 형태로 추정 복원되었다. 최근의 연구에 의하면 흑해 북안의 보즈네센카 등의 제사유적들에서 말라야 페레시체피나 유물과 유사한 금속장신구들이 출토되어 해당 지역을 따라서 흐른 초원문화의 특징을 반영한다.[51] 바얀노르벽화묘의 목관도 내부를 금박 직물로 덮고 있어서 유사한 매장풍습과 부장용품의 종류가 사용된 것이 아닌가 추정된다.[52] 실제 유물의 소유자에 대해서는 고대 불가리아왕국을 세운 쿠브라트 또는 6-8세기 해당지역의 서돌궐 또는 카자흐 지도자로 여겨진다.[53] 쿠브라트는 비잔틴 헤라클리우스황제와 아바르(유연), 그리고 돌궐과 밀접한 교류를 가졌던 인물이다.

다량의 비잔틴 금화를 한꺼번에 매장한 점은 말라야 페레시체피나 유물과 바얀노르묘의 공통점이다. 그러나 말라야 페레시체피나 금화들은 대개 동로마 비잔틴에서 직접 제작한 진품이라는 점에서 비잔틴제국과 인접한 지역적 특징을 반영하며, 반면 유사한 장의풍속을 공유한 바얀노르묘의 금화는 대개 모조품이다. 바얀누르묘는 지역적으로 원 제작지와 멀리 떨어져 있으며 그 거리에 따라 여러 가지로 변용되어진 모조품 종류들이 합해졌다는점에서 초원로를 따라 흐른 문화적 다양성이 흥미롭게 표출되었다. 한 기의 묘에서 다수의 비잔틴 금화가 발견된 예는

50   В. Н. Залесская, Ibid., pp. 92-128.
51   А. В. Комар, op. cit., С. 7-244.
52   В. Н. Залесская, op. cit., pp. 130-131.
53   А. В. Комар, op. cit., С. 7-244.

그림 52 | 〈비잔틴 금화〉, 전홍묘

중국 내에서는 드물다. 드물게 많이 나오는 경우로 5점의 금화가 나온 북주 전홍묘가 있다(그림 52). 전홍묘의 묘주는 유골 분석 결과 북방계 민족에 속하는 것으로 나왔다.[54] 복고을돌이 고차에서 발전한 철륵 출신으로서 복고부가 후에는 회흘 구성의 하나로 활동하게 된다는 점을 생각하면 북방계통의 유목민들 사이에서 공유된 금화의 독특한 사용예나 인식을 나타내는 것일 수도 있다.

현재 바얀노르묘의 비잔틴 금화의 제작지는 정확하게 알기 어렵다. 영하 고원의 수당대의 소그드묘지 출토 7세기 비잔틴 금화 모조품은 소그드지역에서 제조하였을 가능성이 높다고 본다. 6-8세기 소그드 본토 묘장을 연구한 네이마크의 연구에 따르면[55] 소그드지역에서는 비잔틴 금화 모조품이 다수 발견되며 대부분 두께 1㎜, 무게 1g 이하이다. 소수만 부장품으로 나오며 나머지는 신묘神廟나 거주지에서 발견되었다. 네이마크는 소그드인이 금화를 무역의 수단만이 아니라 재부와 지위의 상징으로도 여겼다고 지적하였다.

한편 중국에서 발견된 비잔틴 금화와 사산조은화, 그리고 금은화 모조품의 유입의 경로에 대해서는 비잔틴과 돌궐 및 사산제국 간의 상호관계를 고려해야 한다. 6세기 중엽 비잔틴과 서돌궐의 직접적인 교류 이후 동서무역체계에서 금화 유통이 활발해졌다. 소그드지역의 상금尚金전통도 그 배경이다. 1959년 신강자치구 오흡烏恰에서 발견된 1000점 이상의 사산은화는 사치품 교역에 종사하는

54　原州聯合考古隊,『北周田弘墓』(北京: 文物出版社, 2009).

55　Aleksandr Naymark, *Sogdiana, its Christians and Byzantium: a Study of Artistic and Cultural Connections in Late Antiquity and Early Middle Ages* (Ph. D. Dissertation. Bloomington: Indiana University, 2001).

상대商隊의 자금으로 비축된 것으로 한 명의 상인이 긴급한 상황 아래에서 매장한 것으로 추정된다. 7점의 은화 위에 소그드문자를 새겼는데 그 가운데 한점에는 소그드문으로 번영, 길상의 의미의 문자를 새겼다.[56]

비잔틴 금화 모조품의 제작과 유통과정에서 소그드, 유연, 돌궐, 카자흐 등의 역할에 대한 연구가 앞으로 더 필요할 것으로 생각된다. 중국에 유입된 비잔틴 금화는 돌궐을 통해서 들어온 것으로 추정한다.[57] 5-9세기 카자흐족의 활동지역에서 발견된 비잔틴 금화 모조품에 대한 프로코펜코Yurij A. Prokopenko의 연구에 의하면 5세기에서 6세기 초부터 해당지역에 비잔틴 금화가 출현하기 시작하였다.[58] 카자흐의 활동 지역에서 헤라클리우스와 헤라클리우스 콘스탄틴Heraclius Constantine(613-625)과 콘스탄트와 콘스탄틴 2세Constant and Constantine II (613-625) 등의 금화 모조품이 다수 발견된다. 특히 카자흐 활동지역 가운데 여러 곳에서 비잔틴 모조품을 제작하였을 것으로 추정한다. 카자흐족은 비잔틴과 돌궐 사이에서 군사 활동에 대한 보상품, 또는 소장자의 지위 과시용이거나, 종교적 부적의 용도로 비잔틴 금화를 모방 제작하였다. 주화에는 왜곡된 비잔틴 금화의 문자만이 아니라 유라시아의 룬 문자도 새겨서 소유자를 표시하였다. 따라서 소그드나 카자흐와 같이 바얀노르묘의 묘주가 속하였을 것으로 추정되는 철륵(회흘) 역시 유사한 상징성을 담아 다수의 비잔틴 금화 모조품을 부장하였을 가능성이 높다.

퀼 테긴과 빌게 카간 등의 돌궐 제사 유적지와 알타이지역의 돌궐계 묘, 그리고 중국 내의 아사나충묘과 같은 돌궐계 묘에서 비잔틴 금화가 특별히 출토되지 않는 점이 주목된다. 비잔틴 금화가 부장된 바얀노르묘는 돌궐에 속하는 것이

---

56 林英, 앞의 논문, pp. 124-129.
57 林英, 위의 논문, pp. 124-129.
58 李强, 앞의 논문; Yurij A. Prokopenko, "Byzantine Coins of the 5th- 9th century and Their Imitations in the Central and Eastern Ciscaucasus", Marcin Woloszyn ed., *Byzantine Coins in Central Europe between the 5th and 10th Century* (Kraków: Polish Academy of arts and Sciences, 2009).

아닌 다른 북방계통, 즉 철륵에 속하는 묘주에 의해 세워졌을 가능성이 높다. 여러 개의 구멍이 뚫린 비잔틴 금화 모조품이 옷의 장식물로 기능하였다면 스키타이 계통 묘와 말라야 페레시체피나 유물에서 보이는 다수의 황금장식품과 같은 상징성을 띠고 사용되었을 수도 있다.

티베리우스 2세의 금화 모조품은 티베리우스 2세가 아바르와의 관계에서 전쟁과 회유를 반복하며 매년 많은 양의 공물을 보낸 사실을 고려하면 투루판지역과 바얀노르지역을 잇는 중앙아시아계 문물의 유통범위와 교류관계를 보다 자세하게 고찰할 필요가 있다. 바얀노르묘 비잔틴 금화와 중국 내에서 발견된 예가 부장 수량과 형태에서 차이가 나는 것은 아마도 철륵부족 또는 현재의 몽골지역이 중앙아시아계 문화와의 교류에서 가졌던 성격을 드러내는 것으로 생각된다.

비잔틴 금화는 화폐의 주조시기와 중앙아시아, 중국으로의 유통 기간, 화폐로서의 기능을 하는 시기와 이후 화폐로서의 기능을 잃고 장신구로 사용되는 기간 등을 고려하면 묘의 편년에 결정적인 요인은 아니다. 그러나 해당 금화가 부장된 묘의 묘주의 활동상과 장의풍습을 알려준다. 헤라클리우스 금화가 서안과 요녕, 조양과 같이 멀리 떨어진 곳에 출토된 것은 비잔틴 금화의 부장 풍습을 가진 집단이 멀리 서쪽으로는 현재의 요녕성, 즉 고구려와 가까운 지역까지 들어와 활동하였을 가능성을 보여준다.

비잔틴 금화의 사례에서 보듯이 실크로드 상의 문화전파의 여러 다양한 루트를 검토할 필요가 있다. 1982-1985년 사이에 청해青海 도란현都蘭縣에서 발굴된 당대唐代의 토욕혼묘는 비잔틴 테오도시우스2세 금화와 함께 투루판 아스타나와 카라호토묘군 출토품과 비교되는 대량의 소그드계 직물이 출토되었다. 이러한 소그드계 직물들의 주요산지는 우즈베키스탄 부하라 부근의 소무구성昭武九姓의 안

국安國으로 추정되며 실크로드 남도南道 "청해도靑海道"의 산물이라고 할 수 있다.[59]

4. 맺음말

이상으로 바얀노르묘와 복고을돌묘에서 나온 토용과 목용, 그리고 비잔틴 금화에 보이는 문화적 특징을 살펴보았다. 비잔틴 금화는 유통과정의 특성상 바얀노르묘의 편년에 결정적 도움이 되지는 않으나 유사한 비잔틴 금화가 나온 다른 지역의 묘들과 비교한다면 동서교류로 상에 있는 지역 간의 문화적 교류관계를 밝힐 수 있을 것으로 생각된다.

두 묘에서 나온 토용과 목용은 중국의 섬서 서안의 초당시기 묘의 도용들과 종류, 형태면에서 유사성을 보이면서 중국의 영향을 강하게 받은 듯이 보이나 재료나 제작기법, 안료 사용에서 중원지역과 다른 특징이 관찰되며 특히 신강 투루판 아스타나묘군의 토용, 목용과 많은 친연성이 있다. 아스타나묘 출토 용류들은 소조의 제작기법과 안료 사용에서 중앙아시아지역 제작의 소조와 석굴 벽화와의 관련성이 지적되므로 바얀노르묘와 복고을돌묘의 용 역시 중국 출토 용과의 관계만이 아니라 중앙아시아 지역의 조각과 회화미술과의 연관성을 보다 더 고찰해야할 것으로 생각된다. 바얀노르묘에서 나온 약 40점의 비잔틴 금화는 중국에서 출토된 사례들과 비교하여 출토된 수량이나 제작방식, 부장방법 면에서 상당히 다른 양상을 보인다. 비잔틴 금화와 그 모조품이 출토된 각각의 묘에 대하여 동반 출토되는 중앙아시아계 유물들과 묘주와의 관계, 지역별 유통 경로와 제작기법과 제작지의 문제 등을 종합적으로 살펴본다면 동서문화에 있어서 보다 구체적인 교류상이 복원될 수 있을 것으로 생각된다. 또한 비잔틴 금

---

[59] 仝濤, 「靑海都蘭热水一號大墓的形制, 年代及墓主人身份探討」, 『考古學報』 4 (2012), pp. 467-487; 許紅梅, 「都蘭縣出土的東羅馬金幣考證」, 『靑海民族研究』 15-2 (2004), pp. 90-93.

화만이 아니라 바얀노르묘의 장법과 부장품의 종류와 배치에 대한 전체적인 고찰이 이루어지게 된다면 아직 묘주가 밝혀지지 않은 바얀노르묘의 묘주가 가졌던 문화적 배경에 대하여 보다 연구가 진행될 수 있을 것으로 생각된다.

제 3 부

6-8세기 몽골 초원의
제사유적과 석인상 연구

1. 머리말

몽골 초원의 흉노(기원전 209-기원후 93)에서부터 선비(1-3세기), 유연(330-555), 돌궐(552-745), 위구르(745-840), 거란(901-1125), 몽골(1271-1368)로 이어지는 역사와 문화 가운데 돌궐 시기의 고고미술은 고구려(기원전 37-기원후 668)와 발해(698-926)와 동시기로서 고대 한국의 대외교류에 있어 중요한 자료이다.[1] 몽골 오

---

1   제3부의 전반부의 몽골의 6-8세기 제사유적과 석인상의 개관 부분은 2018년 7월 미국 펜실베이니아대학교 낸시 스타인하트 교수와 몽골과학기술대학교 에르데네볼드 교수와 함께 몽골의 돌궐, 위구르, 몽골시대 유적을 답사하고서 2018년 8월 25일 중앙아시아학회 하계학술대회에서 「몽골 초원의 6-8세기 미술」이라는 제목으로 발표한 내용을 수정하여 2018년 『중앙아시아연구』에 실은 것임. 박아림·L. 에르데네볼드·낸시 S. 스타인하트, 「6-8세기 몽골 초원의 제사유적과 석인상 연구」, 『중앙아시아연구』 23-2 (2018), pp.143~168.
후반부의 시베트 올란을 중심으로 몽골 7-8세기 석인상을 살펴본 부분은 2019년 10월 27일 미국 펜실베이니아대학교 Middle-Period Mongolian Archaeology Conference에서 발표한 "Stone Statuary of the Turk of the 7th and 8th Centuries"를 수정 보완하여 2019년 12월 『중앙아시아연구』에 게재한 논문임. 박아림, 「몽골 초원의 6-8세기 석상 연구 -시베트 올란 제사유적을 중심으로-」, 『중앙아시아연구』 24-2 (2019), pp.33-59. 2018년 몽골의 돌궐 제사유적과 석인상에 대한 답사를 같이 하고 몽골 석인상에 대한 연구를 할 수 있도록 격려해주신 펜실베이니아대학교 Nancy S. Steinhardt 교수님, 2019년 학술대회 발표 후 돌궐 석인상에 대한 중요 자료를 보내주신 Christopher Atwood 교수님, 돌궐과 위구르 제사유적에 대한 이해에 조언을 해주신 정재훈 교수님께 감사드린다. 또한 몽골어 표기법에 대하여 도움을 주신 김장구 선생님께 감사를 드린다. 2018년 방문한 제사유적은 부구트 제사유적, 시베트 올란 제사유적, 빌게 톤유쿠크 제사유적, 이흐 하노이 노르 제사유적, 타르닌 골 제사유적, 나린 후렘트 제사유적 등이다. 2019년 방문한 제사유적은 빌게 카간과 퀼 테긴 제사유적, 바가 놈곤 제사유적, 하야 호다그 제사유적, 군부르드 제사유적, 알틴 탐간 타르한 제사유적, 시베트 톨고이 제사유적, 시베트 올란 제사유적 등이다.

르혼 강 상류 호쇼 차이담에 중심을 둔 동돌궐 제국은 만리장성부터 바이칼호까지 홍안령 산맥에서 알타이 산맥 너머까지 영토를 차지하였다. 몽골의 역사에서 해당 시기에 해당되는 6-8세기 미술을 연구하기 위하여 돌궐 시기의 묘장, 제사유적, 유물들을 수집하고 정리하여 6-8세기 초원의 미술을 복원할 필요가 있다.

몽골 초원의 6-8세기 돌궐시기의 미술에서 돌궐의 제사유적과 석상은 제사유적의 건축 및 제사의 형식과 초원로의 조각의 발달을 살펴볼 수 있다는 점에서 중요한 연구주제이다.[2] 돌궐시기 제사유적과 석인상은 몽골, 시베리아 남부, 알

---

2 몽골 돌궐 제사유적과 석인상에 대해서는 정재훈, 『돌궐 유목제국사 552-745』(사계절, 2016), pp.509-550, pp.600-619; 윤형원, G. 에렉젠, 「몽골 석인상의 편년과 상징성에 대한 일고찰」, 『중앙아시아연구』11 (2006), pp.197-209; 김용문, G. 에렉젠, 「몽골석인상의 복식연구」, 『한복문화』11-3 (2008), pp.193-205; 양민지, 손영훈, 「괵투르크 석인상과 발발(balbal)의 의미와 기능에 대한 고찰 -투르크 영혼관을 중심으로-」, 『中東研究』35-3(2017), pp.75-102; Ч. Амарт үвшин, Б. Бадма-Оюу, Монголын хүн чулуу (Монгол Улсын Шинжлэх Ухааны Академи, Түүх, Археологийн Хүрээлэн), Улаанбаатар, 2016, Тал 35-158; 森安孝夫・オチル, 『モンゴル国現存遺蹟・碑文調査研究報告』(大阪: 中央ユーラシア学研究会, 1999); 林 俊雄, 「モンゴリアの石人」, 『国立民族学博物館研究報告』21-1 (1996), pp.177~283; 林 俊雄, 『ユーラシアの石人』(東京: 雄山閣, 2005); Hayashi Toshio, "On the Origin of Turkic Stone Statues", *International Journal of Eurasian Studies* Vol. 1(2011), pp.181-198; Hayashi Toshio, "Several problems about the Turkic stone statues", Matteo Compareti, Paola Raffetta, Gianroberto Scarcia, *Ērān ud Anērān. Studies presented to Boris Ilich Marsak on the occasion of his 70th birthday* (Libreria Editrice Cafoscarina, 2001), pp.221-240; 任實磊, 『新疆地區的突厥遺存與突厥史地研究』, 西北大學 博士學位論文(2013); 新疆維吾爾自治區文物局, 『新疆草原石人與鹿石』(北京: 科學出版社), 2011.
몽골 중부지역 제사유적과 알타이지역 제사유적에 대해 최근에 나온 박사학위 논문으로는 Ринчинхоролын Мөнхтулга, "Эртний түрэгийн язгуурны тахилын онгоны судалгааны зарим асуудлууд" (Улаанбаатар: Улаанбаатар их сургууль, 2019); Тумур-Очир Идэрхангай, "Тюркские оградки монгольского алтая: систематизация, хронология и интерпре тация" (Барнаул: Алтайский государственный университет, 2017).
몽골의 돌궐 석인상에 대한 연구사와 사진, 도면 등의 정보는 고대 투르크 비문에 대한 종합 정리 작업을 한 카자흐스탄의 정보망 TURIK BITIG(http://bitig.org)와 카자흐스탄의 International Turkic Academy에서 제작한 ATALAR MIRASI MEDIA FUND(http://atalarmirasi.org/)에서 볼 수 있다. 몽골의 돌궐 제사유적지에 대해 현재까지 나온 연구 논저를 pdf 파일로 제공하고, 석비와 석상에 대한 사진과 실측 자료 및 도면 등을 제공하고 있다.

타이, 투바, 카자흐스탄, 그리고 중국 신강에 걸쳐 넓게 분포한다. 돌궐의 제사유적은 피장자의 신분에 따라 귀족계급(지배층)의 제사유적과 일반인의 제사유적으로 나눈다.

돌궐시기 제사유적과 석인상 편년에서 가장 확실한 자료는 비석과 석곽 및 석인상의 몸체에 새겨진 룬 돌궐 문자와 소그드 문자이다. 돌궐제1제국시기에 제작된 것으로 추정하는 제사유적과 석인상은 소그드 문자가 새겨진 비석이 세워진 몽골 아르항가이 아이막 부구트 솜의 부구트 제사유적(580년대 제작 추정)과 석인상 몸체에 소그드 명문이 새겨진 중국 신강 소소현昭蘇縣 소홍나해묘지석인小洪那海墓地石人(약 599-604)이다. 돌궐제2제국시기인 8세기에 세워진 톤유쿠크暾欲谷(720), 퀼 테긴闕特勤(732), 빌게 카간毗伽可汗(735), 이흐 호쇼트(742-745), 옹긴 강(731-732) 제사유적에서는 룬 문자가 확인된다.

현재까지 발굴된 돌궐 제사유적은 퀼 테긴 제사유적, 빌게 카간 제사유적, 빌게 톤유쿠크 제사유적, 시베트 올란 제사유적 등이다. 또한 2018년 몽골국립박물관에 의해서 하야 호다그 제사유적이, 2019년 군 부르드 제사유적이 발굴되었다.

돌궐 제사유적에 대해 최근에 이루어진 주목할 만한 발굴 중의 하나는 오사카대학의 오사와 다카시 교수가 몽골 과학아카데미 고고학연구소와 2017년 5월 수호바타르 아이막 툽신 시레 솜에서 공동 발굴한 동고인 시레 제사유적(그림1)이다. 3-4m 높이의 거대한 비석에 돌궐 문자와 30개의 탐가가 새겨진 비문이 발견되었다. 동고인 시레 유적에 대해서는 2017년 몽골 과학아카데미 역사고고학연구소와 오사카대학교가 공동으로 유적의 발굴과정과 석비들의 종류와 치수,

---

각 유적지의 도면과 유적지별 석상의 수, 형식, 시기의 비교는 林 俊雄,「モンゴリアの石人」, 『国立民族学博物館研究報告』 21-1 (1996), pp. 177~283; 森安孝夫·オチル,『モンゴル国現存遺蹟·碑文調査研究報告』(大阪: 中央ユーラシア学研究会, 1999); 林 俊雄,『ユーラシアの石人』(東京: 雄山閣, 2005), pp. 238-239 참조. 아래의 표11과 12는 연구자의 답사 사진과 위의 사이트와 조사보고서에 기반하여 작성하였다.

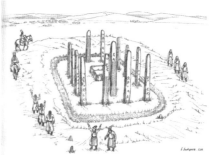

그림 1 | 동고인 시레 제사유적과 복원도

석비에 새겨진 탐가 등을 정리한 발굴보고서가 나왔다.[3]

초원로의 6-8세기 제사유적과 조각상 연구에서 특히 주목되는 것은 최근 5년 간 발굴이 지속된 몽골 볼간 아이막 바얀아트 솜 시베트 올란의 제사유적이다.[4] 시베트 올란 유적은 제사유적의 입지, 제사건축물의 평면, 발견된 조각상의 종류와 개수 등 여러 면에서 기존의 제사유적들과 차별성이 있어 주목을 요한다. 시베트 올란 제사유적과 같이 석양상과 석사자상이 인물석상과 같이 갖추어진 돌궐 제사유적들은 옹고드 제사유적, 빌게 톤유쿠크 제사유적, 퀼 테긴 제사유적, 빌게 카간 제사유적, 퀼 초르 제사유적 등이다.

다음에서는 몽골의 6-8세기 제사유적과 석인상의 발달을 몽골 초원의 석각 전통과 중국 능묘 석상의 영향 면에서 살펴본다. 먼저 6-7세기경으로 추정되는 제

---

3 Б. Цогтбаатар, Н. Эрдэнэ-Очир, Т. Осава, Г. Лхүндэв, Ш. Сайто, Б. Батда лай, Э. Амарболд, Г. Ангарагдөлгөөн, Донгойн ширээ"-ний дурсгалын а рхеологийн судалгаа (Дорнод Монголын эртний Түрэгийн үеийн түүх, археологийн судалгаа төслийн 2015-2016 оны малтлага судалгааны үр д үн) Улаанбаатар. Чөлөөт хэвлэл сан, 2017.

4 2016년에 나온 시베트 올란 발굴보고서는 Zainolla Samashev, Damdinsurengiyn Tsevendorzh, Akan Onggaruly & Aidos Chotbayev, *Shiveet Ulaan ancient Turkic Cult and Memorial Complex* (Astana: Ministry of Education and Science of the Republic of Kazakhstan, 2016).

사유적을 살펴보고, 다음으로 석곽, 사당, 비석과 석상이 조합된 8세기에 조성된 제사유적들을 알아본다. 아직 연구의 초기 단계여서 부족한 점이 많으나 시론적인 성격으로 돌궐의 고유한 묘제와 중국 장의미술의 영향이 반영된 몽골 소재 돌궐의 제사유적과 석인상에 대해 개관한다. 또한 중국의 당대 능묘의 석상과 비교하여 당대 미술과의 연관 관계를 살펴본다. 돌궐시기 제사유적과 석상의 전반적인 발달의 고찰은 현재 남아있는 6-8세기의 돌궐 제사유적의 석인상이 원지를 벗어나거나 머리, 손 부분 등이 파손된 상태여서 어느 정도까지 진정성을 가진 유물과 유적으로 판단할 수 있는지 어려움이 있으나 현재 남은 자료로서 부족하지만 초원로를 따라 발달한 제사유적과 석상의 특징을 고찰하여 초원로의 미술을 복원하고자 한다.

2. 몽골의 돌궐 제사유적

1) 6-7세기의 제사유적

아르항가이 아이막 부구트 솜 바얀 차간 골 지역의 부구트 산에서 10㎞ 서쪽에 위치한 부구트 제사유적은 타스파르 카간(타발가한, 재위 572-581)이 다스리던 기간 중인 580년대 세워진 것으로 추정한다.[5] 소그드문자가 기록된 비석과 귀부龜趺는 현재 아르항가이 아이막의 체체를렉 박물관으로 옮겨 세워져 있다(그림 2).〈표11〉 부구트 비석은 귀부 위에 소그드 문자가 기록된 비석이 세워져 있으며 이수 부분에 돌궐 건국 설화의 상징인 이리가 새겨져 있어 소그드와 돌궐 문화가 혼용되었다.

---

5 정재훈,『돌궐 유목제국사 552-745』(사계절, 2016), p.202.

그림 2 | 체체를렉박물관 전경(좌), 〈부구트 비석〉(우), 체체를렉박물관

〈표11〉 돌궐의 제사유적과 석인상[6]

	유적	위치	연대	평면도	외관전경
1	부구트 제사 유적	아르항 가이 아이막 부구트 솜	6세기		

6 각 유적지의 도면과 사진은 저자의 답사 촬영사진과 다음의 자료들을 종합하여 작성하였음.
    林 俊雄,「モンゴリアの石人」,『国立民族学博物館研究報告』21-1 (1996), p. 270, 274.; 森安孝
    夫・オチル,『モンゴル国現存遺蹟・碑文調査研究報告』(大阪: 中央ユーラシア学研究会,
    1999), pl. 2a, 4a; 林 俊雄,『ユーラシアの石人』(東京: 雄山閣, 2005), 도 139; В. Е. Войтов,
    Древнетюркский пантеон и модель мироздания в культово-поминаль-
    ных памятниках Монголии VI-VIII вв. Москва. Изд-во Государственного
    музея Востока, 1996, figs. 7, 15, 39.

	유적	위치	연대	평면도	외관전경
2	소홍 나해 묘지 석인	중국 신강 소소현	599 ~604년		
3	옹고드 제사유적	투브 아이막 알탄볼락 솜			
4	시베트 올란 제 사유적	볼간 아이막 오르혼 솜 아르훈디	7세기 경		
5	빌게 톤 유쿠크 제사유적	투브 아이막 에르데네 솜 바얀 촉트	8세기 전반		
6	퀼 초르 제사 유 적	투브 아이막 델게르한 솜 이흐 호쇼트			
7	퀼 테긴 제사 유적	아르항 가이 아이막 호쇼 차이담	731년		

	유적	위치	연대	평면도	외관전경
8	빌게 카간 제사 유적	아르항 가이 아이막 호쇼 차이담	735년		
9	일 에트미쉬 야브구 제사유적 (옹긴 제사유적)	우부르 항가이 아이막 오양가 솜	730년대 추정		
10	올론 노르 제사 유적	바얀 홍고르 아이막 갈로트 솜			
11	모하르 제사 유적	투브 아이막 알탄 볼락 솜			
12	알틴 탐간 타르한 제사 유적	볼간 아 이막 모 고드 솜			

	유적	위치	연대	평면도	외관전경
13	이흐 하노이 노르 제사 유적	아르항 가이 아이막 에르데네 만달 솜			
14	타르닌 골 코그네 타르니 제사 유적	우부르 항가이 아이막 부르드 솜			
15	하르 아미트 석인상	바얀울기 아이막 올란호스 솜			
16	나린 후렘트 유적	볼간 아이막 사이한 솜			

비석과 귀부가 박물관으로 옮겨진 이후 제사유적에 남아있는 석물들의 상태는 정확치 않다. 제사유적은 장방형 토성(59×30m), 장방형 기단(36×22m), 해자(너비 4-5m, 깊이 2m), 비석(길이 198㎝, 너비 70㎝, 두께 20㎝, 소그드문자), 귀부(124×93×48㎝), 장방형 적석기단(7.5×7.5m), 중심부의 기대(1m), 대소 적석과 판석, 토성 외측 발발(길이 300m)과 토성 내측 발발(길이 9m)로 구성되었다. 하야시 토시오는 토성 내외의 발발은 총 276기이며, 그 가운데 6기가 토성 내부에 있다고 하

였다. 토성 동남쪽 면에 출입구가 위치한 것으로 추정된다. 장방형 기단의 북서쪽에 있는 장방형 적석기단의 중심부에는 도굴꾼들이 파낸 흔적이 있는데 카간의 화장 유골이 있었을 것으로 추정된다. 기단 중앙에 사당 건물의 기둥을 세운 구멍을 발견하였다. 사당 건물은 다각형 평면으로 동남쪽에 통로가 있다. 지면에서 많은 기와 조각이 발견되었다. 토성 내측 6기의 발발은 돌궐제2제국 제사유적 내에서 보이는 다소 고졸한 형상의 발발형 조각상의 선구로 여겨진다.[7]

비석과 귀부를 포함 석각 일부가 박물관으로 이동한 상태여서 환조의 석인상과 동물상의 존재 유무는 명확하지 않다. 돌궐의 초기 제사유적에서 언제부터 석인상과 동물상의 결합이 이루어졌는지 그것이 중국의 영향인지, 돌궐 자체에서 발전한 것인지 더 살펴보아야 할 것이다. 현재로서는 부구트 제사유적에는 비석과 발발 외에 환조의 인물상과 동물상의 조합이 관찰되지 않으므로 6세기경에는 비석과 인물·동물 석상의 조합으로 구성된 제사유적의 형태가 아직 보편적으로 갖추어지지 않았음을 알 수 있다.

조각상의 초보적인 제작 특징으로 미루어 이른 시기의 제사유적으로 여겨지는 옹고드 제사유적은 투브 아이막 알탄볼락 솜에 위치한다. 장방형 토성(40×60m), 토성 중앙의 기단(20×40m), 기단의 동남부에 벽돌로 세운 사당 건축 유구(깊이 3.4m, 너비 2.1-2.3m)가 있다. 약 2000점의 벽돌과 기와, 토기, 동물 뼈 등이 발견되었다. 돌궐시기 제사유적 가운데 가장 많은 수의 석상과 발발이 남아있다. 석곽, 34기의 석인, 1기의 석사자, 1기의 석양, 552기의 발발(2.2km)로 구성되었다(그림3).[8] 사격자문斜格子文의 석곽(2.5×2.5m)과 동물석상은 시기가 내려갈 가

7　林 俊雄, 앞의 책, pp.74-77, 238-239; 林 俊雄, 앞의 논문 (1996), pp.177~283; Hayashi Toshio, op.cit., 2011, pp.181-198; Cengiz Alyılmaz, "On the Bugut Inscription and Mausoleum Complex", Matteo Compareti ed., *Ērān ud Anērān. Studies Presented to B. I. Marsak* (Libreria Editrice Cafoscarina, 2006), pp.51-60; 森安孝夫·オチル, 『モンゴル国現存遺蹟·碑文調査研究報告』(大阪: 中央ユーラシア学研究会, 1999).

8　Ч. Амартүвшин, 앞의 책, 도 128. 옹고드 제사유적의 발굴과 연구사에 대해서는 林 俊雄, 앞의 논문 (1996), p.219; 林 俊雄, 위의 책, pp.85-91.

그림 3 | 옹고드 제사유적 전경, 투브 아이막 알탄볼락 솜

능성이 높다. 석인은 두상이 몸체에 비하여 크고 둔중하며 두 손을 가슴이나 배 앞에 모으고 서 있다. 옹고드 유적의 석인은 다른 돌궐 제사유적에서 보이는 환조의 석인보다는 발발의 형태에 가까워 조각의 수준이 높지 않다. 바야르는 석인이 잔을 들고 있지 않고, 옷과 무기 등이 표현되지 않아 유연 시기의 것으로 추정하기도 하였다. 보이토프는 옹고드 유적이 이중의 층위로 이루어져 있으며, 두 번째 층은 돌궐제2제국에 속하는 것으로 보았다. 보이토프는 옹고드 유적을 645년경 죽은 설연타薛延陀의 이남夷男(진주비가가한眞珠毗伽可汗)을 기리기 위해 조영한 묘로 추정하였는데 이남이 돌궐제1제국이 멸망한 후 톨 강 이북을 차지하였기 때문이다.[9] 중국과 교류하는 과정에서 이남이 재위 기간 중 중국으로부터 석양과 석사자상의 형식을 가지고 들어온 것으로 보았다. 석양의 왼쪽 다리 부분에는 탐가가 새겨져 있다. 석사자는 머리가 둥글게 조각되었으며 기대 위에

9 　夷男(?~645)은 薛延陀 유목국가의 건국자로 원래 突厥에 속해 있다가 貞觀 元年(627)에 迴紇 등과 같이 반란을 일으켜 突厥을 패배시키고 난 다음 貞觀 3년(630) 唐朝에 사신을 보내 眞珠毗伽可汗으로 冊封을 받았다. 직후에 突厥이 붕괴되자 漠北을 차지하게 되었다. 『舊唐書』卷199上·下 열전 第149 東夷·北狄. 鐵勒; 동북아역사재단 편, 『舊唐書 外國傳 譯註』(동북아역사재단, 2011); 林 俊雄, 위의 책, p.88.

앞다리를 세우고 앉아 있다. 석양은 뿔을 포함한 머리 부분은 둥글게 환조로 조각하였으나 머리 아래 부분은 세부를 거의 조각하지 않아 미완성 작품으로 추정하기도 한다. [10]

돌궐제1제국시기의 제사유적의 각 구성요소의 기원에 대해서 살펴보면, 돌궐 기원으로 보는 것은 발발이다. 해자로 둘러싸인 장방형 토성은 기원이 명확하지 않으나 출입구가 동 또는 동남향인 것은 선-스키타이 시대 이래 초원 유목민이 가지고 있던 전통에 기인한다고 본다. 다음으로 적석 기단의 기원도 분명하지는 않으나 기단에 세워진 사당 유적에서 발견되는 기와는 중국 건축 양식에서 온 것이다. 귀부 위에 비석을 세운 것도 중국 기원이나 비석에 새겨진 명문은 부구트 유적의 경우 소그드문자이다. 보이토프와 하야시 토시오가 돌궐제1제국시기의 제사유적으로 보는 부구트, 체추흐Tsetsuukh, 바얀 차간 훈디Bayan Tsagaan hondii 제사유적 등은 발발을 제외한 석인상이 없다는 점이 주목된다. 체추흐 유적은 보이토프가 이데르Ider 유적으로 부른 곳으로 하야시 토시오는 이데르 강 지역에 여러 고고유적이 있고, 이데르 강의 지류인 데드 체추흐 강에 위치하여있어 체추흐 유적으로 명명하였다. [11] 부구트와 체추흐 제사유적에는 귀부가 남아 있다. 그러나 6세기로 추정하는 중국 신강 소홍나해석인상으로 보아 이미 돌궐제1제국시기에 서돌궐지역에서는 석인상이 제작되었다는 것을 알 수 있다. [12]

시베트 올란 제사유적은 볼간 아이막 바얀악트 솜 아르 훈디의 하누이강 계곡의 동서로 놓인 작은 야산의 정상(높이 해발 1340m)에 위치한다. 2016년부터 몽골과 카자흐스탄이 공동 발굴하고 있는 유적이다(그림4). 대부분 평지에 위치한 돌

---

10 林 俊雄, 위의 책, p.86.

11 林 俊雄, 위의 책, p.77.

12 В. Е. Войтов, Древнетюркский пантеон и модель мироздания в культово-поминальных памятниках Монголии VI-VIII вв. Москва. Изд-во Государственного музея Востока, 1996; 林 俊雄, 『ユーラシアの石人』(東京: 雄山閣, 2005), pp.74-84; Hayashi Toshio, op.cit., 2011, pp.181-198.

그림 4 | 시베트 올란 제사유적, 구글 어스(상), (중), 시베트 올란 제사유적 전경(하)

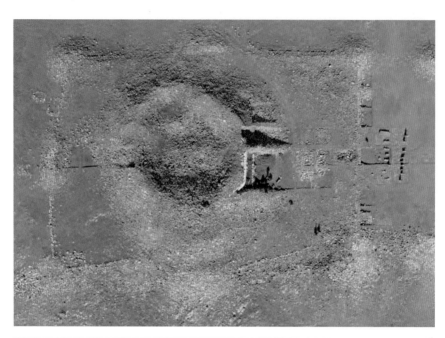

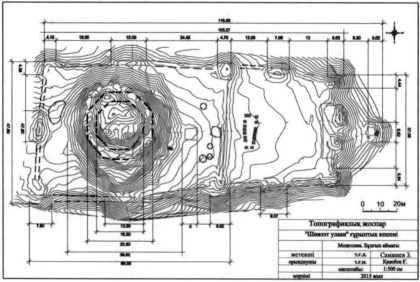

그림 5 | 시베트 올란 제사유적 항공사진(상), 시베트 올란 제사유적 평면도(하)

그림 6 | 시베트 올란 제사유적 전경

그림 7 | 〈비석 기대〉, 시베트 올란 제사유적

그림 8 | 〈비석〉, 시베트 올란 제사유적

퀄 제사유적과 달리 비교적 낮은 산의 정상에 위치한다.

동향의 제사유적의 전체 크기는 120×45m이며 정상에 높은 적석기단을 쌓았고 기단 위에는 팔각형 사당 건물지가 있다. 사당 건축 유지의 기단 직경은 약 50m, 상부의 직경은 22.5m이다. 현재 남은 높이는 약 4m이다. 성벽에는 12기의 각루가 있다(그림5).[13] 2015년의 조사에 의하면 제사유적의 중심의 팔각형 건물지는 적색 사암으로 만들어진 반면 제사유적 내의 다른 건물들은 회색 또는 어두운 화산암으로 만들어졌다.

조각상으로는 제사유적의 동사면 아래에 약 11기의 석인, 8기의 석사자(2기의 왼쪽 뒷다리에 염소형 탐가 문양), 6기의 석양이 있다(그림6). 제사유적의 동쪽 끝에는 석퇴 위에 방형 비석 대좌(길이 1.54m, 너비 1.04-0.83m, 두께 0.55m)가 있다(그림7). 60여 개의 탐가가 불규칙하게 새겨진 비석(높이 2.24m, 너비 0.82m, 두께 0.24m)은 현재는 조각상들과 같이 적석 기단 앞에 놓여있다. 중국식 비석 형태이나 귀부가 아닌 방부의 기대를 갖고 있고 이수는 없다(그림8). 제사유적의 앞쪽은 급격한 경사면이어서 평지에 세워진 돌퀄 제사유적과 달리 열을 지어선 발발이 관찰되지 않는다.

시베트 올란 제사유적은 1909-1912년 몽골 중앙과 북부지역을 탐사한 핀란드 학자 구스타프 욘 람스테트Gustaf John Ramstedt(1873-1950), 고고학·인종사학자인 사카리 펠시Sakhari Pelsi(1882-1965), 그리고 언어학자 아르보 소타발타Arvo Sotavalta(1889-1950)에 의해서 최초로 발견·조사되었다.[14] 람스테트에 의하여 유적지의 전체 도면과 복원도, 인물과 동물 조각상의 사진과 스케치가 기록되었다. 20세기 초의 유적지의 상태를 잘 보여주는 람스테트의 조사기록은 시베트 올란에 대한 가장 이른 시기의 연구로서 가치가 있으며 후대에 여러 곳에 흩어

---

13   林 俊雄, 앞의 논문 (1996), 앞의 책, pp. 207-209.

14   G. J. Ramstedt, J. G. Grano, Pentii Aalto. "Materialien zu den alttürkischen Inschriften der Mongolei", *JSFOu*, 60, Helsinki, 1958, 7, pp. 62-76.

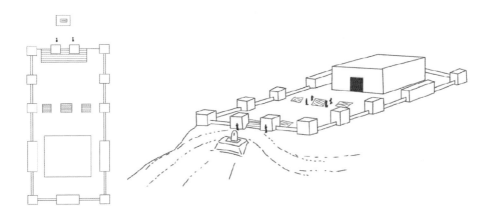

그림 9 | 람스테트의 평면도와 복원도

진 조각상들을 복원하는데 도움이 된다. 람스테트가 만든 제사유적 복원도는 담으로 둘러싸인 제사유적의 동서남북 사면에 각루가 여러 개 세워져 있다. 제사유적의 동쪽에는 방형 기단 위에 석비가 세워져 있고 제사유적의 서쪽 끝에는 장방형의 평천장이 덮인 제사사당이 있다(그림9).[15]

2016년의 발굴보고서의 복원도에 의하면 제사유적의 사면에 문이 있으며 제사 유적의 서쪽에는 중국식 기와가 얹힌 이층의 팔각형 평면의 사당이 있다(그림10).[16] 사당의 앞쪽에는 비석, 석인상, 그리고 석양상의 순으로 지면을 한 단씩 낮춰 배치하였다.

---

15   1927년에는 부리야트 학자 발지 밤바에프(Балжи Бамбаев)가 시베트 올란 유적의 8점의 석상에 대하여 관찰하고 기록하였다. 이 시기에 지역주민 담딘수렌(Д. Дамдинсүрэн)이 몽골의 불교경전 연구기관에 제사유적에 대하여 보고하였다. 1976년에는 몽골 역사고고학연구소의 고고학자 체벤도르지(D. Tseveendorj)가 시베트 올란 제사유적을 조사하였다. 또한 소비에트-몽골 공동 역사문화탐사단의 보이토프(B. E. Войтов)와 코레네프스키(C. H. Кореневский)가 제사유적을 조사하였다. 코레네프스키의 1976년 제사유적 도면은 원형에 가까운 8각형의 사당 유지를 보여준다. 시베트 올란 제사유적의 편년과 연구사에 대해서는 Samashev, 앞의 책, pp. 172-173; TURIK BITIG(http://bitig.org); ATALAR MIRASI MEDIA FUND(http://atalarmirasi.org) 참고

16   2016년 발굴보고서의 복원도는 Samashev, op. cit., 도 106-107, 113

그림 10 | 시베트 올란 제사유적 복원도

시베트 올란 제사유적의 석상들은 아르항가이 아이막 하이르한 솜 문화센터와 볼간 아이막 에르데네트시 박물관에 흩어져 있다가, 몽골과 카자흐스탄이 공동 발굴을 진행하면서 유적지로 모두 옮겼다.[17] 시베트 올란 석인상들은 대부분입상으로 빌게 카간 제사유적이나 시베트 톨고이 제사유적과 같은 묘주의 좌상은 보이지 않는다. 대부분 머리가 없어진 석인상들은 번령의 복식을 입고 있는입상으로 들고 있는 지물에서 약간씩 차이가 있다. 시베트 올란의 대부분의 석인은 돌궐 고유의 복식을 입은 모습이다.

비문의 좌대가 귀부가 아니라 방부이며 한자가 아닌 탐가를 새겨 고유의 문화를 보여주는 한편, 제사유적 전면에 중국식 비석을 세운 것은 중국의 영향을 받

---

17 1956년에는 몽골고고학자 도르지수렝(Ц. Доржсүрэн)이 유적을 조사하고 사진을 촬영하였는데 도르지수렝에 의하면 밤바에프가 유적을 방문했을 때 관찰하였던 8기의 석상들은 머리 부분이 완전히 파괴되었고, 몇몇 석상 조각은 이미 1930년에 라마승려들이 사원의 뜰에 예배 제단을 만들기 위해 아르항가이 아이막 하이르한 솜으로 옮겼다고 전한다. 이들 석상들은 2015년경까지 하이르한 솜 박물관 앞뜰에 놓여 있다가 2016년 이후 발굴이 진행되면서 원지로 다시 옮겨졌다. 연구자가 2018년 7월 하이르한 솜 박물관을 방문하였을 때는 이미 원지로 옮긴 상태였다.

은 것이다.[18] 산 위에 위치한 입지적 특징이 유사한 또 다른 돌궐 제사유적으로는 시베트 톨고이 제사유적이 있다. 장방형의 담이 둘러싼 가운데에 정방형의 제사유적 기대가 남아있다.

시베트 올란 제사유적의 묘주에 대해서는 1977년 클랴쉬토르니이С. Г. Кляшторный가 쓴 논문에서는 시베트 올란 제사유적이 돌궐제2제국을 건국한 일테리쉬 카간(쿠틀룩, 재위 682-692)을 위해 지어진 것으로 비석의 탐가들은 제의에 참석한 부족들의 상징이라는 의견을 제시하였다. 1996년 보이토프В. Е. Войтов, 1997년 바야르Д. Баяр, 2002년 쿠바레프В. Д. Кубарев는 제사유적의 전체 구조와 조각상에 대한 연구를 발표한다.[19] 보이토프도 비석의 탐가가 돌궐제2제국의 일테리쉬 카간의 지지자들의 상징들이라고 보았다. 쿠바레프와 바야르는 보이토프의 책에 기반하여 편년을 다룬 논문에서 조각상의 도상학적 특징에 따라 제사유적을 7세기에서 8세기 전반으로 보았다. 바야르는 두 손을 모아 든 시W베트 올란 인물석상의 자세가 퀼 테긴 제사유적의 조각상들과 유사하고 비석의 탐가들이 고대 돌궐 부족들의 상징과 유사하다고 지적하였다. 시베트 올란 제사유적이 일테리쉬 카간을 위해 세운 것이라면 그의 형제인 카프간 카간이 권력을 가져 24년간 다스린 692-716년 사이의 기간에 조성된 것으로 보았다. 만약 시베트 올란 제사유적이 빌게 카간의 시기(716-734)에 세워졌다면 중국비문을 새긴 비석을 세우는 등 보다 중국적인 특징을 가지게 되었을 것이라고 하였다. 제사유적의 조각상의 도상학적 특징과 건축 구성요소 등으로 7세기 말에서 8세기 초로 편년하였다. 카프간 카간의 죽음 전, 즉 715년 이전에 이루어졌을 것은 분명하다고 보았다. 시베트 올란 제사유적의 편년에 대해서 6세기 이전, 7세기 말, 8세기 전반 등 다양한 의견이 존재하는 가운데 돌궐제2제국의 744년 멸망 후에 제사유적이 다

---

18   정재훈, 앞의 책, 2016, p.525.

19   Д. Баяр, Монголын төв нутаг дахь түрэгийн хүн чулуу. Улаанбаатар, 1997.

시 사용되었을 가능성도 배제할 수 없다고 하였다.

2015년에는 다르한 키드랄리Darkhan Kydrali와 가이불라 바바야로프Gaibulla Babayarov가 시베트 올란 제사유적의 역사와 조각 및 탐가에 대한 연구를 하여 시베트 올란 유적이 쿠틀룩 시기, 즉 일테리쉬 카간(682-691) 때에 건설되었다고 보았다. 비석에 약 50개의 탐가가 새겨진 것은 이 시기 동안 많은 돌궐 부족들이 하나의 정치 체제 아래 통합되었음을 보여준다고 해석하였다.[20]

시베트 올란 제사유적의 2016-2017년의 발굴 성과에 대한 보고논문에서는 2017년 7월 21일 행한 시베트 올란 제사 유적 내의 목재 탄소연대측정 결과 시베트 올란 유적의 조성시기는 665-671년 또는 685-691년에 해당하여 일테리쉬 카간의 재위기간인 682-691년과 부합하는 것으로 나왔다.[21]

정재훈은 일테리쉬 카간의 무덤으로 추정되는 시베트 올란 유적에서 비석의 존재가 확인되므로 돌궐 제사유적의 비석 제작은 제2제국 초기부터 시작된 것으로 추정하였다. 시베트 올란 유적은 잔을 받친 유목민 형상의 전형적인 석인과 함께 돌궐식 복장을 한 관리 모습의 석인, 그리고 사자와 양 등 동물 석상들이 남아있는데, 석상들의 사당 앞의 배치와 전면의 비석의 배치는 중국 당의 영향으로 보았다. 발발이 아닌 중국식 석상들을 세우는 예는 당의 기미지배 이후에

---

20   한편 라들로프(V. V. Radlov)와 말로프(S. E. Malov)는 일테리쉬 카간의 묘지를 우브르항가이 아이막의 옹고드 제사유적으로 보았다. 말로프는 옹고드 제사유적이 일테리쉬 카간이 죽은 이후인 약 690-706년에 세워진 것으로 보았다. 편년의 문제에 대해서는 Samashev, 앞의 책, pp. 171-176.

21   일본의 神奈川県 川崎市 加速器分析研究所의 방사성탄소연대측정 결과는 Д. Кадырали, Д. Цэвээндорж, А. Энхтөр, Н. Базылхан, К. Умиров, Н. Бөгенбаев, С. Далантай, Ц. Буянхишиг, Н. Мөнхбат, "Шивээт улаан-2016, 2017" археологиялық қазба зерт теу нәтижелер (Results of archeological excavations "Shiveet Ulaan -2016, 2017) (Халықаралық Түркі академиясы, Моңғолия Тарих, археология институт ының бірлескен экспедициясының ғылыми есебі [Brief scientific report of the joint expedition of the International Turkic Academy, Mongolian Institute of History and Archeology])" Астана, 2017 참조.

조성된 제사유적에서 보이며, 그 이전에는 돌궐 고유의 석인과 발발을 세우는 것이 보편적이다. 다수의 석물과 석인을 배치한 시베트 올란은 당의 기미지배 이후 당의 영향으로 제사유적을 조성하는 동시에 돌궐 고유의 특징도 보여주려고 하였다고 해석하였다.[22]

2) 8세기의 제사유적

다음으로 8세기 전반의 돌궐 제사유적으로는 빌게 톤유쿠크, 퀼 테긴, 빌게 카간의 제사유적이 있다. 일테리쉬 카간骨咄祿(재위 682-692)의 아들 퀼 테긴(684 또는 685-731), 퀼 테긴의 형 빌게 카간(재위 716-734), 빌게 카간의 장인 빌게 톤유쿠크(646-731 또는 732)의 제사 유적은 1889년에 발견되어 1889년 덴마크인 언어학자인 톰센에 의해 판독되었고, 이후 러시아 투르크학의 창시자 라들로프에 의해

그림 11 | **빌게 톤유쿠크 제사유적 전경**

---

22   정재훈, 앞의 책, pp. 523-527; 돌궐 군주 세계표는 정재훈, 앞의 책, pp. 642-645.

연구되었다. 1958년 체코의 발굴 이후 2000년대 터키와 몽골의 공동 발굴 조사가 이루어졌다.

일테리쉬 카간, 카프간 카간(692-716), 빌게 카간의 정치 고문이었던 빌게 톤유쿠크 제사유적(730-731)은 울란바토르 남동쪽 65㎞ 거리의 투브 아이막 에르데네 솜 바얀 촉트에 소재하고 있다(그림11). 장방형의 토성(55×42m)과 해자, 사당 건축물 유지, 유적 서부 중앙에 두 개의 원화문 석곽(2.25×1.25m, 1.7×1.7m), 두 개의 비석(남: 높이 236㎝, 둘레 153㎝, 북:높이 211㎝, 둘레 162㎝), 8기의 석상(본인1, 부인 1, 시종6), 286기의 발발(1.3㎞)로 구성되었다. 비석은 귀부나 이수가 없이 방형 기단 위에 세워져 있다. 고대 돌궐 문자로 쓰인 가장 이른 시기의 비문의 하나이다.[23]

투브 아이막 델게르한 솜에 위치한 퀼 초르 제사 유적은 주인공의 정확한 생몰 연대를 알 수 없으나 같은 투브 아이막에 있는 빌게 톤유쿠크 유적과 연관성이 높으며 전형적인 돌궐 양식으로 묘역을 조성한 것으로 추정된다.[24] 제사유적은 장방형 토성(53×35m, 너비 5m), 판석 단편(석곽 추정, 토성 서변西邊에서 약 10m), 비석(높이 1.90m, 너비 0.61m, 두께 0.20m), 두 장의 판석으로 만든 비석 대좌, 봉황문과 사자상 장식 석곽, 6기의 석인, 2기의 석사자, 2기의 석양, 165기의 발발(1㎞)로 구성되었다(그림12).

아르항가이 아이막 호쇼 차이담의 퀼 테긴 제사유적(731)은 토성, 사당 건축물 유지, 해자, 원화문圓花文 석곽, 귀부와 비석(높이 230㎝), 10기의 석인 좌상과 입상(퀼 테긴과 부인의 두상 각 1점, 시종상 7기, 발발 1기), 2기의 석사자, 2기의 석양, 사당 건물을 위한 정방형 기단(높이 86-88㎝, 한변 13m), 정방형 사당 유지(한변 길이

---

23   林 俊雄의 보고서에서는 첫 번째 석곽의 크기가 2.5×2.5m, 높이 1.5m이다. 林 俊雄, 앞의 논문 (1996), pp.217-218, 도XI-1~8. 林 俊雄의 표에서는 2.6×2.6m이다. 林 俊雄, 앞의 책, pp.238-239. 톤유쿠크 비문 제작시기는 Talat Tekin, 앞의 책, p.53.
24   정재훈, 앞의 책, p.526.

198   유라시아 초원 문화의 정수 몽골미술

그림 12 | 퀼 초르 제사유적 전경

그림 13 | 퀼 테긴 제사유적 전경

10.25m), 중앙에 구멍이 있는 정방형 석조물(석단 2.2×2.7×1.07m), 125기의 발발(길이 3㎞) 등으로 구성되었다(그림13). 사당 건축 시설을 둘러싼 토벽은 67.25×28.25m이다. 판축의 토벽 벽면에는 백색으로 회를 바르고 적색으로 칠하였다. 동측에는 폭 2.9m의 문이 있다. 문의 양측에는 한 쌍의 석양상이 배치되었다. 문에서 8m 거리에 2.25m 높이의 귀부비석이 서 있다.[25] 사당의 지붕을 장식한 것으로 생각되는 귀면와가 발견되었다. 사당의 벽면에는 벽화를 그렸는데 몽골 국립역사박물관에 벽화 잔편이 전시되어있다. 『구당서舊唐書』와 『신당서新唐書』의 기록에 현종이 퀼 테긴의 죽음에 금오위장군金吾衛將軍 장거일張去逸과 도관랑중都官郎中 여향呂向에게 조문을 하게 하여 사당의 벽에 전쟁 시의 모습을 그리도록 수공장인 6인을 보내 정세한 초상을 그렸다고 되어있다.[26] 사당의 가운데에 한 변 4.4m의 제2벽의 기초가 발견되었다. 내벽과 외벽 사이에 폭 1.82m의 회랑이 있다. 기둥은 16개로 12개는 외벽, 4개는 내벽의 네 모서리에 있다. 내벽으로 둘러싸인 내진內陣의 가운데에서 퀼 테긴과 그의 처로 생각되는 2기의 좌상의 하부가 발견되었다. 몽골과 터키 합동조사단이 유적을 재조사하면서 유적의 서측에서 좌측 다리 단편이 발견되었다. 대좌의 크기는 106×88㎝로 퀼 테긴의 좌상의 하부로 생각된다. 내진의 북벽과 남벽의 앞에서 중심을 향해 선 2기의 시자 석상의

---

25   林 俊雄, 앞의 책, pp.51-59; 林 俊雄, 앞의 논문 (1996), pp.205-206.

26   [개원] 20년(732)에 퀼특근이 죽자 [황제가] 조칙을 내려 금오[위]장군(金吾[衛]將軍) 장거일(張去逸)과 도관랑중(都官郎中) 여향에게 새서를 갖고 돌궐에 들어가 퀼특근을 조문하고 제사지내게 하면서 비석을 세웠는데, 황제께서 친히 비문(碑文)을 지었고, 또한 사묘(祠廟)를 세워 돌을 깎아서 상(像)을 만들고 네 벽면에는 퀼특근이 전쟁과 진영에 있었던 모습을 그리게 했다. 『舊唐書』卷194「突厥傳」. 동북아역사재단 편, 『舊唐書 外國傳 譯註 上』(동북아역사재단, 2011), pp.150-151; [개원] 19년(731) 퀼특근이 죽자 금오[위]장군(金吾[衛]將軍) 장거일(張去逸)과 도관랑중(都官郎中) 여향(呂向)에게 인장이 찍힌 조서를 받들고 장례를 조문하게 하고, 황제가 [그를] 위해 비문에 기록하게 하며 또한 묘와 상을 세워 네 벽면에는 싸우는 모습을 깎기 위해 좋은 수공장인 여섯 명을 보내 정확하고 닮게 그리게 했는데, [이는] 그 나라에 과거에 없었던 일이라 여긴 묵극련이 보고 몹시 슬퍼했다. 『新唐書』卷215上「突厥傳」. 동북아역사재단 편, 『新唐書 外國傳 譯註』(동북아역사 재단, 2011), pp.127-130, pp.497-505.

몸통 부분이 발견되었다. 2기의 좌상의 앞에는 3개의 깊은 구덩이가 있었는데 하나의 구덩이 안에서 퀼 테긴의 두상(높이 42.4㎝, 몽골 역사고고학연구소 소장)이 발견되었다. 사당의 뒤에는 원형의 큰 구멍이 뚫린 방형 석단과 방형 석곽이 나란히 놓여 있다. 석단은 가축 희생용으로 조로아스터교의 영향으로 추정한다.[27] 석곽을 구성하는 석판에는 원화문이 새겨져 있다. 사당 앞 양측에 세워진 석인 상의 수는 더 많았을 것이나 현재는 약 7기의 석인상이 확인되었다. 추정복원도에 의하면 석상열 가운데 좌상이 비석 양 옆에 한 쌍, 그리고 입상들 사이에 한 쌍이 있다.[28]

퀼 테긴 제사유적에서 약 1㎞ 거리의 빌게 카간 제사유적(735)은 빌게 카간이 734년 사망한 후 735년에 장례식을 치루고 9월 20일 제사 유적을 완성하였다. 토성(95×60m), 사당 건축물 유지, 비석(돌궐 문자, 아사나의 상징 탐가), 봉황문과 원화문 장식 석곽, 중앙에 구멍이 있는 정방형 석조 구조물(석단), 6기의 석인(본인 1/부인 1/시종 3/발발 1?), 1기의 석사자, 2기의 석양(①높이 86.5㎝, 길이 52㎝, ②높이 64㎝, 길이 72㎝), 발발(3㎞)로 구성되었다(그림14).[29] 비석에는 돌궐 문자와 아사나의 상징 탐가(문장)를 새겼다. 석곽의 판석에 봉황문과 원화문을 새겼다. 사당 뒤에 희생을 위한 석단을 설치하였는데 석단 옆에서 다양한 금은제품들이 발견되어 주목을 받았다(그림15). 빌게 카간 제사유적에서 나온 돌궐계통의 금속용기들은 알타이지역 돌궐시기 묘와 몽골 바얀노르벽화묘에서도 발견되었는데 돌궐시기 사묘의 제의 양상을 복원하는데 도움이 될 것으로 보인다.

선행연구에서는 빌게 톤유쿠크와 퀼 초르의 제사유적은 자주적 입장의 톤유쿠크가 죽을 당시 당과의 관계가 악화되어 중국의 지원 없이 자체 제작되어 비신만 만들어진 것으로 보았다. 빌게 톤유쿠크 제사유적의 독특한 구성 방식은

---

27 정재훈, 앞의 책, 2016, pp. 520-522.
28 林 俊雄, 앞의 책, pp. 51-57, 238-239.
29 林 俊雄, 앞의 책, pp. 238-239; 林 俊雄, 앞의 논문 (1996), pp. 205-207.

그림 14 | 빌게 카간 제사유적 전경

그림 15 | 〈은제 명기〉, 빌게 카간 제사유적 출토

전형적인 돌궐 양식으로 볼 수 있는 반면, 퀼 테긴과 빌게 카간 제사유적은 당 현종의 지원으로 중국적 특징이 발현되는 예이다.[30]

일테리쉬 카간의 동생이자 빌게 카간의 삼촌인 엘 에트미쉬 야브구(아사나돌실복阿史那咄 悉匐)로 추정되는 인물의 비문이 있는 엘 에트미쉬 야브구 제사유적(옹긴 제사유적, 730년대 추정)은 우부르항가이 아이막 오양가 솜 옹긴 강에 소재한다. 토성, 해자, 석곽, 비석과 귀부대석(145-150-143-148cm), 석인 7기(좌상 4기, ①높이 84cm, 어깨 너비 60cm, 두께 50cm,

---

30   정재훈, 앞의 책, pp. 523-527.

그림 16 | 옹긴 제사유적 전경, 우부르항가이 아이막 오양가 솜

②70×42×47㎝, ③63×45×47㎝ ④51×33×30㎝, ⑤-⑦은 1987년 보이토프와 바야르의 조사 시에 새롭게 추가됨, ⑤머리, 가슴, 하반신 일부 단편, 높이 40×50㎝, ⑥번은 바야르의 사진에 보이나 현재는 사라짐, ⑦번은 보이토프의 보고에 기록되었으나 현재는 사라짐. 장방형의 판석형으로 두상 부분은 사라지고 가슴 앞으로 들어 올린 팔 부분이 남아있고 몸앞에 염소 모양 탐가가 있음), 석양 2기, 발발 157기로 구성되었다(그림16). 네 명의 석인 좌상은 두상이 결실되었다. 손과 다리도 많이 파손되었는데 각각의 손의 모양과 앉은 자세가 차이가 있다. 가장 큰 좌상은 넓은 어깨에 당당한 몸체이며 다리 위에 얹은 팔 일부가 아직 남아있다. 크기가 비교적 작은 다른 3기의 좌상에 비하여 중심인물, 즉 묘주의 초상조각으로 보인다. 토성 안의 서쪽에 위치한 화강암 석곽 판석에는 화려한 화문이 장식되었다. 토성 중앙에 귀부 대석과 비석, 동쪽에 적석총 두 기가 있다.[31]

---

31   林 俊雄, 앞의 논문 (1996), pp.212-213, 도IX-9~15; Ч. Амартувшин, 앞의 책, 도 124; Takashi Osawa, "Revisiting the Ongi Inscription of Mongolia from the Second Turkic Qaganate on the basis of rubbing by G. J. Ramstedt", *SUSA/JFOu* 93 (2011), pp.147-185.; 정재훈, 앞의 책, pp.614-615.

그림 17 | 올론 노르 제사유적, 바얀홍고르 아이막 갈로트 솜

　그 외 인물상과 동물상이 조합된 제사유적으로 돌궐제2제국시기 귀족이었던
인 일리그 추르En Elig Čur에게 바쳐진 것으로 추정하는 올론 노르 제사유적은 바
얀홍고르 아이막 갈로트 솜의 올론 노르 계곡에서 몽골 과학아카데미 고고학연
구소에 의하여 2005년 발견되었으며 2008년 발굴 조사되었다.[32] 제사유적은 네
개의 판석으로 구성된 석곽, 석인상, 기와, 54기의 발발(석곽의 남동면에 위치, 길이
784m)로 구성되었다. 북서쪽의 판석을 제외한 세 개의 판석에는 초화문 장식이
있다(그림17). 동남쪽 판석에는 초화문 장식과 룬(돌궐) 문자가 발견되었고, 덮개
판석에도 룬 문자가 있다. 현재 2기의 석상은 바얀홍고르 역사박물관으로 옮겨

32　D. Bayar, R. Munkhtulga, S. Khurelsukh, "A report on the newly found memorial
　　inscriptions from "Olon Nuur" valley," *News of the Academy of Sciences*, Ulaanbaatar, 2(
　　2008), pp. 108-117.

그림 18 | 모하르 제사유적 전경, 투브 아이막 알탄볼락 솜

졌고 나머지는 유적지에 남아있다.

투브 아이막 알탄볼락 솜의 톨 강의 서북 강안에 위치한 모하르 제사유적은 토성, 해자, 석곽, 장방형 기대, 3기의 석인, 석사자, 석양, 발발로 구성되었다(그림18). 남아있는 석상들은 많이 훼손되어 형태가 분명하지 않다.

다음으로 동물상이나 비석이 없이 인물상과 석곽만 남아있는 제사유적이 있는데 카간급이 아닌 일반 귀족의 제사유적으로 생각된다. 이흐 하노이 노르 제사유적은 아르항가이 아이막 에르데네만달 솜에 위치한다. 토성(동서35m×남북 30m, 높이 30-40㎝)으로 둘러싸였으며, 원래는 두 개의 석곽이 있었으나 현재는 동측 석곽(동측 판석 최장 높이 135㎝, 너비 218㎝, 두께 14㎝, 북측 판석 높이 87㎝, 길이 180㎝, 두께 7㎝, 서측 판석 높이 106㎝, 길이 170㎝, 두께 11㎝, 남측 판석 높이 84㎝, 높이 180㎝, 두께 11㎝)만 남아있다(그림19). 동측 판석에는 룬 문자가 새겨져 있다. 석곽 앞에는 손에 잔을 든 남녀 좌상(두상 잔존 석인 높이 133㎝, 어깨 폭 53㎝, 두상이

그림 19 | 이흐 하노이 노르 제사유적 전경, 아르항가이 아이막 에르데네만달 솜

없는 석인 높이 76cm, 어깨 너비 54cm, 동측 판석 전방 배치)이 있다. 모두 머리 부분이 잘려져 있으나 두상(높이 77cm, 90cm) 한 점이 유적지에 남아있다. 묘주의 좌상만 있고 보좌하는 인물 입상이나 발발 석열이 남아 있지 않다.[33]

이상에서 살펴본 바와 같이 오르혼의 호쇼 차이담의 카간급의 큰 규모의 돌궐 제사유적은 토성과 해자로 둘러싸였으며 내부에 사당이 세워졌던 기단이 있다. 사당 안에는 추모하는 인물을 기념해서 세워진 석인상이 있고 사당의 밖에는 동쪽을 향하여 8-10기의 남녀입상과 좌상이 세워져있다. 사당의 뒤에는 네 개의 판석으로 세운 석곽이 있다. 명문 비석이 귀부 또는 방부의 대석 위에 세워지며, 사당 입구 근처에 사자나 양의 석상을 배치하고, 사당으로부터 동쪽으로 수직으로 세워져 있는 발발(석열)이 존재한다(그림20). 규모가 작은 제사유적에는 사당, 토성, 비석이 없고, 연속해서 2개 이상을 만들거나, 단독으로 만들어진 석곽과 석인상 및 석열만 있다. 제사유적 안에서는 말이나 양의 뼈, 철제 칼, 마구장식과

33　이흐 하노이 노르 제사유적과 에르데네만달 솜에 분포하는 다른 돌궐시기 제사유적에 대해서 林 俊雄, 앞의 논문 (1996), pp. 202-303, 도VII-13, 14 참조.

그림 20 | 돌궐 제사유적 모형, 호쇼 차이담 박물관(좌), 퀼 테긴 제사유적 복원도(우)

그림 21 | 〈퀼 테긴 석곽과 빌게 카간 석곽〉, 호쇼 차이담 박물관

그림 22 | 〈봉황문 석곽〉(상), 〈원화문 석곽〉(하), 빌게 카간 제사유적, 호쇼 차이담 박물관

그림 23 | 〈원화문 석곽〉, 퀼 테긴 제사유적, 호쇼 차이담 박물관

그림 24 | 〈원화문 석곽〉, 빌게 톤유쿠크 제사유적

그림 25 | 〈원화문 석곽〉, 동고인 시레 제사유적

그림 26 | 〈원화문 석곽〉, 헨티 아이막 쳉헤르만달 솜

무기류, 용기 등이 발견되었다.[34] 돌궐의 제사유적 내부에는 보통 가축의 뼈를 그대로 매장하는 경우와 태워서 매장하는 경우가 있으며, 당시 화장을 하였기 때문에 시신 매장이 없었다. 발발에 대해서는 묘주가 생전에 죽인 적의 숫자를 표시하거나 장례에 참석한 사람들이 사용한 말뚝을 상징적으로 표현한 것으로

34 블라지미르 D. 꾸바레프 저, 이헌종, 강인욱 역, 『알타이의 제사유적』(학연문화사, 1999), p. 48, pp. 53-54, 99-102; 탁경백, 「몽골 고비-알타이 고고유적 조사 성과」, 『2011 Asia Archaeology』(문화재연구소, 2011), p. 76.

본다.[35] 석인상도 한두 기만 만들어진 경우와 중국 당의 능묘의 신도[神道]에서 볼 수 있는 것처럼 인물상과 동물상을 조합하여 만들어 세운 경우가 있다.

돌궐 제사유적의 석곽 판석 문양의 종류는 원화문, 봉황문, 격자문 등이 있다 (그림21). 빌게 카간 석곽은 원화문과 봉황문(그림22), 퀼 테긴 석곽은 원화문(그림23), 빌게 톤유쿠크 석곽은 원화문(그림24), 퀼 초르 석곽은 봉황문, 동고인 시례 석곽은 원화문(그림25)이다.[36] 헨티 아이막 챙헤르만달 솜의 제사유적 석곽 판석에서도 원화문이 확인된다(그림26). 유사한 원화문은 몽골 아르항가이 아이막 훈딘 홀로이에 위치한 두르불진 3호묘 벽면 벽화와 발해의 삼릉둔벽화묘 천장 벽화에서도 발견된다. 선행연구에서는 이러한 화려한 문양의 석재는 중국에서 제작되어 옮겨온 것으로 보았다. 퀼 테긴이 죽은 후 당 현종은 금오위장군 장거일과 도관낭중 여향에게 조문하게 하고 자신이 지은 비문을 새기고 제사 시설을 만들 기술자들을 파견하였다. 현종의 지원으로 중국풍의 제사 시설이 건설된 것은 돌궐이 중국과의 관계를 개선하고자 했던 노력의 결과로 해석한다.[37]

몽골의 돌궐의 제사 사당의 평면 형태는 빌게 카간과 퀼 테긴과 같이 방형이거나 드물게는 시베트 올란과 같이 팔각형이다. 부구트 제사유적의 사당 평면도 다각형이다. 시베트 올란의 독특한 팔각형 제사유적 건축물은 중국 전통 건축에서 팔각형 건물유지가 갖는 제의적 상징성과 연관되거나[38] 초원의 주된 주거공간인 게르(유르트)에 기반하여 만들어진 것일 수도 있다. 카자흐스탄과 투바에 위치한 6-8세기 편년의 보즈네셴카, 사리그 부룬, 보족의 제사유적에서는 돌궐 제사유적과 유사한 석인 좌상과 유물들이 발견되었는데 이들 제사유적의 사당

---

35 블라지미르 D. 꾸바레프, 앞의 책, pp. 74-79
36 정재훈, 앞의 책, p. 519
37 정재훈, 「퀼 테긴, 빌게 카간 제사 유적의 발굴과 그 의미」, 2018년도 중앙아시아학회 춘계 공동학술대회『몽골의 역사와 초원 문화의 역동』, 2018년 5월 11일, pp. 53-60.
38 중국 고대 건축의 8각 요소들은 기원전 1세기 이후에 나타나며 이들에게는 서한 말기에 체계화된 인문학적인 천문우주관이 투영되었다. 강병희, 「고대 중국 건축의 8각 요소 검토」, 『한국사상사학』 36 (2010), pp. 1-49.

의 평면은 팔각형 또는 원형이다. 시베트 올란 제사유적의 팔각형 건물지도 이러한 유라시아의 전통적인 팔각 또는 원형의 건물의 형태와 중국의 전통적인 방형 건축의 평면을 혼합하였을 가능성이 있다.[39]

시베트 올란 제사유적의 입지는 묘주(사주)와 제사건축물의 권위를 강조한다. 갈승옹葛承雅에 의하면 돌궐인은 높은 산을 숭상하는 것을 선조에 대한 예로 여겼는데 이러한 태도가 당 초기 능묘제도에 영향을 준 것으로 파악하였다. 돌궐인은 선조의 영혼을 가장 높은 곳, 또는 높은 산에 두어야 한다고 생각하였다. 산과 조상을 숭배한 돌궐인의 정신세계가 당태종의 소릉昭陵 건축에 영향을 주었다고 보았다.[40] 중국에서는 당태종이 정관 10년(636) "인산위릉因山爲陵"의 방법으로 능을 세우게 되면서 소릉부터 "위산릉묘爲山陵墓"의 규범이 적용되었다.

---

39 1999년부터 발굴된 카자흐스탄 아스타나시 남부 보족(Bozok)의 7-8세기로 편년되는 돌궐 제사유적은 토성, 해자로 둘러싸인 방형의 기대(35×35m) 위에 원형의 사당이 중앙에 위치하였다. 내부 구조물의 기단은 직경 20-30㎝의 목조 기둥에 의해 둘러싸였는데 기둥 간 간격은 3.4-5.0m이다. 1959년 크즐라소프(L.R. Kyzlasov)가 발굴한 투바의 사리그-부룬(Saryg-Bulun) 유적은 6-8세기로 추정하며, 보족 유적과 유사한 장방형 제사유적으로 토성과 해자에 의해 둘러싸였다. 토성 크기는 36×29m이다. 내부의 기대는 서쪽이 튀어나와 있고 8각형 게르(유르트)의 형태의 목조 제사사당의 유지(16×15m)가 있다. 기대의 중앙에서는 중앙아시아계 주자와 다양한 유물들이 발견되었다. 또한 몽골의 돌궐 제사유적의 좌상 유형과 유사한 두 기의 석인상 좌상과 석사자가 해자에서 발견되었다. 1930년 발굴된 드네프르 강 하류의 보즈네센카(Voznesenka) 유적은 8세기 전반으로 편년되는데 토성과 해자가 둘러싼 장방형 기대가 발견되었고 기대의 동쪽 부분에는 게르(유르트)와 같은 제사유적일 가능성이 높은 원형의 적석 기단(8-9m)이 발견되었다. 그 옆에 두 곳의 구덩이에서 무기, 마구, 말의 탄 뼈 등이 발견되었다. 잔돌이 깔린 보도와 같은 구조적 특징이 퀼 테긴 제사유적과 유사하다. 林 俊雄, 앞의 책, pp.50-51; M. Khabdulina, "Cult Center of Ancient Turks on the Territory of Central Kazakhsan", *Bulletin of IICAS* Vol.12 (2010), pp.33-49.

40 유향양·추교순, 『중국 당대 황제릉 연구』(서경문화사, 2012), pp.44-51.

3. 돌궐 석상의 유형과 특징

1) 돌궐 석인상의 개관

돌궐 석인상의 분포는 2014년의 연구에서 아제르바이잔 13기, 타지키스탄 26기, 투르크메니스탄 61기, 우즈베키스탄 78기, 중국 신강위구르자치구 192기, 투바공화국 210기, 하카스공화국 265기, 몽골 362기, 키르키즈스탄 366기, 알타이공화국 379기, 카자흐스탄 690기가 있다.[41] 각지에서 발굴 조사가 계속되고 있어 돌궐 석인상의 수는 점점 늘어나고 있다. 2016년에 나온 몽골 석인상에 대한 연구에 의하면 몽골 21개 아이막과 114개 솜에서 총 737기의 돌궐 석인상이 조사되었다(그림27).[42]

러시아 학자 Я. А. 쉐르는 중앙아시아 7개국 석인상에 대한 연구에서 석인의

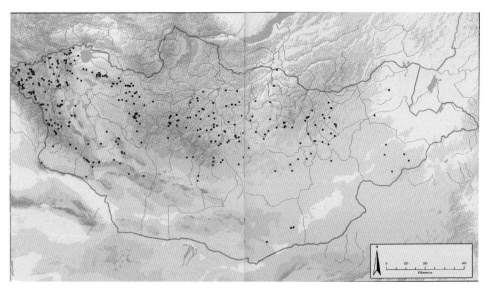

그림 27 | 돌궐석인상 분포도

---

41   Hayashi Toshio, op cit., 2001, pp.221-240; 양민지, 손영훈, 앞의 논문, pp.75-102.
42   Ч. Амартγвшин, 앞의 책, pp.35-158.

형상을 6가지로 분류하였다. ①오른손에 용기容器를 쥐고 있고 무기를 소지한 남성상, ②오른손에 용기를 쥐고 있지만 무기를 소지하지 않고 성별이 분별 되지 않는 상, ③얼굴과 머리만 묘사된 상, ④손에 새를 가지고 있는 상, ⑤두 손으로 용기를 잡고 있는 남성상, ⑥두 손으로 용기를 잡고 있는 여성상이다.[43] 쉐르는 이들을 다시 두 가지 그룹으로 나누고 첫 번째 그룹인 오른손에 용기를 든 상은 6-8세기, 두 번째 그룹의 양손에 용기를 든 석인상은 6-12세기로 보았다.

차리코프는 ① 오른손을 가슴 앞에 놓고 용기를 잡은 석인(7-9세기), ② 양손을 가슴 앞에 놓고 잔을 든 석인(9-11세기), ③ 얼굴만 표현한 석인(11-13세기)으로 나누었다.[44] 쿠바레프는 알타이 석인을 4가지 유형으로 구분하였다.[45] ①오른손에 용기를 들고 허리띠를 띠고 무기를 든 석인(56기), ②오른손에 용기를 들고 무기를 들지 않은 석인(42기), ③양손을 가슴 앞에 올리고 용기를 든 석인(4기), ④얼굴만 묘사한 석인(135기)이다. ①과 ②는 7-10세기에 속한다고 보았는데, 특히 ①은 8세기의 돌궐 귀족층의 제사유적에 해당한다. ③은 8-9세기의 위구르 시대에 속한다. ④번은 6-7세기에 속하는 것부터 후대의 것까지 있어서 연대추정이 어렵다. 크즐라소프는 쿠바레프의 견해와 크게 차이가 없는데, 편년에서 차이가 있다. ①과 ②번 유형은 6-8세기이며, ③은 8-9세기의 위구르시대에서 10세기경까지로 보았다.[46]

하야시에 의하면 몽골에서는 쉐르의 ①, ②, ③번 유형이 전역에 걸쳐 나타난다. ⑤번은 서북부의 투바, 알타이에 가까운 지역에서 보이며, ④번과 ⑥번은 확인되지 않는다. 몽골의 카간과 고관급의 대규모의 유적에는 다른 지역에서 보이

43 Я. А. Шер, Каменные изваяния семиречья. Москва-Ленинград: Наука, 1966.

44 А. А. Чариков, Каменные скульптуры средневековых кочевников Прииртышья. Археологические исследования древнего и средне векового Казахстана. Алма-Ата: 1980. С. 130-140.

45 В. Д. Кубарев, Древнетюркские изваяния Алтая, Новосибирск, 1984.

46 Л. Р. Кызласов, История Тувы в средние века, Москва: Издательство Московского Университета, 1969.

그림 28 | 〈샤르 부르드 석인상〉 및 세부사진, 우부르항가이 아이막 하르호린 솜, 하르호린박물관

지 않는 유형이 나타난다. 첫번째는 양반다리를 하고 앉은 좌상 석인이다. 남성상이 많고 여성상도 빌게 카간 제사유적에서 나타난다. 제사유적의 주인 부부로 생각된다. 두 번째는 정좌하고 앉은 좌상 석인이다. 남성상과 여성상이 있는데, 남성은 시종, 여성은 주인의 처로 생각된다. 세 번째는 입상의 석인으로 두 손을 가슴 앞에 모은 자세가 많고, 검이나 지팡이와 같은 지물을 들고 서있다. 네 번째는 양손을 가슴 앞에 모은 석인으로 탐가가 새겨진 경우도 있다. 앞의 세 가지는 환조의 조각이나, 마지막은 석재가 비교적 얇고 조각도 조잡하다. 첫 번째 유

형은 몽골 이외에도 투바공화국과 동카자흐스탄에도 발견된다.[47]

또 다른 선행연구에서는 형태에 따라 가부좌 형태의 석인상, 긴 옷을 입고 손을 앞으로 모은 천을 손에 말은 여자 모습의 석인상, 서 있는 사람을 표현한 석인상, 무릎을 꿇은 모습을 표현한 석인상으로 나누기도 한다. 지배자의 제사유적에는 네 종류의 석인상이 모두 발견되며 작은 제사유적에는 주로 세 번째 석인상이 있다.[48]

돌궐시기 석인상은 40-50㎝의 소형에서 2m가 넘는 대형까지 다양한 크기를 가졌다(그림 28). С. Г. 클랴쉬토르니이는 대부분의 돌궐 석인상은 단지 상반신만 묘사되어 있지만 전체적으로 이들은 모두 앉아 있는 형상에 해당된다고 간주하였으며 다리를 묘사하지 않은 이유는 땅에 박히는 허리 아래 부분을 특별히 꾸밀 필요가 없었기 때문이라고 해석하였다. 바야르는 이에 반론을 제기하면서 퀼 테긴과 빌게 카간의 돌궐 제사유적지에는 좌상, 입상의 석인상이 일렬로 세워져있으며 돌궐시기 모든 석인상들이 좌상이라고 간주할 근거가 없다고 보았다.

좌상의 돌궐 석인상들이 모두 다리를 X자형으로 꼬고 앉거나 꿇어앉은 모습으로 묘사되었는데 이러한 좌지법坐地法은 돌궐시기 석인좌상의 전형적인 특징이다. 돌궐석인상은 대부분 오른손 또는 양손에 잔을 잡고 있다. 용기를 잡은 손을 묘사하는 방식에서 돌궐석인상은 대개 엄지와 검지 손가락으로 용기 아래를 받쳐 잡고 있어 불상에 묘사된 손가락형식과 유사하다고 본다. 쉐르는 이를 소그드인들의 불교예술의 영향으로 해석하였다. 또한 돌궐석인상은 'T'자 형태로 코·눈썹을 하나로 이어 약간 돌출한 선으로 표현하며 눈썹을 다양하게 구부러뜨려 위엄을 더하였다.[49]

돌궐 석인상의 세부표현을 보면 귀걸이와 허리띠, 화살집, 칼이 음각되거나

47 林 俊雄, 앞의 책, 도74. 유라시아의 석인상의 분류의 연구사에 대해서는 林 俊雄, 앞의 책, pp. 8-19.

48 윤형원, G. 에렉젠, 앞의 논문, pp. 197-209; Ч. Амартүвшин, 앞의 책, pp. 160-161; 양민지, 손영훈, 앞의 논문, p. 90; 블라지미르 D. 꾸바레프, 앞의 책, pp. 41-43.

49 데 바이에르 저, 박원길 역, 『몽골석인상의 연구』(혜안, 1992), pp. 34-41.

양각되어 있으며 머리모양은 한 갈래 혹은 여러 갈래로 땋아 뒤로 늘어뜨린 형태이다. 남성 석인상은 오른쪽으로 의복을 여미며 여성 석인상은 왼쪽 여밈이다.[50] 의복의 깃은 번령이 많으며 원령도 있다. 돌궐의 허리띠(접섭대踝鞢帶)는 혁대에 네모나거나 둥근 형의 금속 장식판을 부착하고 끝에 휴대품을 걸 수 있는 고리 달린 가죽제 끈이 늘어져 있다.[51] 이러한 돌궐인의 형상은 우즈베키스탄 아프라시압 벽화와 중국 섬서 서안 출토 안가묘의 석각에서도 확인된다.

돌궐 시대 석인상은 완성도에서 차이가 있는데 좌상으로 표현된 묘주 부부상은 조각의 완성도가 높으나 머리 부분이 의도적으로 파손되어 남아 있지 않은 경우가 많다.[52] 알타이의 돌궐 제사유적에 대한 연구에 의하면 돌궐의 제사유적에서의 제례 의식의 마지막 행위는 석상의 의도적 파괴와 관련되어 머리 부분이 훼손된 경우가 많다. 돌궐 석인상 가운데 시종이나 장례제의 참가자들을 표현한 입상 조각들은 거칠게 제작되었으며 묘주 조각보다는 손상이 덜하다. 빌게 카간 제사유적에서 발견되는 정교한 조각상들은 중국에서 가져온 것으로 여기기도 한다. 돌궐 제사유적의 석인입상 가운데 장방형 석판에 머리와 손 부분만을 거칠게 조각한 유형이 있는데 빌게 카간과 같은 지배층의 제사유적에서도 이러한 유형이 발견된다. 정교하게 제작된 다른 조각상들과 대조되는 이들 조각상은 죽인 적을 표현하는 발발의 일종으로 보기도 한다.[53]

돌궐 석인상 가운데 명문으로 대략적인 제작시기가 제시된 석인상은 중국 신강의 서북부지역의 돌궐 석인상을 대표하는 예인 소소현 소홍나해묘지석인이

---

50 양민지, 손영훈, 앞의 논문, p.90.
51 권현주, 「투르크 제국의 복식문화」, 『중앙아시아연구』 17-1(2012), pp.157-161
52 알타이의 석상이 있는 한 돌궐 제사유적에서는 불에 탄 철제 마구들이 제사유적의 모서리에 고르게 놓여있었고, 제단의 동편에 세 조각난 은제 그릇이 놓였는데 접합 부분의 상태로 볼 때 여러 번 수리되다가 바닥 부분이 결실되고 묘주에게 바쳐진 것으로 여겨진다. 블라지미르 D. 꾸바레프 저, 앞의 책, pp.99-102.
53 Hayashi Toshio, 앞의 논문, 2001, pp.221-240; Hayashi Toshio, 앞의 논문, 2011, pp.181-198; 양민지, 손영훈, 앞의 논문, pp.75-102.

그림 29 | 〈초이렌 석인상〉, 690년대, 몽골국립박물관 소장　그림 30 | 〈하르 야마트 석인상〉, 바얀울기 아이막 올란 호스 솜

다.[54] 서돌궐제국의 이리가한泥利可汗(재위 587-599)의 조각상으로 599-604년경에 세워진 것으로 추정하는 견해가 있다. 석인의 다리 부분에 모두 20행의 소그드어 명문을 새겼다. 석퇴묘石堆墓 앞에 동쪽을 향해 선 석인은 흑운모화강암黑雲母花崗巖을 사용하여 만든 환조 조각상이며 흉부 일부는 결손되었다. 높이는 2.3m, 너비 0.5m, 두께 0.3m이다. 얼굴은 장방형이며 둥근 턱에 둥근 눈썹, 가느다란 눈, 좁고 곧은 코를 갖고 있다. 원형의 장식이 달린 관을 쓰고 있다. 오른손에는 잔을 들어 가슴에 대고 왼손은 복부에 갖다 댔다. 허리띠를 차고 있다. 석인의 등에는 음각으로 8줄의 변발을 허리까지 묘사하였다. 우즈베키스탄 사마르칸트

54　신강지역의 석인상의 주요 분포지역과 수량은 新疆新疆維吾爾自治區文物局, 『新疆草原石人與鹿石』(北京: 科学出版社, 2011).

아프라시압 궁전벽화에 묘사된 돌궐인과 유사한 머리모양이다.[55]

도르노고비 아이막에서 발견된 초이렌 석인(높이 155㎝, 너비 39㎝)도 석인상과
문자가 결합된 예이다(그림29). 빌게 톤유쿠크가 690년대에 자신의 승리를 기념
하기 위해 6줄의 명문을 몸체에 새겨 현존 고대 돌궐 문자로 만들어진 기록 가운
데 가장 오래된 것 중 하나로 추정한다.[56] 갈색 화강암으로 제작되었으며 두상이
완전하게 남아있다.

지역에 따라서 석인상의 형상에 차이가 나기도 하는데 오르혼·알타이지역의
석인상과 천산 산맥의 이식쿨 호 근처 평원의 석인상은 전자가 중국의 영향을
받은 반면, 후자는 투루판 지역의 기술을 바탕으로 제작되어 긴 코에 콧수염과
돌궐인의 모자를 쓰고 있는 것이 많다. 돌궐 석인상이 돌궐 지배층의 다양한 색
채의 의상을 본떠서 색이 칠해져 있었다는 의견도 있다.[57]

당당한 얼굴과 몸체로 둥글게 환조로 조각이 된 몽골 중부의 석인상들과 비교
하여 몽골 서부의 돌궐 석인상들은 얇은 석판에 얕게 부조로 조각한 예를 종종
볼 수 있다. 몽골 서부 바얀울기 아이막 울란호스 솜 하르 야마트 골 석인상(회색
편마암, 높이 132㎝)은 토성(17.6×19~20m)이 둘러진 적석 기단의 제사유적(4.4×4.5
m, 655-660년 추정) 앞에 세워져 있다(그림30). 콧수염과 턱수염을 기른 얼굴에 두
손은 가슴 앞으로 모으고 있는데 그중 한 손에 단검을 들고 있다. 장검을 찬 허
리띠 아래 부분에는 활과 활집을 쥐고 말을 향해 앉은 인물과 말고삐를 잡고 고
개를 숙인 인물을 얕은 부조로 새겼다. 석인상의 몸체를 화면으로 이용하여 그
린 마부와 말, 무기류는 몽골 돌궐시기 암각화를 연상시킨다.[58]

---

55   新疆新疆維吾爾自治區文物局, 앞의 책, p.132; 趙海燕,「新疆昭蘇縣小洪那海草原石人再
     考」『文博』2(2016), pp.65-67; 林 俊雄, 앞의 책, pp.99-102.

56   정재훈, 앞의 책, 2016, p.529.

57   돌궐 복식과 복색에 대해서는 양예은,『돌궐 복식 연구』, 숙명여자대학교 석사학위논문
     (2016), pp.82-129.

58   블라지미르 D. 꾸바레프 저, 이헌종, 강인욱 역, 앞의 책, p.105; Ч. Амартγвшин, 앞의
     책, 2016, 도69, 70; Г. В. Кубарев, "Погребальные памятники древних тγрo

그림 31 | 나린 후렘트 제사유적 전경과 〈석인상〉, 볼간 아이막 사이한 솜

　볼간 아이막 사이한 솜 나린 후렘트 유적은 머리 부분만 간단하게 조각한 석상(높이 163㎝)을 유적의 중앙에 세워놓았으며, 유적을 둘러싼 울타리의 네 모서리에는 두상만 남은(?) 석상을 각 한 점씩 놓았다(그림31).[59] 나린 후렘트 석인은 돌궐 석인상의 유형 가운데 가장 초보적인 형태에 가깝다. 대개 돌궐 석상이 머리 부분이 결손된 채 몸체만 남은 경우가 많은데 나린 후렘트 석상은 반대의 경우인지 아니면 머리만 조각한 것인지 정확하지 않다. 나린 후렘트 유적은 아직 정식 발굴이 이루어지지 않아 토성, 석곽, 발발 등은 보이지 않으며 5기의 석상만 있는데, 묘장과 상관없이 조성된 석상 유적이거나 원래 위치에서 벗어나 후대에 조합된 석상군일 가능성이 있다. 돌궐의 제사유적의 석상들은 원래 위치에서 벗어나 이동한 예가 많고 원지에 있더라도 머리 부분이 소실되거나 두상이

к в долине р. Хар-Ямаатын-гол" (Северо-Западная Монголия), Археоло гические вести 22 (2016), c.115-129; Gleb V. Kubarev, Gilsu So, Damdinsüren Tseveendorzh, "Research on ancient turkic monuments in the valley of khar-iamaatyn gol, mongolian altai," Jan Bemmann ed., *Current Archaeological Research in Mongolia, Bonn Contributions to Asian Archaeology*, Volume 4(Bonn: Vorund Frühgeschichtliche ArchäologieRheinische Friedrich-Wilhelms-Universität Bonn, 2009), pp.427-435.

59　Ч. Амартүвшин, 앞의 책, 도 116; 林 俊雄, 앞의 논문 (1996), p.216, 도X-3, 4.

그림 32 | 알틴 탐간 타르한 제사유적 전경과 〈석인상〉, 볼간 아이막 모고드 솜

따로 발견되어 원형을 복원하기가 쉽지 않다.

환조의 조각 대신 석곽에 부조로 인물상을 새긴 예가 있다. 알틴 탐간 타르한 제사 유적은 볼간 아이막 모고드 솜에 위치하며 두 기의 석곽, 세 명의 인물 부조상, 발발로 구성되었다(그림 32).[60] 알틴 탐간 타르한 제사유적의 명문은 일테리쉬 카간의 동생인 엘 에트미쉬 야브구(아사나돌실복阿史那咄悉匐)의 아들인 빌게 이스바라 탐간 타르한에 의하여 724년에 새겨진 것이다. 첫 번째 석곽의 두 개의 판석에 명문이 있다. 첫 번째 석곽의 첫 번째 판석(A1: 1.3×0.8×0.2m) 앞면에 2 줄, 뒷면에 6줄의 명문이 있다. 두 번째 판석에는 앞면 4줄과 뒷면 1줄의 명문이 있다. 석곽에는 명문 외에 세 명의 인물 좌상과 격자문양이 새겨져있다. 판석 하나에 세 명의 인물좌상과 새 한 마리를 함께 조각한 것인데 환조의 석인상 대신 부조로 묘주와 두 명의 시종을 표현한 것이다. 다른 석판은 격자문양만 장식되어있다.

---

2) 인물상과 동물상의 조합 형식

몽골 초원의 돌궐시기 제사유적의 석인상에 대해서 정리한 표에서 볼 수 있듯이 시베트 올란 제사유적, 빌게 톤유쿠크 제사유적, 퀼 테긴 제사유적, 빌게 카간 제사유적, 퀼 초르 제사유적, 엘 에트미쉬 야브구 제사유적 등에서는 묘주부부와 신하, 시종으로 구성된 다양한 인물상과 사자상과 양상으로 구성된 동물상이 조합되어 배치되었다〈표12〉.[61]

〈표12〉 돌궐 제사유적의 석인상

유적명	조각의 종류와 수량	석인 좌상	석인 입상	석사자상	석양상	비석
옹고드 제사유적	석인상(발발) 34기, 석사자상 1기, 석양상 1기, 발발 552기	-				-
시베트 올란 제사유적	석인상(시종) 11기, 석양상 6기, 석사자상 8기, 석비	-				
빌게 톤유쿠크 제사유적	석인상 8기 (본인 1/부인 1/ 시종 6), 발발 286기. 석비 2기			-	-	

---

61 몽골 제사유적의 인물과 동물 석상 표는 2013, 2015, 2018, 2019년 몽골을 방문하여 촬영한
    필자의 사진과 몽골석인상에 대한 도록, TÜRIK BITIG(http://bitig.org)의 사진 자료 등을
    종합하여 작성하였음. 몽골 석인상 도록은 Ч. Амартүвшин, 앞의 책, 2016.

유적명	조각의 종류와 수량	석인 좌상	석인 입상	석사자상	석양상	비석
퀼 초르 제사유적	석인상 6기 (본인 1/부인 1/시종 4), 석양상 2기, 석사자상 2기, 발발 165기, 석비		-	-		
퀼 테긴 제사유적 (731년)	석인상 10기 (본인 1/부인 1/시종 7/발발 1), 석양상 2기, 석사자상 2기, 발발 125기, 석비			-		
빌게 카간 제사유적 (735년)	석인상 6기 (본인 1/부인 1/시종 3/발발 1?), 석양상 2기, 석사자상 1기, 석비, 발발					
엘 에트미쉬 야브구 제사유적 (옹긴 제사유적)	석인상 7기 (석인 좌상 4기), 석양상 2기, 발발 157기, 석비			-		

몽골에서 석인상의 수가 가장 많은 제사유적 가운데 하나는 투브 아이막 알탄
볼락 솜 옹고드 제사유적으로 34기의 석인상으로 구성되었다. 인물과 동물의 석

상이 조합된 옹고드 제사유적은 석인의 형태가 발발을 연상시킬 만큼 초보적이다.[62] 바야르는 옹고드 제사유적이 유연시기에 지어진 것으로 추정한다. 한편 보이토프는 옹고드 제사유적이 이난 카간을 위해 645-646년에 지어진 것으로 추정한다. 옹고드 제사유적이 7세기 중엽에 세워졌다면 석양과 석사자상이 등장하는 가장 이른 시기의 제사유적 가운데 하나가 된다. 석양, 석사자 각 1기씩만 남아있는데 석양과 석사자의 형태는 중국 당대 능묘의 동물석상과 유사하다. 발발형의 석인상과 달리 동물상은 조각 표면이 비교적 매끈하게 다듬어지고 장방형 기대 위에 세워졌다. 동물상과 석곽은 초보적인 형태의 석인과 차이가 있어 후대의 것으로 여겨지기도 한다.

다음에서는 비교적 많은 수의 인물상과 동물상이 발견되었으며 최근에 지속적으로 발굴이 이루어지고 있는 시베트 올란 제사유적을 중심으로 인물상과 동물상의 조합 형식과 특징에 대해서 살펴본다.

시베트 올란 제사유적에서는 약 11기의 석인상, 8기의 석사자상(2기에 탐가가 새겨짐), 6기의 석양상이 나왔다(그림33).[63] 인물상은 모두 머리 부분이 손실된 상태이며 동물상들도 머리 부분이 파손된 것들이 적지 않다. 이 가운데 몇 기는 1930년대에 아르항가이 아이막 하이르한 솜의 불교사원으로 옮겨져 이후에 하이르한 솜의 박물관에 있다가 2016년 이후 발굴이 진행되면서 제사유적 앞으로 다시 옮겨졌다. 현재는 비석, 인물석상, 동물석상이 모두 제사 사당 유지 앞에 가로로 두 줄로 나란히 놓여있다. 따라서 제사유적 내에서의 각 석상들의 원래 위

---

62 Д. Баяр, Туулын хөндий дэх Түрэгийн өмнөх үеийн хүн чулууны тухай Улаанбаатар. 1979. 3-22-р тал; Д. Баяр, Монголын төв нутаг дахь Түрэг ийн хүн чулуу. Улаанбаатар. 1997. 83-85-р тал; В. Е. Войтов, "Каменные изваяния из Унгету", Центральная Азия. Новые памятники и исскуства Москва. ГРВЛ, 1987, стр. 97-109; Anıl Yılmaz, "Some Remarks on the Term Balbal of Ancient Turks", *Tarih ve Coğrafya Araştırmaları Dergisi* 4-1(2018), pp. 1-18.

63 석인상은 2016-2017년에 1기가, 석사자상은 2019년에 3기가 추가 발견되었다고 한다. Samashev, 앞의 책, 도 11-13, pp. 27-29.

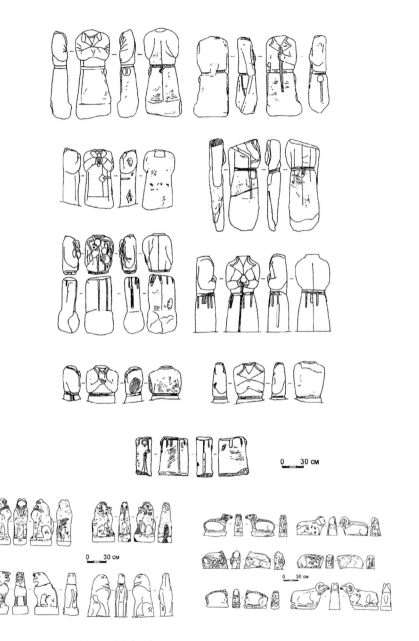

그림 33 | 〈석상 선묘도〉, 시베트 올란 제사유적

치를 파악하기 힘들다. 2016년의 발굴보고서의 복원도에서는 중국의 건릉乾陵의 석각의 배치를 고려하여 담으로 둘러싸인 제사 사당의 사면의 문 바깥 양쪽에 석사자 조각상 2기, 사당 앞에 비석, 사당보다 한 단 낮은 곳에 석인상 6쌍을 마주 보게 배치하고 그 다음에 석양상을 4쌍 배열하였다.

시베트 올란 제사유적에는 현재 약 11기 정도의 인물 입상이 남아있는데 얼굴 부분이 없이 몸체만 남은 석인상과 머리와 하반신 없이 상반신만 남은 석인상, 하반신만 남은 석인상 등이다. 2017년의 발굴보고 논문에 의하면 두상이 없는 석인상이 제사유적의 기단 부근에서 추가로 한 기 더 발견되었다.[64]

퀼 테긴과 빌케 카간의 제사유적의 석상과 달리 좌상의 인물상은 남아 있지 않다. 2016년 발굴보고서에서는 현재 유적지에는 없는 세 점의 인물 두상 조각

그림 34 | 〈석상〉, 시베트 올란 제사유적

을 싣고 소재지를 설명하고 있다.[65] 발굴보고서의 표지에 실린 첫 번째 두상은 몽골 볼간 아이막 바양 악트 솜 박물관에 있다고 한다.[66] 관모冠帽의 유형은 투구 모양 모자이며 퀼 테긴의 두상과 유사하게 관모 앞에 날개를 벌린 새가 조각되어 있다.

다른 두 점의 두상은 람스테트의 1912년 사진에 소개되었다. 람스테트의 조사 시에 이미 몸체와 분리된 상태였고 잔을 양손에 받쳐 든 두상이 없는 두 기의 인물 입상의 목 위에 올려놓고 찍어 잘 알려진 사진이다(그림 34). 람스테트의 사진에서 보듯이 두 기 모두 두상을 올려놓은 몸체와 크기 비례가 맞지 않아 정확하게 어느 조

64   Д. Кыдыралi, 앞의 논문, 2017.
65   Zainolla Samashev, 앞의 책, pp. 157-159.
66   G. J. Ramstedt, J. G. Grano, Pentii Aalto, "Materialien zu den alttürkischen Inschriften der Mongolei", *JSFOu* 60 (Helsinki, 1958), 7, pp. 62-76. ; Samashev, 앞의 책, 도판 148, p. 185.

각상에서 분리된 것인지 분명치 않다. 2016년 보고서에서는 시베트 올란 제사유적의 석인상의 수가 현재 남은 것보다 많을 것으로 추정한다.[67]

시베트 올란 제사유적의 몸체만 남은 인물 입상들은 모두 돌궐 고유의 복식을 입고 있다(그림35).[68] 대부분 번령의 상의에 혁대를 찼는데, 몇 명은 드리개가 매달려 있는 접섭대蹀躞帶를 차고 있으며, 손에는 잔이나 지팡이(또는 검)를 들고 있다. 잔을 든 모습으로 묘사된 석인상은 초원의 석인 가운데 돌궐시기의 석인을

그림 35 | 〈인물입상〉, 시베트 올란 제사유적

---

67 발굴보고서의 도판 152는 시베트 올란에서 나온 돌궐 남자 귀족의 두상으로 현재 카자흐스탄 아스타나의 유라시아 국립대학 박물관에 소장되어 있다고 한다. 실제 유라시아 대학교 박물관의 웹사이트(http://www.enu.kz/en/kontakts/muzei/)에서 이 조각상의 전시를 확인할 수 있었는데 쿠틀룩(일테리쉬 카간, 693)의 흉상으로 소개하고 있다. 사진의 배경에 시베트 올란 제사유적의 전경을 그려놓았다. 세 번째 두상은 람스테트의 1912년도 보고서에 사진이 실렸으나 현재는 소재불명이라고 한다. G. J. Ramstedt, J. G. Grano, P. Aalto, 앞의 책, 1958, pp. 82-83; Zainolla Samashev, 앞의 책, 2016.

68 김용문·G. 에렉젠, 앞의 논문, pp. 193~205; 양예은, 앞의 논문.

구분하는 가장 큰 특징이다.

양손에 모두 지물을 든 인물은 2명인데 한 명은 왼손에 잔과 오른손에 지팡이를 들었으며 다른 인물에 비하여 드리개가 많이 달린 접섭대를 차고 있어 묘주와 같이 연회를 즐기는 중요 인물로 보인다. 1979년까지 상체와 하체가 붙어있는 상태였으나 1978-1979년 사이에 상체 조각은 하이르한 솜으로 이동되고 하체 부분은 원지에 남겨졌다.[69] 또 다른 인물은 한 손에 지팡이, 다른 손에 허리에 찬 검을 잡고 있다. 나머지 인물들은 공수자세로 잔을 들고 있거나 하체만 남아 있는 경우도 있다.

시베트 올란에서 각기 다른 지물을 들거나 공수자세로 선 인물입상들은 유사한 예가 빌게 톤유쿠크, 퀼 테긴, 빌게 카간 제사유적에서 확인된다. 빌게 톤유쿠크 제사유적에는 좌상과 입상이 모두 발견된다. 좌상은 두 기가 있는데 머리 부분은 없고 두 기 모두 오른팔을 가슴 앞으로 들어 올린 자세이다. 손 부분이 사라져 용기를 들고 있는지 확인하기 어렵다. 두 손을 가슴 앞에 올리고 용기 또는 지팡이(검?)를 든 입상도 몇 기가 발견되었다.[70] 빌게 톤유쿠크 제사유적의 일부 석상은 몽골국립역사박물관에 전시되어있는데 가슴 앞에 용기 또는 지팡이(검?)를 든 번령포를 입은 인물입상(높이 140cm)과 오른손에 잔을 들고 앉은 인물좌상이 있다(그림36).[71] 톤유쿠크 제사유적에서는 동물상이 발견되지 않았으며 비석의 형태도 중국식의 귀부이수를 사용하지 않아 톤유쿠크가 중국에 대해 가졌던 정치적 태도를 반영한 것으로 해석한다.[72]

퀼 테긴 제사유적 석인상들 가운데는 오른손을 가슴에 올리고 왼손으로 몸 옆

69   Samashev, 앞의 책, 2016, p.159.
70   林 俊雄, 앞의 논문 (1996), pp.271-218, 도XI1-8.
71   Ц. Баттулга, Монголын руни бичгийн бага дурсгалууд. Тэргүүн дэвтэр, Улаанбаатар. Corpus scriptorum, 2005; 林 俊雄, 앞의 책, 도10; TÜRIK BITIG(http://bitig.org) 도. 1157, 1447, 1448, 1449.
72   톤유쿠크 제사유적의 특징에 대해서는 정재훈, 앞의 책, p.525.

그림 36 | 〈석인상〉, 빌게 톤유쿠크 제사유적, 몽골국립박물관

으로 찬 검을 잡은 인물상(높이 130㎝)이 있는데 오른쪽은 손끝이 파손되어 잔을 들었는지 정확하지 않다(그림37).[73] 검(또는 지팡이)을 가슴 앞에 든 석인상(높이 136㎝)은 비석에서 북서쪽 8-9m 거리에서 발견되었다.[74] 석비의 뒤쪽으로 6m 거리에서 발견된 석인상(높이 60㎝)은 무릎을 꿇고 앉아 잔과 같은 기물을 두 손으로 가슴 앞에 받쳐 든 자세이다.[75] 비석의 동쪽으로 5~6m 거리에는 두상은 없지만 직립 자세로 양손에 비단과 같은 천을 든 석인상(높이 160㎝)이 발견되었다.[76]

73 林 俊雄, 앞의 책, 2005, 도80; Ч. Амартувшин, 앞의 책, 도35. 유사한 석상이 林 俊雄, 앞의 논문 (1996), VII-42에 빌게 카간 제사유적의 석상으로 실려있고, 호쇼 차이담 박물관에도 빌게 카간 제사유적의 석상으로 전시되었는데, 오류인지 아니면 두 제사유적에 유사한 석인상이 세워진 것인지 명확하지 않다.
74 林 俊雄, 앞의 논문 (1996), pp. 205-206, 도VII-30.
75 林 俊雄, 위의 논문 (1996), pp. 205-206, 도VII-31.
76 林 俊雄, 위의 논문 (1996), pp. 205-206, 도VII-32, Ч. Амартувшин, 앞의 책, 도34.

그림 37 | 〈석인상〉, 퀼 테긴 제사유적, 호쇼 차이담 박물관

1890년 조사 시에는 완전한 형태(높이 123㎝, 폭 50㎝)였으나 현재는 유적 중앙의 건물 유지의 북부에서 파괴된 채 하부만 남은 채로 발견된 상도 있다. 남은 형태로 보아 좌상으로 보인다[77] 또 다른 석인은 기대 위에 무릎 꿇고 앉아 있는데 오른쪽 무릎 앞에 오른손으로 용기의 목을 잡고 왼손으로 용기의 몸통 부분을 잡

77   林 俊雄, 위의 논문 (1996), pp. 205-206, 도Ⅶ-33.

고 있다.[78] 그 외 기대 위에 선 다리만 남은 석상도 있다. 또한 동쪽의 입구에 가까운 곳에 조잡한 판석 형태의 석인이 가로로 누워있었다. 머리는 없고 두 손을 가슴 앞에 모으고 있다. 퀼 테긴 제사유적의 다른 석인상들과 형태가 달라 실제 퀼 테긴 제사유적에 속하는지 정확하지 않다고 한다.[79] 시베트 올란에 남은 인물상들은 묘주를 받드는 신하나 시종상들로 보이는데 퀼 테긴 제사유적의 한 손에 지팡이를 든 석인상은 자세나 기물 등의 표현에서 시베트 올란 석인상들과 유사한 등급과 조각 유형의 인물상으로 보인다(그림38).

그림 38 | 〈인물입상〉, 퀼 테긴 제사유적, 호쇼 차이담 박물관

빌게 카간의 제사유적에서는 대리석제의 빌게 카간의 석상(높이 95㎝, 다리 너비 95㎝, 가슴 두께 40㎝)과 부인의 석상(높이 82㎝, 다리 너비 70㎝, 가슴 두께 34㎝)이 나왔는데 두상 부분은 사라지고 없다. 시종상으로 보이는 정좌한 작은 석인상도 있다.

퀼 테긴 제사유적의 북쪽 약 850m 지점에서 발견된 2기의 석인이 있는데 그 가운데 한 기는 하반신에 탐가가 새겨졌다.[80] 호쇼 차이담 박물관의 입구에 전시된 석인상이다. 발굴자에 의하면 빌게 카간 제사유적지 내부에서 발발과 같이 얇은 석판에 머리 부분과 가슴 앞에 모은 팔만 초보적으로 조각하고 몸체의 복식은 거의 표현하지 않은 인물 입상들이 여러 기가 발견되었다고 한

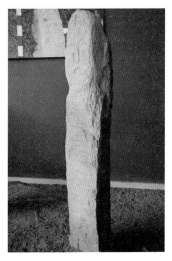

그림 39 | 〈석인상〉 빌게 카간 제사유적, 호쇼 차이담 박물관

---

78   林 俊雄, 위의 논문 (1996), pp. 205-206, 도VII-34.
79   林 俊雄, 위의 논문 (1996), p. 206.
80   林 俊雄, 위의 논문 (1996), p. 206, 도VII-43.

다(그림39).

　시베트 올란의 대표적 석인 입상의 형태인 한 손에 잔을 들고 허리에 찬 검을 다른 손으로 잡은 석인상은 몽골의 돌궐시기 석인상의 대표적 도상이다. 바얀-울기 아이막 쳉겔 솜 옹하드의 석인상(높이 74㎝)과 같이 머리 부분이 다소 크게 묘사된 반면 손과 기물은 작게 몸통에 붙여 조각된 예가 많다(그림40).[81] 아르항가이 아이막 이흐 타미르 솜 바얀차간(겐뎅볼락)의 석인상(높이 138㎝)은 두상이 사라졌으나 거의 등신대의 크기에 앞으로 찬 작은 검을 왼손으로 잡고 다른 손으로는 잔을 들고 있다. 긴 손가락과 잔의 묘사가 섬세하다(그림41).[82] 아르항가이 아이막 타리아트 솜 다드가에는 석곽 앞에 나란히 선 두 명의 석인(좌: 135㎝, 우: 175㎝)이 있는데 우측의 석인은 머리가 온전히 남아있다.[83] 번령의 옷을 입고 오른손에 잔, 왼손으로 옆으로 찬 검을 쥐고 있다. 아르항가이 아이막 에르데네만달 솜 부르딘 아닥의 석인(177㎝)은 4등신에 타원형의 얼굴에 얕게 이목구비를 새기고 오른손에 잔, 허리 앞에 비스듬하게 찬 작은 검의 자루에 왼손을 갖다 댔

그림 40 | 〈옹하드 석인상〉, 높이 74㎝, 바얀-울기 아이막 쳉겔 솜

81　Ч. Амартγвшин, 앞의 책, 도 77.
82　Ч. Амартγвшин, 위의 책, 도 11.
83　Ч. Амартγвшин, 위의 책, 도 19, 20.

그림 41 | 〈바얀차간(겐뎅볼락) 석인상〉(높이 138cm), 아르항가이 아이막 이흐 타미르 솜

그림 42 | 〈부르딘 아닥 석인상〉, 아르항가이 아이막 에르데네만달 솜

다(그림42).[84] 손은 사각형의 몸의 앞면에 비교적 얕게 부조로 새겨서 입체감이 덜하다. 특이하게 다리 부분을 새겼는데 끝이 뾰족한 신발을 신은 두 발을 엇갈려 앉은 자세를 얕은 부조로 표현하였다. 4등신의 조각상들은 대개 허리 아래 부분이 지면에 묻혀 있어 다리 부분이 생략된 것처럼 보이지만 이렇게 타원형의 머리에 사각형 기둥의 몸체에 다리를 얕은 부조로 새기는 경우도 있어 흥미롭다. 몽골 서부의 바얀-울기 아이막 알타이 솜 우르드 바르담의 석인(105cm)은 환조의 두상에 직사각형 몸체로 잔을 든 손과 허리에 찬 검을 잡은 손이 몸체 앞에 얕게 선부조로 새겨졌다.[85]

---

84 Ч. Амартүвшин, 위의 책, 도 44.
85 Ч. Амартүвшин, 위의 책, 도 52.

이상에서 본 것과 같이 일반적인 돌궐 제사유적에서는 대부분의 돌궐석인은 하나의 석곽 앞에 한두 기 세워지는데 대부분 하나의 돌에 타원형의 머리와 사각형의 몸체를 돌궐 고유의 복식을 입은 것으로 조각하여 입체감이 두드러지지 않으며 몸체 앞에 두 손을 위 아래로 엇갈려 잔을 들거나 검을 잡고 있다. 시베트 올란의 석인상의 잔을 들고 검을 잡은 형태의 석인상은 이러한 일반적인 돌궐 제사유적에 흔히 보이는 유형으로 돌궐 고유의 전통에서 연원을 찾아볼 수 있다.

한편 시베트 올란의 서너 기의 인물상은 지물을 들지 않은 채 공수자세로 서 있는데 몽골 돌궐시기 석인상 가운데 공수자세의 석인상은 드물며, 여러 명의 인물과 동물조각상으로 구성된 복합제사유적에서 주로 관찰된다. 지배자급의 제사유적에서 묘주(또는 사주)와 구별되는 신하나 시종상을 묘사하기 위하여 사용된 유형으로 보인다. 시베트 올란의 석상들은 석조 표면에 마무리되지 않은 끌자국이 그대로 남아 있는 것이 다른 대형의 제사유적의 석인상들과 차이가 있다.

시베트 올란 제사유적에서는 인물좌상이 발견되지 않다. 그러나 2016년의 발굴보고서에는 세 점의 두상을 소개하고 있고 그 가운데 관모에 새장식이 된 경우를 보면 퀼 테긴 제사유적 출토 두상과 같이 묘주의 초상 조각의 두상일 가능성이 높다. 현재 돌궐 제사유적의 묘주의 좌상 조각은 몸체 또는 두상만 남아 온전하게 남은 예가 드물다. 시베트 올란의 두상조각이 묘주와 같은 중요한 인물의 초상조각의 일부라면 유사한 입지의 시베트 톨고이 제사유적과 타르닌 골 제사유적의 인물좌상과 같은 예를 통하여 원형을 추정할 수 있다.

아르항가이 아이막 하샤트 솜에 위치한 시베트 톨고이 제사유적은 시베트 올란 제사유적과 같이 평지가 아닌 언덕 정상에 자리 잡은 유사한 입지의 대형 적석 제사유적이다(그림43). 거대한 적석총 같은 제사유적의 전면에 남성 석인좌상(높이 160㎝)이 있는데 오른손에 잔을 들고 있으며 화려한 장식이 새겨진 옷을 입고 있다

그림 43 | 시베트 톨고이 제사유적 전경, 아르항가이 아이막 하샤트 솜

(그림44).[86] 시베트 톨고이 석인상은 현재는 안타깝게도 유적에서 사라져 소재를 알 수 없다.

우부르항가이 아이막 부르드 솜의 타르닌 골(강) 코그네 타르니 제사유적에도 거대한 적석총 형태의 제사 유적(직경 120m)의 남쪽에 화려한 화문 장식의 복식을 입은 한 명의 남성 인물좌상(120×75×33㎝)이 남아있다(그림45).[87] 타르닌 골 석인상은 머리 부분이 없고 손 일부가 파손된 상태이다.

시베트 톨고이와 타르닌 골의 석인상에서 보듯이 돌궐의 환조의 석인상들은 우즈베키스탄 사

그림 44 | 〈석인좌상〉, 시베트 톨고이 제사유적

---

86   Ч. Амартүвшин, 위의 책, 도 17.
87   Ч. Амартүвшин, 위의 책, 도 126; 林 俊雄, 앞의 논문 (1996), p. 213, 도IX-16.

그림 45 | 타르닌 골 제사유적 전경과 〈석인좌상〉, 우부르항가이 아이막 부르드 솜

마르칸트 아프라시압 벽화에서 보는 것과 같이 화려한 문양의 복식을 입은 모습으로 표현되었을 것으로 생각되며 현재는 이러한 장식들이 대부분 마모되어 거의 사라진 상태이다. 한편 시베트 톨고이 제사유적이나 타르닌 골 제사유적에는

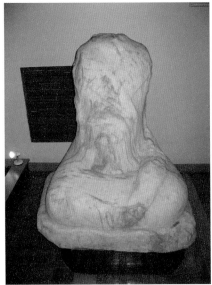

그림 46 | 〈인물좌상〉, 빌게 카간 제사유적, 몽골국립박물관

신하나 시종의 입상 조각이 남아있지 않다.

시베트 톨고이와 타르닌 골 제사유적에 남아있는 두 기의 완성형 환조 조각상으로 보아 시베트 올란에도 화려한 화문장식이 새겨진 완성형 석인 좌상이 존재하였을 가능성이 높다. 8세기 전반의 빌게 카간 제사유적에서는 여타 조각상보다 크기가 크고 당당한 몸체로 조각된 묘주 부부로 보이는 환조의 조각상이 나왔다. 그러나 빌게 카간과 그의 부인의 조각상은 얼굴 부분이 사라지고 없다(그림46). 퀼 테긴 제사유적에서는 몸체가 없이 퀼 테긴의 두상과 부인의 안면 부분 조각만 나왔다(그림47). 같은 제사유적에서 다리 일부분과 기대만 남은 인물좌상이 있어 넓은 기대에 앉은 묘주초상조각의 형태를 짐작할 수 있게 한다(그림48).[88] 돌궐 제사유적에서 나오는 환조의 묘주(사주) 좌상조각은 중국의 능묘 조각에서는 찾아보기 어려운 유형이다.

그림 47 | 〈두상 조각〉, 퀼 테긴 제사유적, 몽골국립박물관

시베트 올란 제사유적의 동물상을 살펴보면 현재 남은 석양상은 6기이며 머리가 온전히 남은 것은 3-4기에 불과하다(그림49). 그 중 한 기는 머리 부분이 결실되었으나 오른쪽에 새끼가 한 마리가 웅크리고 있는 것이 조각되었다. 시베트 올란의 석양과 석사자상은 7세기

그림 48 | 〈인물좌상〉, 퀼 테긴 제사유적, 호쇼 차이담 박물관

이전의 기존의 돌궐 석상의 구성에서 없던 것이다. 시베트 올란의 석양상과 비교할 수 있는 돌궐의 석양상은 퀼 테긴과 빌게 카간의 제사유적에서 발견된다. 퀼 테긴의 석양상은 머리가 사라지고 없으며 네 다리를 넓은 기대 위에 꿇고 앉

88   TÜRIK BITIG(http://bitig.org), 도 164, 172.

그림 49 | 〈석양상〉, 시베트 올란 제사유적

그림 50 | 〈석양상〉, 퀼 테긴 제사유적

그림 51 | 〈석양상〉, 빌게 카간 제사유적

이다(그림54).

아 있다(그림50). 몸체가 팽창한 듯 부풀려 있고 몸체에 비해 네 다리가 빈약하게 조각되었다. 빌게 카간의 석양상은 기대나 다리와 몸체 묘사가 퀼 테긴의 석양상과 거의 같다(그림51).

시베트 올란의 석사자상은 기존의 다섯 기에 2019년 발견된 세 기가 추가되어 8기의 석사자상이 있다(그림52). 그 가운데 6기는 머리가 뾰족한 편이며 사자의 갈기가 머리와 등 뒤로 강조되어 조각된 반면, 2기는 머리와 몸체가 둥글게 묘사되었다. 대부분 입을 크게 벌리고 고개를 뒤로 젖히고 있다. 두 기의 석사자상의 다리 부분에 돌궐 고유의 탐가를 새긴 것이 주목된다. 시베트 올란의 석사자상은 모두 앞발을 세운 자세인데, 빌게 카간의 석사자상은 기대와 다리 부분이 파손되어 거의 사라진 상태여서 비교가 어렵다(그림53). 돌궐 제사유적에서 사자상은 석곽의 선각화로도 출현한다. 돌궐 사타촐로 제사유적의 석곽 표면에 두 마리의 사자형 동물이 마주보고 앉은 모습이 새겨져 있는데 원래 봉황문이나 단화, 격자문이 주로 새겨지는 석곽에 사자상을 새긴 드문 예

그림 52 | 〈석사자상〉, 시베트 올란 제사유적

그림 53 | 〈석사자상〉, 빌게 카간 제사유적

그림 54 | 〈사자상〉, 사타촐로 석곽

4. 당 능묘의 석상과의 비교

6-8세기의 돌궐의 제사유적과 비교가 되는 동 시기의 중국 당대 능묘는 당 고조의 헌릉(635), 태종의 소릉(649), 고종과 무측천이 합장된 건릉(능원 석상 제작은 무측천 광택 원년에서 중종 경룡 연간, 684-708)(그림55)과 소릉과 건릉의 배장묘들이 있다.[89]〈표13〉

중국은 북위의 낙양 천도 이후 능묘제도가 변화하여 묘 형태가 방형에서 원형으로 변화하고, 묘문에 무사상을 조각하거나 묘내에 무사조각상을 부장하던 데에서 변화하여 묘 앞에 대형 무사조각상을 쌍으로 배치하였다.[90]

그림 55 | 당 건릉 전경

89   유향양, 추교순,『중국 당대 황제릉 연구』(서경문화사, 2012), pp. 77-157; 陳安利,『唐十八陵』(北京: 中國靑年出版社, 2001). 당십팔릉 기존 석각 위치와 현재 석각 분포 현황은 유향양, 추교순, 앞의 책, pp. 409-410.
90   중국에서 가장 이른 시기의 능묘 석인은 서한 전기의 예이다. 林通雁,『中國陵墓彫塑全集』(西安: 陝西人民美術出版社), 2009.『封氏聞見記』卷六 "秦漢以來帝王陵前有石麒麟, 石辟

陵名	石虎	石柱	石犀	石馬	石獅	翼馬	鴕鳥	石人	碑石	仗馬	牽馬
献陵	6 (西安碑林博物館)	2 (1殘)	1 (西安碑林博物館)								
昭陵				昭陵六駿 4(西安碑林博物館) 2 (펜실베이니아 대학박물관)	2			7 (立像)			
乾陵		o	o		四門石獅7기(4件完好, 3件殘)	o	o	61기 (立像)	o		馬과 牽馬 人座 각1기
定陵				北門 石馬 2기	3(1殘)			2		2	2
桥陵		2기 (1殘)		四門石馬 5쌍 (殘), 北門 石馬6기(殘)	四門石獅 모두 존재	2	2	10			
秦陵		2기 (1殘)		四門石馬 5기, 北門石馬 2기	四門石獅 6기	o	현존	9쌍 3기 (立像)			
建陵		2			四門 1 北門 1	2	2	10쌍		5쌍	5쌍
元陵				北門石馬 5기(殘)	6(殘)	1기		1기			
崇陵		2기		石馬8기(殘)	四門石獅6 기	2기	1기	9쌍(殘)		北門3기 (控馬人 殘)	北門3기 (控馬人 殘)

　　북제北齊 신무황제神武皇帝 고환高歡의 의평릉은 묘 앞에 천록天禄, 석궐 등을 설치하였다. 북제 문선제文宣帝 고양高洋의 무녕릉武寧陵은 유일하게 발굴된 북제 시기 제릉으로 하북성 자현에 위치하며 묘장 남면에 한 기의 석각인상이 있다. 반면 송, 제, 양, 진대까지 남조 능묘의 신도 석각은 석기린石麒麟(석벽사石辟邪)와 석주石柱, 그리고 1-2기의 석비가 신도에 배치되었다.[92] 남조 능묘의 석주는 꼭대기

　　邪, 石象, 石馬之屬, 人臣墓則有石羊, 石虎, 石人, 石柱之屬, 皆所以表飾墳壟如生前儀衛耳. 國朝因山爲陵, 太宗葬九嵕山, 門前亦立石馬. 陵後司馬門內, 又有蕃酋曾侍軒禁者一十四人石象, 皆刻其官名."

91　陳安利, 앞의 책, pp. 184-186.

92　賀雲翔·郭怡, 『古代陵寢』(北京: 文物出版社, 2008), pp. 197-200.

에 석사자를 배치하고 기단에는 두 마리의 용을 조각하였는데, 이러한 형태의 사자석주는 당의 고조 헌릉으로 계승된다.

당의 능은 사주四周에 담을 두르고 동서남북 사면에 문을 만들어 주작, 현무, 청룡, 백호문이라 하였다. 주작문 내에는 헌전을 설치하고, 헌릉과 소릉의 현무문 내에는 각각 침전을 건축하였다. 주작문 밖에 신도(또는 사마도司馬道)가 있고 신도 양측에 석상을 배치하였다. 건릉에서부터 일정한 규칙을 갖춘 석각 제도가 형성되어 남에서 북으로 화표華表 한 쌍, 익마翼馬 한 쌍, 타조 한 쌍, 석마와 견마인 5쌍, 괘검석인상 10쌍, 석준사 한 쌍으로 구성되었다. 황제릉에 석마를 배치하는 형식은 동한 광무제의 능에서부터 시작되었으며 당대 황릉 중에서 고조의 헌릉을 제외하고 모두 석마가 배치되었다.[93]

당 고조 이연李淵 헌릉獻陵은 섬서성 삼원현에 있으며 능원 내 침전과 헌전 유지가 있다(그림 56). 침전은 현무문 안쪽에, 헌전은 주작문 안쪽에 있다. 헌릉의

그림 56 | 고조 헌릉 전경

93   賀雲翔·郭怡, 앞의 책, p. 211.

그림 57 | 〈석호상〉 고조 헌릉

사신문 밖으로 4.5m 부근에 석호 1쌍이 좌우로 배치되었다(그림57).[94] 모두 4쌍의 석호가 있었으나 현존하는 것은 5개이며 크기와 형태는 모두 같다. 석호의 신장은 2.38-2.60m이다. 몸체는 둥글고 머리가 매우 크고 목 부분은 짧고 투박하다. 네 다리를 세우고 꼬리를 내려뜨린 모습이다. 일부는 1959년부터 섬서성 박물관 석각실에 있다가, 현재 서안비림박물관으로 이전하여 전시하였다.[95]

헌릉 신도의 동서로 석각 7기가 있었는데, 화표 한 쌍, 서우犀牛 한 쌍, 석인 3기이다. 석인 3기(높이 2.20m)은 모두 신도 동쪽에 늘어서 있었으나 현재는 없어졌다.[96] 헌릉의 석주, 석호, 석인, 코뿔소 등으로 구성된 석상 구성은 이후 당대 여러 황릉에 설치하는 석각의 기본 형식이 되었다. 상서로운 짐승으로 여겨진

---

94   석양, 석호 등 중국 석수의 기원에 대해서는 김은선, 「조선 왕릉 石獸 연구」, 『미술사학연구』 283·284 (2014), pp. 55-82.
95   유향양, 추교순, 앞의 책, pp. 13-24.
96   賀雲翔·郭怡, 앞의 책, p. 213.

코뿔소는 능묘의 석각으로 헌릉에 처음 사용하였는데 돌궐 석상 중에서는 발견되지 않는 동물조각상이다.

태종 이세민과 문덕황후 장손씨가 합장된 소릉은 섬서성 예천현 동북 22.50㎞ 지점의 구종산 주봉에 위치한다. '인산위릉因山爲陵' 형식의 소릉은 당대 황제들이 산을 택하여 능으로 하는 매장제도의 선례를 남겼다. '인산위릉'은 자연적으로 형성된 산봉우리를 선정하여 산 가장자리에서 파고 들어가 묘도를 만들고 산 밑바닥에 지하궁전을 조성하는 형태이다. 소릉은 사방으로 성곽이 둘러 있고 네 모퉁이에는 각루角樓가 설치되어있다. 성곽의 동서남북에는 문이 하나씩 있다. 남문은 주작문이고 북문은 사마문이다. 능원 안은 헌전獻殿과 북사마원北司馬院, 그리고 지하궁전으로 구성되었다.[97]

발굴이 이루어진 북사마원 건축 유지는 산릉山陵의 북쪽으로 남북 세로 길이 86m, 동서 최고 너비 60m이며 남북축선 대칭으로 배치된 건축군이 있으며, 석

그림 58 | 북사마원 유지, 태종 소릉

---

97   유향양·추교순, 앞의 책, pp. 39-40.

그림 59 | 〈소릉육준〉, 서안비림박물관

각으로는 소릉육준과 십사국번신상 등이 있다(그림58). 소릉은 능 남쪽이 가파르기 때문에 석각은 능산 북궐 앞에 집중적으로 배치되었다. 북사마원 건축 유지에서 발견된 벽돌 파편에는 '관장장官匠張,' '공장정工匠鄭' 등 공장工匠의 이름을 새긴 흔적이 있다. 현존하는 것은 10기의 주초석과 4기의 석인상 대좌가 있다.[98] 석사도 한 쌍이 발견되었다. 섬서역사박물관에 소장된 소릉의 석사자상은 네 발로 선 형상으로 묘사되었으며 번령 복식을 입은 인물이 사자에 기대어 서 있는데 머리와 손, 다리 하나가 결실된 상태이고 사자에 비하여 현저하게 작게 묘사되었다.

북사마원 건축 유지의 동서 양쪽에는 태종이 생전에 타고 다닌 여섯 필의 말을 부조로 조각한 소릉육준이 있다(그림59). 정관 10년(636) 11월, 문덕황후 장손씨가 세상을 떠나자 소릉에 장례 지냈는데 당시 태종은 당 왕조 창건에 앞장선 자신의 공적을 알리기 위해 명장 염립덕, 염립본 형제에게 명하여 전쟁터에서 자신과 함께 한 6준 도안을 그리도록 하고 그것을 청석靑石에 조각하여 북궐에 세우도록 하였다. 동쪽에는 특근표特勒驃, 청추靑騅, 십벌적什伐赤이 있고, 서쪽에는 삽로자颯露紫, 권모과拳毛騧, 백제오白蹄烏가 있다. 6준은 각각 6개의 거대한 청석 병풍 위에 조각하였으며, 석병에는 태종이 직접 지은 6준마 찬미시가 새겨졌

98   賀雲翶·郭怡, 앞의 책, p.214.

는데 당대 서예가 구양순이 예서체로 쓴 것이다.

소릉의 능원 현무문 내에는 당 고종 영휘 연간(650-655)에 조각하여 만든 14국 번추장蕃酋長 석상이 있다. 『당회요』(권20)에 '상(고종 이치)께서 선제의 공적을 드러내기 위해 장인들에게 여러 군장들의 석상을 만들도록 했다. 정관 연간에 귀화한 군장들 및 그들의 관명을 새기고…. 능 사마 북문 안 구종산 북쪽에 세워 (태종)의 무공을 드러내도록 했다'고 적혀 있다. 14국 추장 석상은 11개 민족, 14 개 국가를 대표한다. 현재 석상들이 온전하게 남지 않았는데 당 왕조 말기부터 5 대10국 사이에 훼손되었을 것으로 보고 있다.

14국 추장 석각상에는 돌궐突厥 힐리가한頡利可汗 아사나돌필阿史那咄苾(좌위대장 군左衛大將軍), 돌궐 돌리가한突利可汗 아사나십발필阿史那什鉢苾(우위대장군右衛大將軍), 돌궐 을미니숙사리필가한乙彌泥孰俟利苾可汗 아사나사마阿史那思摩(우무위대장군右武衛 大將軍), 돌궐 답포가한答布可汗 아사나사이阿史那社爾(우위대장군), 설연타薛延陀 진주 비가가한眞珠毗加可汗 이남夷男, 토번吐蕃 찬보贊甫 송첸감포松贊干布, 신라新羅 김진덕 金眞德(낙랑군왕樂浪郡王), 토욕혼吐谷渾 오지야발륵두가한烏地也拔勒豆可汗 모용낙갈발 慕容諾曷鉢(하원군왕河源郡王), 구자왕龜兹王 가려포실필阿黎布失畢, 우전왕于闐王 복도신 伏闍信, 언기왕焉耆王 용돌기지龍突騎支, 고창왕高昌王 국지용麴智勇(우무위장군), 임읍 왕林邑王 범두리范頭利, 바라문제나복제국왕婆羅門帝那伏帝國王 아나순阿那順 등이다.

1965년 가을 섬서성문관회와 예천현문교국으로 구성된 조사팀이 아사나사 이, 토번 찬보, 용돌기지, 국지용의 석상좌(그림60)를 발견하였다. 1982년 소릉박 물관팀이 소릉 북궐 유적터를 정리하던 중에 우전왕 복도신, 진주비가가한 이남 과 바라문제국왕 아나순의 석상 3개를 발견하였다. 아울러 상반신 석상 1기와 머리 부분만 남아있는 파손된 석상 몇 기도 추가로 발견하였다. 석상들 모두 뒷 면에는 초당시기 서예가 은중용殷仲容이 예서체로 쓴 제명이 새겨져 있다.

소릉 14국 추장석상과 건릉 61번신석상은 중국 능묘의 신도의 석각의 기본 구 성에 외국인 조각상군이 추가된 독특한 예이다. 소릉에 세워진 14국 추장 석각 상에는 돌궐 힐리가한 좌위대장군 아사나돌필, 돌궐 돌리가한 우위대장군 아사

그림 60 | 〈국지용 석상좌〉, 소릉박물관

나십발필, 돌궐 을미니숙사리필가한 우무위대장군 아사나사마, 돌궐 답포가한 우위대장군 아사나사이 등 돌궐 가한의 조각상이 여러 기 있어 당시 돌궐과의 밀접한 관계를 잘 보여준다.

갈승옹葛承雍은 돌궐의 고위 관호명과 연관된 돌궐의 명마를 조각한 소릉 육준이 돌궐인의 매장풍습과 종교의식을 담고 있으며 돌궐인의 신앙인 배화교와 밀접한 관계가 있다고 보았다.[99] 돌궐의 제사유적은 당의 제왕능묘의 석각의 영향을 받은 것으로 여겨지나 돌궐 풍습이 오히려 당의 미술에 영향을 미친 것으로 보기도 한다. 돌궐인의 삶과 말은 불가분의 관계로 돌궐의 장례의식은 영웅이 죽었을 때 그가 탄 말을 매장하는 풍습이 있다. 돌궐 비문 중에 전쟁터 승리 시 가한 또는 영웅이 탄 말을 언급하고, 그 말들에게 명예로운 명칭을 부여하였는

99   葛承雍, 「唐昭陵乾陵藩人石像與"突厥化"問題」, 『歐亞學刊』 第3輯(2002), pp. 150‒162; 이해원, 「당태종 소릉을 통해서 본 당제국의 다문화사회」, 『한국학연구』 41(2012), p. 230.

데 모두 기마민족의 풍습에서 온 것이다.[100]

고종 이치와 무측천이 합장된 건릉부터 당의 능원 석각이 정해진 제도를 형성하였다. 능묘 건축 구조는 당 장안성 구조와 같이 내성, 외성, 배장묘의 세 부분으로 구성되었다. 현재 양산 북쪽 봉우리 정상에 동서쪽으로 길이 27.50m, 남북 너비 16.50m에 달하는 석상 유적이 있다. 육십조신화상사당六十朝臣畵像祠堂은 사마도 동쪽 동유봉 아래에 위치한다. 장방형 건물 내부에 적인걸 등 60조신상 벽화를 그렸다. 건릉 내에 배치된 석각 수량은 모두 124기이다. 사문 밖에 각각 석사자 한 쌍(그림61), 북문궐 밖에 석마와 견마牽馬 석인 3쌍, 남문 밖의 신도 양측에 남에서 북으로 입석주(화표) 한 쌍, 익마 혹은 기린 한 쌍, 타조 한 쌍, 견마인 5쌍, 괘검석인 10쌍, 번신상 61기, 석비 2기를 배열하였다.

건릉 사마도에 배치된 5쌍의 견마 중에 한 쌍은 보존 상태가 완전하고 나머지는 모두 훼손되었다(그림62). 말의 높이는 1.95m, 너비 0.94m, 길이 2.60m이다. 석인상은 모두 허리 윗 부분이나 머리 부분이 없다. 둥근 옷깃에 소매가 짧은 옷에 허리띠를 차고 장화를 신고서 가슴에 두 손을 모으고 건장하게 선 모습이다. 목 부분은 없으나 그나마 양호한 석인의 높이는 1.54m, 너비 0.62m이다. 괘검석인상은 칼을 짚고 서 있는 석인상으로 높이 3.75m-4.16m, 측면의 두께 0.64-0.90m이다. 머리에 관을 쓰고, 허리띠를 매고, 소매가 크고 폭이 넓은 도포를 입고 있다.

61번신석상은 주작문 앞 동서 양쪽에 위치하였다(그림63).[101] 원래 64기의 석상이나 현재 60기이다. 동쪽에 29기, 서쪽에 31기이다. 석인상을 일반 사람과 같은 크기로 조각하였다. 석상 높이 1.50-1.77m, 어깨 너비는 0.54m, 석좌는 0.85m-0.90m이다. 많은 석상들이 허리띠를 차고 있다. 허리에 조그마한 주머니

---

100   유향양·추교순, 앞의 책, pp.44-51; 葛承雍, 앞의 논문, pp.150-162; 이해원, 앞의 논문, pp.223-252.

101   건릉 육십일 번신석상 현황은 유향양, 추교순, 위의 책, pp.411-415.

그림 61 | 〈석사상〉, 건릉

그림 62 | 〈견마석인상〉, 건릉

인 어대를 찬 석인상이 모두 44기이다. 석인상이 처음 새겨졌을 때 등 부분에 국

그림 63 | 〈61번신석상〉, 건릉

명, 종족, 관직과 성명이 새겨졌으나 지금 식별 가능한 석인상은 7기이다. [102]

건릉에서부터 당대 제왕 능묘에 석사자가 1쌍씩 세워졌다. 건릉에는 원래 4

---

[102] 『陝西通志』권71에 "고종의 장례 때에 여러 국가에서 왕들이 참석했다"는 기록이 있다. 고종의 장례에 참석한 소수민족의 추장 혹은 사신이라고 본다. 元代 李好文이 『長安圖志』를 편찬할 때 39명의 이름을 기록하였다. 이후 여러 학자의 고증을 거쳐 현재 36명의 이름만 밝혀졌다. 36명의 석상 주인공들은 대다수가 당 왕조에 소속된 각 민족의 관원 혹은 경사에 와서 머무르고 있던 주변 민족의 국왕과 왕자들이다. 36기 석인상의 관직 명칭에서 이름 첫 자에 故라는 글자가 많이 나타난다. 건릉 석상을 세울 때 이미 죽은 사람인 것이다. 서쪽에 위치한 아사나미사의 석상 이름에 '고'라고 표기되었다. 『新·舊唐書』의 기록에 아사나미사는 정관 13년 處月, 處密 부족을 거느리고 입조한 서돌궐의 수령으로 표기대장군에 봉해졌다. 고종의 즉위 후 당의 명령으로 군대를 이끌고 서돌궐의 내란을 진압한 공로로 顯慶 2년 초 興昔亡可汗兼左衛大將軍, 昆陵都護에 책봉되었다. 고종 龍朔 2년(662) 모함을 당해 세상을 떠났다. 咸亨 4년(673) 조정은 그의 억울함을 풀어주고 장안에 새 묘비를 세웠다. 고종은 683년 12월에 세상을 떠나 다음해 8월 건릉에 묻혔다. 아사나미사는 20여 년 전에 세상을 떠나서 고종 장례와 무측천 장례에 참석하지 못하였다. 그래서 석상 이름 앞에 '고'를 넣은 것으로 이와 비슷한 석상이 10여 기다. 따라서 석인상들이 모두 고종과 무측천의 장례에 직접 참여한 사람들이라고 보기 어렵다. 유향양, 추교순, 위의 책, pp. 114-118.

쌍, 즉 8기의 석사자가 사문 밖에 세워졌다. 주작문 앞의 두 사자의 거리는 약 16m, 동쪽 석사자 높이는 2.35m, 너비 1.40m, 길이 2.32m이다. 사자좌는 두 층이다. 머리는 쳐든 모습이며 가슴을 펴고 앞 다리에 힘을 주고 버티고 있다.

건릉에서 교릉까지 설계 배치와 석각 조합은 헌릉, 소릉의 전통을 흡수한 것이다. 기본 정방형의 능원에 담을 두르고, 신도 남단에 한 쌍의 석주, 사문 밖에 한 쌍의 석사를 배치한 것은 모두 헌릉에서 온 것이다. '인산위릉'이나 북문 밖에 6필의 석마, 남문 밖에 번신석상, 문 밖에 삼출궐을 배치한 것은 소릉에서 계승하였다.

당 현종의 태릉은 신도 석각이 남북방향으로 한 쌍의 석주(1기 현존), 한 쌍의 익마, 한 쌍의 타조, 5쌍의 견마인, 석인 10쌍(19기 현존)이다. 최북단의 석인과 문궐 사이에 동서 양측에서 번신석상을 발견하였는데 남은 몸체가 11기이다. 그 중 2009년 서측에서 4기가 출토되었다. 사문 바깥에 각 한 쌍의 석사가 있다. 북문 문궐 사이에 원래 견마인 각 3쌍이 있었는데 현존 장마는 4기, 견마인은 3기이다. 태릉에 와서는 석각 몸체와 크기가 작게 변화하여 석인은 높이 2.50-2.75m, 사문 외의 석사 높이가 1.56-1.65m이다. 석인이 문무文武 두 종류로 분류되기 시작하여 동측에 집홀문관, 서측에 집도무관이 배치되었다.[103]

다음으로는 당묘의 석각의 구성을 살펴본다. 당묘 석상의 등급제도에 따른 분기를 보면 제1기 고조-태종시기(618-649), 제2기 고종, 무측천시기(650-705), 제3기 중종·예종·현종 전기前期(705-741)이다.[104]

당묘 석각의 등급에 대해서는『통전通典』에서 "五品以上立碑, 螭首龜趺, 高不得过九尺. 七品以上立碑, 圭首, 方趺, 趺上高四尺. 其善等, 三品以上六事, 五品以上四事"라고 기록되어있다. 1-3품 관원묘의 묘전 석각은 4쌍 8기로 종류는 석

---

103   張建林,「唐代帝陵陵園刑制的發展與演變」,『考古與文物』5(2013), pp.82-90; 賀雲翱, 郭怡, 앞의 책, p.86, pp.377-391.
104   程 義,『關中地區唐代墓葬研究』(北京: 文物出版社, 2012), pp.334-339.

그림 64 | 〈석인상〉, 이적묘

인 1쌍, 석호 3쌍, 석양 3쌍이다. 3-5품 관원묘의 묘전 석각은 3쌍 6기로 석인 1쌍, 석호 2쌍, 석양 2쌍이다.

당 태종 이세민의 다섯 번째 딸인 장락공주의 묘(643)의 석각은 이수귀부석비(높이 3, 너비 1, 3, 두께 0.3m)와 석인, 석양, 석호 각 한 쌍이 있었으나 현재 석인 한 기는 부분적으로 남아있고, 다른 한 기는 완전하다. 석양, 석호는 비교적 완전하게 남았다.

제2기 고종, 무측천시기(650-705)에 특급은 신성장공주묘(663)이다. 귀부이수형 석비와 석인, 석호, 석양, 석주가 각 한 쌍이 있다. 위귀비(665)묘는 귀부 비석, 석주 2기, 석호 2기, 석양 2기 등이 있다. 이적묘(677)는 봉토 앞의 묘도의 양측의 가장 북쪽에 석인 한 쌍, 묘도 좌측에 석양 3기, 우측에 석호 3기(높이 1.80m)가 있다. 묘 앞에는 귀부이수형 비(6.65m)가 세워졌는데 비석의 하부 너비는 1.80m, 두께가 0.5m이다. 소릉 배장묘 중에서 가장 큰 비석이다. 이적묘 석각들은 소릉박물관에 전시되어있다. 각 석인은 높이 2.36m이며, 두 손에 검을 들고 시립하였으며, 연화좌 위에 서서 장포를 입고 있다(그림64). 험상궂은 얼굴에 가슴 앞에 검을 놓고 두 손을 그 위에 올리고 서 있다. 서쪽의 석인의 남쪽에 석호 3기가 남아있다. 남북배열이며 동향을 하고 있고 높이 1.74-1.80m이다. 동쪽 석인의 남쪽에는 석양 3기가 남아있다. 이적묘 석양은 높이 1.74-1.83m, 길이 1.44-1.48m이다. 석호는 3기가 발견되었고, 석호의 높이 1.77-1.81m, 대좌 높이 0.28-0.30m, 길이 143-149m, 너비 0.75m이다.

제3기 중종·예종·현종 전기(705-741)는 의덕태자묘, 영태공주묘, 장회태자묘이다. 의덕태자묘는 남문 밖에 토궐터 1쌍, 석사 1쌍, 석인 1쌍(1쌍은 현재 기단 부분만 남음), 석주 1쌍이 있다. 영태공주묘는 석사, 석인, 석주 각 한 쌍이 있다. 절민태자묘는 석사와 석인이 각 한 쌍, 석주 1건, 장회태자묘는 석주와 석양 한 쌍이다.

7세기 후반의 소릉 배장묘와 8세기 전반의 건릉 배장묘의 신도의 석상의 구성은 석인, 석양, 석호 또는 석사자, 비석으로 정형화되어있다. 7-8세기의 당 황릉에는 석사자가 있으나 7세기의 당 황릉 배장묘의 석상에는 석사자가 없고 8세기 전반부터 석사자가 출현한다.

인물상과 동물상을 조합하여 능묘 앞에 배치하는 것은 중국에서는 한대 이래의 전통이다. 당 고조 헌릉에서는 아직 능의 석각 구성이 정형화되지 않았다. 684년부터 지어지기 시작하여 706년까지 건축된 당 태종의 건릉에서 신도에 석상을 배치하는 규범이 마련된다.

당 능묘의 석인상의 종류를 크게 3가지로 구분하면 하나는 검을 든 석인상이다. 당 태종 건릉의 신도의 총 10쌍의 괘검석인(높이 3.75-4.16m)은 검 자루를 양손으로 쥐고 가슴 앞에 붙이고 당당하게 서 있다. 능묘를 지키는 수호자로서 위엄과 권위를 강조하여 비현실적인 크기에 일률적인 얼굴과 복식 묘사를 보인다. 둘째는 견마 석인으로 말과 함께 조각되었는데 괘검석인에 비하여 현실적인 인물 표현을 볼 수 있다. 돌궐에서는 제사유적에 말과 함께 조각된 석인은 발견되지 않는다. 셋째는 번신석인(건릉 번신석상 1.50-1.77m)으로 대좌나 신체 일부분에 국명, 종족, 관직, 성명 등이 새겨져 있고 좁은 소매, 헐렁한 목깃의 옷을 입고 허리띠를 차고 있다.

한편 소릉박물관 내의 석인 가운데는 헌전에서 발견된 석인상도 있는데 석옹형 괘검석인의 비현실적 비례에 비하여 크기가 작으며 몸의 동세나 손의 표현이 보다 자연스럽다. 소

그림 65 | 〈견마석인상〉, 건릉 남사마도

릉박물관 소장 건릉建陵(762) 남문의 헌전 앞의 소석인은 홀을 가슴에 들고 서 있는데 입고 있는 옷 주름이 현실감 있게 묘사되었다. 같은 건릉의 남사마도 서측의 견마석인은 서역인으로 긴 턱수염에 상체를 오른쪽으로 약간 돌리고 서있는데 팔과 허리, 다리 부분의 옷주름이 사실적으로 유려하게 묘사되었다(그림65). 시베트 올란과 퀼 테긴 제사유적의 석인상의 크기는 당 황제릉의 신도에 놓인 과장된 크기의 패검석인보다는 작으며 소릉昭陵(636)과 건릉乾陵(684)의 장마석인, 번신상과 건릉(762)의 헌전 석인 등의 등신대의 석상과 비슷하거나 작다.

인물조각상의 수량에 있어서 당 고종 건릉은 10쌍의 석인상이 배치되는 반면, 당묘에서는 1쌍이 일반적이다. 중국 당대에는 태릉 이전까지 무인상만 배치되고 태릉 이후부터 문무인석인상이 배치되는데 석인의 관식이나 복식에서 큰 차이가 없으며 모두 입상으로 표현되고 손에 대개 검을 들고 있다. 돌궐 석인상과 같이 잔을 든 사례는 찾아볼 수 없다. 당의 7-8세기 능묘의 패검 석인상들은 복식이나 몸 앞에 세운 검의 크기, 손의 자세 등이 시베트 올란과 여타 돌궐 석인상들과는 차이가 크다.

한편 돌궐 제사유적의 손에 기물을 든 여인입상이라든가 번령을 입은 남녀 시종의 형상은 당묘의 묘도와 묘실 안에 다수 그려졌다. 돌궐 제사유적의 인물상은 조각의 크기나 표현, 복식에서 당의 능묘의 신도에 세워진 석각보다는 당묘의 내부를 장식한 벽화를 연상시킨다. 소릉 배장묘의 벽화는 몽골의 7세기 후반으로 편년되는 바얀노르벽화묘의 인물화와 양식적으로 유사한데 바얀노르묘에는 조각상이 설치되지 않았다. 중국의 당나라에서 장의미술을 담당하던 장인이 파견되어 제작하였다면 돌궐의 몇몇 제사유적의 인물상은 황릉의 배장묘의 벽화에 사용된 도상이 채용된 것일 수도 있다.

돌궐 석인상 가운데 좌상의 정교하게 조각된 묘주 또는 사주 조각상은 중국 당대 능묘나 사당에서 발견되지 않는 유형이다. 정교한 문양이 장식된 복식을 입은 환조의 인물상은 다른 조각상보다 조각 솜씨가 뛰어나 중국 장인이 파견되어 돌궐 묘주의 주문에 의하여 제작되었을 가능성도 있다. 한편 좌상의 중심인물을 석곽이나 적석총 앞에 세우는 방식은 돌궐 고유의 것이거나 유라시아 초원 지대의 전통에 기반한 것으로 보인다. 중국 고분미술에서 좌상의 묘주 표현은 한대 이래로 벽화에 자주 출현하나 환조 조각으로는 거의 찾아보기 어렵다. 묘주좌상은 북조의 벽화묘까지는 성행하나 당대에는 묘주도를 찾아보기 어렵다. 북조묘 가운데 북위의 영하성 고원 뇌조묘의 칠관화의 잔을 한 손에 들고 다리를 꼬고 앉은 묘주좌상은 중앙아시아계통의 인물표현으로 여겨진다. 아프라시압 벽화의 돌궐 인물 좌상에서 유사한 예를 볼 수 있듯이 좌상의 묘주 표현은 중국이 아닌 다른 문화적 배경에서 출현한 것이다.

시베트 올란 석인상의 세부 묘사에서는 번령, 접섭대 등의 복식 묘사가 중국 능묘의 견마 석인, 번신 석인, 헌전 석인 등 현실적인 인물 묘사와 근접하다. 7세기 중에서 8세기 초의 소릉과 건릉의 석인상과 8세기 중의 건릉의 석인상을 비교하면 7세기의 일자형으로 직립한 자세에 경직된 옷주름 표현이 8세기 중 이후에는 S자형의 자연스러운 자세에 유려한 옷주름 표현으로 변화하고 있다. 몽골 돌궐 제사유적의 석상을 당능 석각과 비교하면 시베트 올란의 석상은 8세기 전반의 퀼 테긴과 빌게 카간의 석상보다 고졸하고, 7세기의 소릉과 건릉과 가깝고 8세기중의 건릉석상보다 고졸하여 양식적으로 8세기 전반보다는 이른 7세기말에서 8세기 초 조각으로 보인다.

대개 7세기 후반의 당묘에서는 석사가 없고 석인은 1-2기, 석호는 2-3기, 석양도 2-3기가 세워졌다. 8세기 초의 의덕태자묘, 영태공주묘, 절민태자의 묘에서부터 석사가 2기, 석인이 2기, 석호와 석양은 없고 석주가 1-2기이다. 석인의 수는 2기를 넘지 않는다. 석호는 7세기까지 나오고, 석사는 8세기부터 출현한다. 8세기부터는 석호가 석사로 대체되는 듯이 보인다. 소릉 배장묘에는 석사가 없다가 건릉 배장묘부터 석사가 등장한다. 중국 당대 능묘의 석양상 가운데 7세기의 예로는 소릉박물관 소장 이적묘 석양상(그림66)과 위지경덕묘尉遲敬德墓(649) 석양상(그림67)이 있다. 퀼 테긴과 빌게 칸의 석양상과 같이 장방형의 석대 위에 네 다리를 모으고 앉아있다. 소릉박물관 소장의 이적묘 석호(그림68)와 온언박묘溫彦博墓의

그림 66 | 〈석양상〉, 이적묘

그림 67 | 〈석양상〉, 위지경덕묘

그림 68 | 〈석호상〉, 이적묘

그림 69 | 〈석호상〉, 온언박묘

석호(637)(그림69)는 입을 벌린 것과 다문 것 두 종류가 있다. 몸체가 매끈하고 둥글게 묘사되었으며 꼬리가 오른쪽 다리 아래서 허리 쪽으로 올라와 있다.

시베트 올란의 동물상은 인물상들과 같이 양감이 덜 강조된 편인데, 퀼 테긴과 빌게 카간의 석상들은 부푼 듯한 몸체의 양감이 강조되었다. 표면의 질감 처리도 시베트 올란은 다소 거칠고, 후자는 매끈하게 표면을 다듬어 조각 방법에서 차이가 있다. 시베트 올란 제사유적에서 갈기 끝부분이 날카롭게 묘사된 다른 석사자상에 비하여 머리가 둥글게 묘사된 2기는 석호상과 유사하여, 석사자가 아닌 석호일 가능성도 있다. 또는 중국에서 능묘석각의 유형이 전달되면서 석사와 석호의 도상이 혼합되었을 가능성도 있어 보인다.

시베트 올란 제사유적의 석양과 석사자상의 배치가 중국 능묘의 석양, 석사자상의 배치와 유사하였다면 석사자상은 동서남북 방향의 문의 양쪽에 한 쌍씩 배치되었을 것이다. 한편 석양상은 발굴보고서의 복원도에 따르면 신도에 양쪽에 네 마리씩 배치되었을 것으로 추정된다. 중국 당의 능묘 석각에서 석호와 석양은 능에서는 보이지 않으며, 사자는 능에는 배치되나 8세기 이전에는 보이지 않는다.[105] 수량에서 중국 당의 능묘에서는 석양은 대개 1쌍이 배치되나, 시베트 올란의 5마리의 석양상은 수량 면에서 중국과 차이가 있다.

중국 당대 능묘의 석사자나 석호상과 차별되는 시베트 올란 석사자상의 얼굴의 독특한 이국적인 표현이나 갈기 표현의 강조는 한편으로 사자나 호랑이보다는 이리와 같은 야생동물과 유사하게 보인다. 이는 초원의 동물상의 표현이 가미된 것으로 생각된다. 부구트 비석 상부에 용을 조각하지 않고 이리를 조각한 것처럼 돌궐 건국 설화의 상징인 이리를 조합하여 복합적 동물상을 형상화하였을 가능성도 고려된다.

소릉과 건릉의 배장묘의 석상과 돌궐 카간급 제사유적의 석상을 비교하면 석양과 석사의 수는 비슷하나, 돌궐의 제사유적에는 석주와 석서우(코뿔소)는 보이지 않는다. 석주 대신 여러 기의 발발이 고유의 역할을 하였다고 볼 수 있다. 돌

---

105 박아림, 앞의 논문, 2018, 표 3.

궐 제사유적의 동물석상은 당대 능묘의 동물석상의 조합과 형식을 일부 가져오면서 돌궐 고유의 조형성이 반영된 것으로 생각된다. 수량 면에서 시베트 올란의 석상들은 당의 능묘의 석각의 종류와 수량이 혼재되어있어 일정한 격식을 따르고 있다고 보기 어렵다. 시베트 올란의 석상들을 몽골 초원의 제사유적 석상과 중국 능묘의 석상과 비교하면 양식적인 특징은 8세기 전반의 퀼 테긴과 빌게 카간 제사유적의 석상보다는 다소 고졸하다. 중국의 사례들과 비교하면 7세기의 당 소릉과 건릉의 석상, 그리고 배장묘들의 석상과 비슷하면서 8세기 중의 건릉 석상보다는 이른 것으로 보인다.

5. 맺음말

6-8세기 몽골 초원에 나타난 다양한 제사유적과 석인상의 특징을 시기별로 고찰한 결과 석상들이 원래 유적지에서 벗어난 경우가 많아 확실하지는 않으나 6세기 제사유적인 부구트 유적에는 환조형 석상은 없고 발발과 비석만 있는 반면 신강 소소현 소홍나해묘지 석인은 비석을 사용하지 않고 석인상 몸체에 명문을 새긴 예이다. 초이렌 석인은 소홍나해석인과 같이 석인의 몸체에 명문을 새겨 7세기 말에도 여전히 석상에 명문을 새기는 형식이 사용되었음을 알 수 있다.

7세기 말로 추정하는 시베트 올란 제사유적은 적어도 7세기 말에 석인상, 동물상, 비석과 대석, 사당 등으로 구성된 종합적인 제사유적의 형태를 갖춘 것을 보여준다. 시베트 올란에서 보이는 7세기 돌궐 제사유적의 건축 구조적 특징은 팔각형 건축물을 적석 기단 위에 세운 것이다. 당의 능묘 중에 팔각형 건물지가 신도 뒤에 세워진 예는 찾아보기 어렵다. 팔각형 건물지는 고구려의 환도산성의 팔각형 건물지와 같이 종교적 상징성을 가진 건축물에 사용되기 때문에 시베트 올란의 사당 건물의 기능이 주목된다.

시베트 올란 제사유적의 비석은 중국에서 제작해온 것으로 보이나 명문을 새기는 대신 돌궐 고유의 탐가를 몽골지역에 보이는 암각화 기법 전통을 따라 새긴 것으로 보인다. 돌궐 석인상의 조형도 시베트 올란 제사유적이나 서돌궐지역 석인상은 오르혼 지역의 8세기의 석인상과 차이가 있다.

퀼 테긴과 빌게 카간 제사유적을 보면 8세기 전반에는 중국의 영향으로 석인상군과 동물상군, 비석과 대석, 사당 등 종합적으로 구성된 지배자급의 제사유적의 형식이 완성된 것으로 보인다. 일반적인 제사유적에는 석곽과 인물상의 결합으로 구성된 예가 많다. 환조의 석인상이 아닌 부조 형태로 인물상을 표현하기도 하고, 비석 대신 석곽이나 석인상에 명문을 남기기도 한다. 타르닌 골의 석인상과 시베트 톨고이 석인상에서 보듯이 환조의 돌궐 석인상들은 아프라시압 벽화에서 보는 것과 같이 화려한 문양의 복식을 입은 모습으로 표현되었을 것으로 생각되며 현재는 이러한 장식들이 대부분 거의 사라진 상태이다. 하르 야마트 석인상과 같이 석인상과 명문의 결합 대신 석인상과 암각화를 결합시킨 예도 있다.

시베트 올란 제사유적은 몽골 초원의 미술의 발달에 있어서 돌궐제1제국시기의 석인상들과 돌궐제2제국시기의 제사유적과 함께 돌궐 제사유적과 조각상의 변화와 발전을 살펴볼 수 있는 유적이다. 또한 실크로드의 2대 간선인 초원로와 오아시스로를 따라 이루어진 문화의 흐름에서 돌궐 시기의 다양한 문화양상을 내포하고 있어 독특한 지역적, 시기적 특징이 발현되는 유적이다. 시베트 올란에는 사주 또는 묘주의 환조 좌상이 남아 있지 않으나 유사한 입지를 가진 시베트 톨고이나 타르닌 골의 석인상 제사유적과 비교해본다면 환조의 좌상이 있었을 가능성이 높다.

2017년의 탄소연대측정에 따르면 시베트 올란 제사유적의 연대는 665-671년, 또는 685-691년에 해당되며 톤유쿠크의 정치적 후원을 받아 돌궐제2제국을 세운 일테리쉬 카간의 재위기간인 682-691년에 부합한다. 톤유쿠크와 일테리쉬는 모두 기미지배기간 동안 고비 남부에 거주하며 중국과 초원에 대하여 잘 알고 있는 인물들이었다. 이들은 돌궐의 중심지인 오르혼 지역으로 복귀하려는 목적

을 갖고 수차례의 전쟁을 치르며 687년 돌궐제2제국을 세웠다.[106] 일테리쉬 카간
은 692년경 몽골 초원으로 복위한 다음 몇 년이 지나지 않아 사망하였다. 시베
트 올란 제사유적이 돌궐 고유의 초원문화와 중국 장의미술의 융합을 보여주는
이유는 시베트 올란 제사유적을 조성한 돌궐 지배층이 기미지배 기간 동안 중국
의 고비사막 남부에 거주하면서 중국의 문화에 익숙하였던 동시에 중국 당조로
부터의 독자성을 추구하는 이중적 성격을 갖고 있었던 것이 배경으로 생각된다.

시베트 올란 유적의 석상을 포함한 돌궐 석인상은 자세와 지물과 복식에서 돌
궐 고유의 특징이 발현된다. 돌궐 제사유적의 사당에 안치된 환조로 정교하게
조각된 묘주 또는 사주 조각상은 중국 위진북조수당의 장의미술에서는 조각의
형태로는 찾아보기 어렵다. 중국 한위진북조벽화묘에서는 묘주 좌상이 그려지
는 것이 일반적이나 당묘 벽화에서는 묘주 초상을 찾아보기 어렵다는 점에서 돌
궐 제사유적의 인물좌상은 중국 장의미술과는 다른 문화계통에서 기원한 것으
로 볼 수 있다. 중국의 남북조수당대의 능묘 앞에 세워진 석인상은 입상인 반면,
돌궐석상은 입상과 좌상이 혼합 제작되었다. 중국 장의미술은 묘실 내에 묘주의
좌상을 벽화로 그리고, 능묘 앞의 석각은 무인상을 입상으로 세워 묘주의 무덤
을 수호하는 역할을 부여하는 반면, 돌궐의 제사유적은 사당 내부에 묘주의 생
전 전쟁 장면을 그리고 묘주의 좌상 초상조각을 사당 내부나 석곽 전면에 배치
하였다.

돌궐 석인상 가운데 좌상의 인물상의 강조는 돌궐과 소그드 미술문화를 관통
하여 흐르는 중앙아시아계 인물 묘사가 제사유적의 석인상에서도 표현된 것으
로 생각된다. 돌궐 시기 특유의 잔을 들고 앉은 좌상의 형태는 암각화나 부조로
도 표현되고, 중국 출토 소그드계 석각이나 중국 북조 벽화묘에서도 중앙아시아
계 인물 표현으로 여겨진다. 아직 많은 돌궐 제사 유적이 정식 발굴되지 않은 상

---

106   돌궐제2제국의 성립과 전개에 대해서는 정재훈, 앞의 책, pp. 418-577.

태로서 자료의 조사와 수집이 초기 단계에 불과한 연구여서 부족함이 많으며, 앞으로 돌궐과 위구르시기 유적에 대한 발굴 조사가 향후 더욱 더 진행이 된다면 돌궐 시기의 고고미술건축 연구를 보다 진전시킬 수 있기를 기대한다.

앞의 Ⅰ부와 Ⅱ부에서 살펴본 바얀노르벽화묘와 복고을돌묘는 미술 자료가 풍부하지 못한 6-8세기의 돌궐시기로부터 처음으로 발견된 벽화묘와 묘지 출토묘로 중요한 가치가 있다. 북방유목민의 고분미술의 발달과 전파 관계, 고구려 고분벽화와 북방유목민 고분벽화와의 관계, 중국의 북조, 수당대 벽화묘의 관계, 고구려와 유연, 돌궐, 소그드 등 북방유목민과의 관계를 살펴볼 수 있는 중요한 자료이다. 몽골 바얀노르묘와 복고을돌묘는 섬서 서안지역의 소릉 배장벽화묘, 영하 고원 남교 수당묘, 신강 투루판 아스타나당묘의 벽화와 견화, 토용과 견의목용, 출토직물, 금속공예품 방면에서 친연성을 보인다. 현재의 몽골 중부지역의 7세기 묘에 서안지역의 당묘의 미술문화만이 아니라 고원지역의 소그드계묘와 투루판 아스타나묘의 중앙아시아계 미술문화가 복합적으로 나타나는 것으로 보아 해당 지역들 간에 영향관계 또는 교류관계를 짐작하게 한다.

바얀노르묘와 복고을돌묘는 신강 투루판과 영하 고원의 두 지역과 문화적 흐름을 공유하는 듯이 보인다. 바얀노르묘와 복고을돌묘는 시기적으로는 아스타나 묘군보다는 이르고, 고원지역 사씨묘군과 가깝다. 사씨묘군에 속하는 묘들은 사사물묘(610), 사색암묘(부인 658, 사색암 664), 사가탐묘(669), 사철봉묘(670), 사도덕묘(678), 양원진묘(699)이다. 신강지역 묘와는 견화와 병풍틀의 설치와 발견, 그리고 견의목용의 부장에서, 영하지역 묘와는 벽화 구성, 금속용기, 비잔틴 금화, 소형 마구, 용류(진묘무사용, 토용) 등에서 유사성이 있다. 699년의 양원진묘의 고사인물화 벽화가 바얀노르묘에서는 견화로 발견된다. 견의목용의 제작기법은 투루판에서 온 것일 가능성이 있다. 아스타나지역 용은 종이로 팔을 만들고 사직絲織으로 장포를 만들었는데 바얀노르묘는 연주문 직물로 팔을 만든 차이가 있다. 시기적으로는 바얀노르묘와 복고을돌묘의 견화나 견의목용이 성당으로 편년되는 신강 아스타나 출토품보다 이르다.

바얀노르벽화묘와 복고을돌묘 출토 병풍화는 비교적 가장 이른 시기에 제작된 병풍 견화의 실물 발견 사례로서 중요하다. 아스타나 견화는 바얀노르묘와 복고을돌묘보다 시기적으로 늦지만 화면 상단에 적색으로 중복되게 선을 그은 표현법이나 화훼 수목의 표현이 벽화에서는 볼 수 없는 당시에 유행한 회화기법이나 수준을 보여준다는 점에서 중요하다. 바얀노르묘의 수하인물도 견화는 고원시박물관에 소장된 양원진묘의 수하인물도와 유사하여 고사인물화 계통으로 보인다. 복고을돌묘는 벽화는 없으나 견화 병풍의 설치 가능성이 있다. 견화 제작지나 구입, 운반과 묘실 내의 배치 방법도 좀 더 연구될 필요가 있다. 바얀노르묘의 목관 내에서 나온 돌궐계 금제용기, 그리고 복고을돌묘 묘역 내에서 발견되었다고 하는 돌궐계 은기는 돌궐 석인상과 소그드 벽화에서 특징적으로 표현되는 기형으로 중앙아시아문화와의 연계성을 보여준다.

바얀노르묘와 복고을돌묘에 보이는 당대 묘장미술의 전파 경로 중 하나는 영하 고원지역으로 보인다. 잘 알려진 대로 돌궐과 소그드의 밀접한 관계를 고려하면 소그드족인 사씨묘군에서 받아들인 중국 장의미술을 철륵, 또는 돌궐 또한 받아들인 것이다. 당대 묘장미술의 중심지였던 섬서 서안의 장의미술의 형식과 기술을 신강 투루판, 영하 고원과 몽골 중부지역에서 받아들인 것은 확실하다. 다만 세 지역의 장의미술에서 지역 간 공통점이 보이는 동시에 섬서 서안과 다른 지역적 특징이 보이는 점은 장안 지역의 장의미술의 형식과 기법의 지역적 변용의 정도, 또는 각 지역에 파견된 장인집단이나 모본과 기술의 교류와 변형 등에 기인하는 것으로 생각된다.

바얀노르묘와 복고을돌묘 출토 소조용과 목용은 해당 지역과 신강, 감숙, 영하 지역의 제작 장인 집단과 묘 축조 집단(고차, 철륵, 회흘 등)의 특징과 연원 및 교류 관계를 고려할 필요가 있다. 특히, 영하 고원 사씨묘군의 묘 구조, 벽화 구성, 인물과 동물용, 진묘용, 소형 마구 등의 금속공예품과 비잔틴 금화들을 고려할 때 바얀노르벽화묘와 복고을돌묘의 축조는 영하 고원지역에 형성된 복합적

장의미술 조성 집단과의 교류 또는 파견에 의하여 이루어졌을 가능성을 고려할 수 있다.

바얀노르묘와 복고을돌묘의 묘지나 벽화 등은 중국 당대 고분미술의 영향을 강하게 보여주나, 부장품과 장법에서 차이점이 있다. 바얀노르 고분은 돌궐세력이 고비 남부로 내려가 생활하고 회흘을 비롯한 투르크계(철륵)가 몽골 초원에서 활동하던 기미지배시기에 축조되었을 가능성이 높아 당시 톨 강 유역에 거주하던 복고씨를 포함한 철륵이 당으로부터 받아들인 장의미술의 형태를 보여주는 것으로 추정된다.

바얀노르벽화묘와 복고을돌묘의 출토품에 보이는 중앙아시아와의 연관성과 북방유목민 특유의 장법과 신앙은 같은 7-8세기로 추정하는 시베트 올란과 같은 돌궐 제사유적들에서 관찰된다. 당대 장의미술의 지역적 변용과 동시에 돌궐 고유의 묘제와 상징성을 잘 발현하고 있다는 점에서 주목된다.

섬서 서안의 돌궐인의 묘인 아사나충묘와 벽화나 용의 종류, 수량이 유사하여 수도인 장안에서 장인을 보내 몽골의 두 묘를 조성하였을 가능성이 높지만, 한편 바얀노르벽화묘와 복고을돌묘를 조성한 장인집단은 신강 아스타나와 영하 고원 지역과도 연관성을 가진 것으로 추정된다.

돌궐의 제사유적은 당의 제왕능묘의 석각의 영향을 받은 것으로 여겨지지만 소릉육준의 예에서 보듯이 돌궐이 오히려 당의 미술에 영향을 미친 것으로 보는 연구도 있다. 돌궐은 석각의 구성에서 당의 능묘 석각과 차이가 있다. 돌궐 고유의 특징을 보여주는 제사유적은 8세기의 빌게 카간 제사유적보다는 탐가를 새긴 비석이 세워진 시베트 올란 제사유적이다. 시베트 올란 제사유적의 비석의 탐가는 몽골지역에 보이는 암각화 기법 전통을 따른 것으로 보인다. 돌궐 석인 상의 조형도 시베트 올란 제사유적이나 서돌궐지역 석인상은 오르혼 지역의 8세기의 석인상과 차이가 있다. 바얀노르벽화묘에는 소그드인 또는 거란인으로 추정되는 마부가 그려졌으나 돌궐 복식을 입은 인물은 찾아보기 어렵다. 이에 비하여 돌궐 석인상들은 중국 당나라에서 장인을 보낸 대형 제사유적지에서 발견되는 중국풍의 석인상을 예외로 하고 대부분 돌궐 고유의 복식을 입고 있어 독자성을 잘 보여준다.

이상으로 몽골의 6-8세기 돌궐시기 묘장의 특징과 7세기 바얀노르벽화묘와 복고을돌묘의 벽화와 부장품, 그리고 몽골의 6-8세기 제사유적과 석인상의 고찰을 통하여 6-8세기 몽골 초원에 나타난 미술의 특징과 발달을 살펴보았다. 고유의 미술문화가 많이 남아있지 않은 유목민으로서 철륵과 돌궐의 미술을 살펴보는 데는 한계가 있었으나 철륵과 돌궐이 당시의 장의미술과 제의미술을 어떻게 변용시켜서 발전시켰는지 분별하고자 하였다. 중국의 능묘미술과의 비교를 중심으로 논의를 전개시킨 점은 연구의 한계점이자 아쉬움으로 남으며, 향후 유라시아의 초원의 고고미술문화에 대한 연구를 보다 깊이 있게 진행하고자 한다.

앞으로 관련되는 동투르키스탄(중국 신강성)과 서투르키스탄지역의 유적과 유물 자료를 좀 더 비교 고찰한다면 돌궐 영역 내의 미술문화를 규명하는데 도움이 될 것으로 생각된다. 돌궐 유목제국의 지배층과 협력하여 동쪽의 중국, 서쪽의 비잔틴 제국과 사산 왕조를 연결하는 실크로드 무역을 장악한 서투르키스탄 출신의 소그드인들과 연계성 속에서 돌궐의 미술을 연구하는 것이 필요하다. 오아시스로와 초원로를 통한 문화 전파 양상을 분석하고 초원로에 거주한 북방유목민들의 문화 유산을 복원하는데 도움이 될 것이다.

잘 알려진 우즈베키스탄 사마르칸트 아프라시압 궁전벽화의 고구려인은 7세기 후반 서돌궐 시대 사마르칸트 왕 바르후만을 알현하는 장면에 출현한다. 서돌궐은 6-7세기 중앙아시아의 에프탈과 소그드를 정벌하고 왕국을 건립하여 전성기에는 서로는 사산조 페르시아, 동으로는 몽골에 이르는 제국을 건설하고 비잔틴에 사절을 파견하는 등 대외활동을 전개한다. 소그드미술의 양식과 도상은 중국의 남북조수당시대의 소그드계 석각미술에 유입된다. 이들 석각에는 소그드와 함께 초원에서 활동한 돌궐인의 다양한 생활상도 담고 있다. 아프라시압 궁전벽화에서부터 시작하여 6-8세기 소그드 지역의 벽화문화를 고찰하고 소그드미술이 돌궐의 석인상과 금속용기 등의 미술에 미친 영향과 중국의 소그드계 석각과의 관계를 고찰한다면 돌궐이 다스린 6-8세기 초원지역을 통하여 전파되었을 중앙아시아문화의 특징을 규명할 수 있을 것이다. 동서교류 루트로서의 오아시스 실크로드와 해양 실크로드는 많은 연구가 진행되었으나 초원로에 대한 연구는 자료의 영성함과 접근성의 문제로 아직 활발하게 연구가 진척되지 못하였다. 특히 고구려와 발해의 국제적 성격의 미술문화에 대한 연구에서 돌궐 시기의 몽골 지역의 미술문화 유적과 유물을 찾고 조사하여 정리하는 작업은 반드시 필요한 작업이라고 생각된다.

　몽골의 돌궐 시기 유적은 그간의 고고발굴이 흉노 등 이른 시기에 집중되어있었기 때문에 최근에야 본격적인 발굴이 시작되고 발굴 성과가 나오고 있는 상황이다. 퀼 테긴과 빌게 카간 제사유적의 주변에도 돌궐시기 제사유적과 석인상들이 여러 곳에 흩어져 조성되어있어 앞으로 호쇼 차이담 지역을 포함하여 추가 발굴이 이루어진다면 돌궐 제사유적의 전반적인 규모나 배치 등을 보다 더 연구할 수 있을 것으로 생각된다. 2019년 여름 돌궐 제사유적의 발굴이 여러 곳에서 진행 중인 상황을 살펴본 후 아직 발굴 성과가 많이 축적되지 않은 상태의 6-8세기 미술을 다룬다는 것에 대해 조심스럽지만 2012년 이후 현재까지의 논고들을 정리함으로써 앞으로의 연구를 위해 시작점으로 삼게 되길 바란다.

참고 문헌

『北史』,『周書』,『隋書』,『舊唐書』,『新唐書』

1. 한국

1) 단행본

국립중앙박물관 編,『실크로드와 둔황』, 국립중앙박물관, 2010.

_____,『西域美術』, 국립중앙박물관, 2003.

_____,『중국 고대회화의 탄생』, 국립중앙박물관, 2008, p.145.

블라지미르 D. 꾸바레프,『알타이의 제사유적』, 이헌종·강인욱 역. 학연문화사, 1999.

동북아역사재단 편,『周書·隋書 外國傳 譯註』, 동북아재단, 2010.

_____『北史 外國傳 譯註』, 동북아역사재단, 2010.

_____『舊唐書 外國傳 譯註』, 동북아역사재단, 2011.

_____『新唐書 外國傳 譯註』, 동북아역사재단, 2011.

동북아역사재단·러시아과학아카데미 물질문화사연구소,『중앙아시아의 바위그림』, 동북
아역사재단, 2007.

데 바이에르 저, 박원길 역,『몽골석인상의 연구』, 혜안, 1994.

박아림,『고구려 고분벽화 유라시아 문화를 품다』, 학연문화사, 2015.

정병준,『중국의 발해 대외관계사 연구』, 동북아연구재단, 2011.

張光直,『신화, 미술, 제사』, 동문선, 1995.

정재훈,『돌궐 유목제국사 552-745』, 사계절, 2016.

조선일보사 編,『中國國寶展』, 솔대, 2007.

유향양·추교순,『중국 당대 황제릉 연구』, 서경문화사, 2012.

이정옥,『중국복식사』, 형설출판사, 2000.

Talat Tekin 저, 이용성 역,『돌궐비문연구』, 제이엔씨, 2008.

2) 논문

강병희,「고대 중국 건축의 8각 요소 검토」,『한국사상사학』36 (2010), pp. 1-49.

강인욱,「유라시아 동부 초원지역 선비 유연 시기 고고학적 문화와 그 의의」,『동북아역사 논총』57(2017), pp. 34-75.

_____,「알타이지역 투르크문화의 형성과 고구려」,『고구려발해연구』21(2005), pp. 557-582.

권영필,「아프라시압 궁전지 벽화의 '고구려 사절'에 관한 연구」,『중앙아시아 속의 고구려 인 발자취』, 동북아역사재단, 2007, pp. 14-59.

_____,「고구려 회화에 나타난 대외교섭」,『고구려 미술의 대외교섭』, 한국미술사학회 (1996), pp. 173-193.

권현주,「투르크 제국의 복식문화」,『중앙아시아연구』17-1 (2012), pp. 157-161.

김대환,「교하고성 거우시 무덤군 강씨가족무덤」, 국립문화재연구소 編,『실크로드 연구사 전 동부: 중국 신장』, 국립문화재연구소, 2019, p. 368.

김용문·G. 에렉젠,「몽골석인상의 복식연구」,『한복문화』11-3 (2008), pp. 193-205.

金浩東,「唐의 羈縻支配와 北方 遊牧民族의 對應」,『歷史學報』137 (1993), pp. 143-154.

디마자브 에르덴바타르,「몽골 초원의 청동기 문화와 석인상 연구」,『史學志』44 (2012), pp. 33-81.

민병훈,「중앙 아시아의 소그드 문화」, 국립중앙박물관 編,『동서문명의 십자로, 우즈베키 스탄의 고대문화』, 국립중앙박물관, 2010, pp. 232-247.

_____,「실크로드와 동서문화 교류」, 국립중앙박물관 編,『실크로드와 둔황』, 국립중앙박 물관, 2010, pp. 214-241.

박소현,「몽골 올란 헤렘 고분의 기마악토용(騎馬樂土俑)」,『국악원논문집』33 (2016), pp. 55-74.

박아림,「중국 위진 고분벽화의 연원 연구」,『동양미술사학』1 (2012), pp. 75-112.

_____, 「몽골에서 최근 발굴된 돌궐시기 벽화고분의 소개」, 『고구려발해연구』 43 (2012), pp. 175-200.

_____, 「몽골 볼간 아이막 바얀노르 솜 올란 헤렘 벽화묘 연구」, 『중앙아시아연구』 19-2 (2014), pp. 1-25.

_____, 「고구려 고분벽화와 북방문화」, 『高句麗渤海硏究』 50 (2014), pp. 281-341.

_____·L. 에르데네볼드·낸시 S. 스타인하트, 「몽골 바얀노르 벽화묘와 복고을돌묘 출토 용과 비잔틴 금화 연구」, 『중앙아시아연구』 22-1 (2017), pp. 73-99.

_____·L. 에르데네볼드·낸시 S. 스타인하트, 「6-8세기 몽골 초원의 제사유적과 석인상 연구」, 『중앙아시아연구』 23-2 (2018), pp. 143~168.

_____, 「몽골 초원의 7~8세기 석상 연구 -시베트 올란 제사유적을 중심으로-」, 『중앙아시아연구』 24-2 (2019), pp. 33-59.

_____, 「중국 영하회족자치구의 고원수당묘와 염지당묘 벽화와 석각연구」, 『동양미술사학』 8 (2019), pp. 93-120.

_____, 「아스타나 무덤군 7-8세기 회화」, 국립문화재연구소 編, 『실크로드 연구사전 동부: 중국 신장』, 국립문화재연구소, 2019, pp. 436-441.

_____, 「아스타나 무덤군 6폭 병풍 벽화」, 국립문화재연구소 編, 『실크로드 연구사전 동부: 중국 신장』, 국립문화재연구소, 2019, pp. 442-443.

_____, 「바다무 무덤군 방로마 금화」, 국립문화재연구소 編, 『실크로드 연구사전 동부: 중국 신장』 국립문화재연구소, 2019, pp. 392-393.

박한제, 「唐代 六胡州 州城의 建置와 그 운용」, 『中國學報』 59 (2000), pp. 187-223.

소현숙, 「中國 南北朝時代 寶珠文 연구」, 『미술사논단』 24 (2007), pp. 63-95.

양민지·손영훈, 「괵투르크 석인상과 발발(balbal)의 의미와 기능에 대한 고찰: 투르크 영혼관을 중심으로」, 『中東硏究』 35-3 (2017), pp. 75-101.

양예은, 『돌궐 복식 연구』, 숙명여자대학교 석사학위논문 (2016).

양홍, 「중국 俑의 연원과 발전」, 『미술사논단』 26 (2008), pp. 33-34

염경이, 『唐 前半期 使臣 外交 硏究』, 전북대학교 대학원 석사논문 (2011).

윤형원·G. 에렉젠, 「몽골 석인상의 편년과 상징성에 대한 일고찰」, 『중앙아시아연구』 11 (2006), pp. 197-209.

李星明, 「關中地域 唐代 皇室壁畫墓의 도상연구」, 『美術史論壇』 23 (2006), pp. 101-125.

이송란, 「중국에서 발견된 고전신화가 장식된 서방 은기」, 권영필, 김호동 編, 『중앙아시아의 역사와 문화』 下. 솔, 2007, pp. 151-178.

이재성, 「아프라시압 宮殿址 壁畫의 "鳥羽冠使節"에 관한 고찰 -高句麗에서 사마르칸트(康國)까지의 路線에 대하여-」, 『중앙아시아연구』 18-2 (2013), pp. 1-34.

임영애, 「고구려 고분벽화와 고대중국의 西王母신앙」, 『강좌 미술사』 10 (1998), pp. 157-179.

_____, 「중국 고분 속 鎭墓獸의 양상과 불교적 변형」, 『미술사논단』 25 (2007), pp. 37-65

전호태, 「중국 한~당 고분벽화와 지역문화」, 『역사문화연구』 33 (2009), pp. 155-202.

_____, 「한~당 사신도」, 『중국 화상석과 고분벽화 연구』, 솔, 2007, pp. 233-296.

정재훈, 「퀼 테긴, 빌게 카간 제사 유적의 발굴과 그 의미」, 『몽골의 역사와 초원 문화의 역동』 중앙아시아학회 학술대회 발표논문집 (2018), pp. 53-60.

_____, 「14세기 高昌 위구르 후예의 과거 기억 복원—《亦都護高昌王世勳碑》의 시조 신화 재검토—」, 『중앙아시아연구』 17 (2012), pp. 1-27.

_____, 「唐 玄宗(712-756) 初期의 北伐과 突厥의 對應」, 『중국사연구』 98 (2015), pp. 1-38.

_____, 「突厥 阿史那氏의 原住地 再檢討 — 阿史那氏의 發生과 移住, 그리고 勢力化 過程 —」, 『중앙아시아연구』 16 (2011), pp. 53-78.

_____, 「突厥 初期史의 再構成 — 建國 神話 研究의 再檢討를 중심으로 —」, 『중앙아시아연구』 14 (2009), pp. 1-31.

_____, 「唐 中宗時期(705-710) 對外 政策과 突厥의 對應」, 『중국사연구』 52 (2008), pp. 107-145.

_____, 「突厥 初期(552~556)의 國家 構造」, 『중앙아시아연구』 19-1 (2014), pp. 61-89.

_____, 「북아시아 유목 군주권의 이념적 기초 : 건국 신화의 계통적 분석을 중심으로」, 『동양사학연구』 122 (2013), pp. 87-133.

_____, 「突厥 建國 神話 記錄의 再檢討」, 『중앙아시아연구』 12 (2007), pp. 1-22.

_____, 「야글라카르 위구르(744-795) 초기 갈록가한(葛勒可汗(747-759)의 세계관 -돌궐 (突厥)제2제국 빌게 카간(716-734)과 비교하여-」, 『중앙아시아연구』 3 (1998), pp. 1-24.

_____, 「돌궐 (突厥) 제2제국시기 (682-745) 톤유쿠크의 역할과 그 위상 - 퉁유쿠크 비문 (碑文)의 분석을 중심으로 -」, 『동양사학연구』 47 (1994), pp. 1-63.

_____, 「위구르 카를록 카간(747~759)의 季節的 移動과 그 性格」, 『중앙아시아연구』 11 (2006), pp. 1-28.

_____, 「유목세계 속의 도시 -위구르 유목제국(744~840)의 수도 카라 발가순-」, 『동양사학 연구』 84 (2003), pp. 1-28.

_____, 「위구르의 마니교 수용과 그 성격」, 『역사학보』 168 (2000), pp. 151-187.

_____, 「위구르 초기(744-755) '구성회흘'의 부족 구성 -'토구르 오구즈(Toquz Oruz)' 문제 의 재검토-」, 『동양사학연구』 68 (1999), pp. 103-135.

정옌, 「그림의 테두리를 누른 붓끝」, 『죽음을 넘어』, 지와 사랑, 2019, pp. 415-437.

주경미, 「中國 龍門石窟 菩薩像의 莊嚴具 硏究 -목걸이와 영락장식을 중심으로-」, 『불교미 술사학』 5 (2007), pp. 495-525.

_____, 「중국출토 外來系 장신구의 일고찰」, 『중앙아시아연구』 11 (2007), pp. 173-196.

_____, 「장신구를 통해 본 동서교섭의 일면-수대 이정훈묘 출토 금제 공예품을 중심으로」, 『동서의 예술과 미학』, 솔, 2007, pp. 221-246.

최재영, 「당 장안성의 살보부 역할과 그 위치」, 『중앙아시아연구』 10 (2005), pp. 25-50.

탁경백, 「몽골 고비-알타이 고고유적 조사 성과」, 『2011 Asia Archaeology』, 문화재연구소, 2011.

2. 중국

1) 단행본

祁小山·王博, 『絲綢之路 新疆古代文化』, 烏魯木齊: 新疆人民出版社, 2008.

段連勤,『丁零, 高車與鐵勒』, 上海: 人民出版社, 1988.

羅 豊,『胡漢之間-"絲綢之路"與西北歷史考古』, 北京: 文物出版社, 2004.

_____,『固原南郊隋唐墓地』, 北京: 文物出版社, 1996.

薛宗正,『突厥史』, 北京: 社會科學出版社, 1992.

新疆新疆維吾爾自治區文物局,『新疆草原石人與鹿石』, 北京: 科學出版社, 2011.

劉向陽,『唐代帝王陵墓』, 西安: 三秦出版社, 2012.

西安市文物保護考古所 編,『西安文物精華 金銀器』, 西安: 世界圖書出版西安有限公司, 2012

徐光冀 主編,『中國出土壁畫全集』9卷 甘肅·寧夏·新疆. 北京: 科學出版社, 2012.

陝西歷史博物館 編,『唐墓壁畫眞品選粹』, 西安: 陝西人民美術出版社, 1991.

_____,『唐墓壁畫研究文集』, 西安: 三秦出版社, 2001.

陝西省歷史博物館·昭陵博物館 合編,『昭陵文物精華』, 西安: 陝西人民美術出版社, 1991.

陝西省博物館·陝西省文物管理委員會,『唐李重潤墓壁畫』, 北京: 文物出版社, 1974.

_____,『唐李賢墓壁畫』, 北京: 文物出版社, 1974.

陝西省考古研究所,『西安北周安伽墓』, 北京: 文物出版社, 2003.

昭陵博物館 編,『昭陵唐墓壁畫』, 北京: 文物出版社, 2006.

楊軍凱,『北周史君墓』, 北京: 文物出版社, 2014, p.44.

王炳華,『訪古吐魯番』, 烏魯木齊: 新疆人民出版社, 2001.

寧夏回族自治區固原博物館 編,『原州古墓集成』, 北京: 文物出版社, 1999.

寧夏固原博物館 編,『固原历史文物』, 北京: 科學出版社, 2004.

上海博物館 編,『絲綢之路古國錢幣暨絲路文化國際學術研討會論文集』, 上海: 上海書畫出
        版社, 2011.

原州聯合考古隊,『北周田弘墓』, 北京: 文物出版社, 2009.

_____,『唐史道洛墓』, 北京: 文物出版社, 2014.

劉永連,『突厥喪葬風俗研究』, 桂林: 廣西師範大學出版社, 2012.

吳玉貴,『突厥汗國與隋唐關系史研究』, 北京: 社會科學出版社, 1998.

李星明,『唐代墓室壁畫研究』, 西安: 陝西人民美術出版社, 2006.

林幹, 『突厥史』, 呼和浩特: 內蒙古人民出版社, 1988.

林通雁, 『中國陵墓彫塑全集』, 西安: 陝西人民美術出版社, 2009.

鄭州市文物考古研究所, 『中國古代鎭墓神物』, 北京: 文物出版社, 2004.

前田正名, 『河西歷史地理學研究』, 陳俊謀 譯. 北京: 中國藏學出版社, 1993.

程義, 『關中地區唐代墓葬研究』, 北京: 文物出版社, 2012.

趙豊 編, 『絲綢之路美術考古槪論』, 北京: 文物出版社, 2007.

周天游 主編, 『陝西歷史博物館 唐墓壁畫研究文集』, 西安: 三秦出版社, 2001.

中國美術全集編輯委員會 編, 『中國美術全集, 繪畫編 2 隋唐五代繪畫』, 北京: 文物出版社,
        1985.

秦浩 編, 『隋唐考古』, 南京: 南京大學出版社, 1996.

陳安利, 『唐十八陵』, 北京: 中國靑年出版社, 2001.

太原市文物考古研究所 編, 『北齊婁叡墓』, 北京: 文物出版社, 2004.

韓偉, 張建林, 『陝西新出土唐墓壁畫』, 重慶: 重慶出版社, 1998.

2) 논문

郭雲艶, 「論蒙古國巴彦諾爾突厥壁畫墓所出金銀幣的形制特征」, 『草原文物』2016年 1期.

洛陽市文物工作隊, 「洛陽龍門唐安菩夫婦墓」, 『中原文物』1982年 3期.

内蒙古文物工作隊, 内蒙古博物館, 「呼和浩特市附近出土的外國金銀幣」, 『考古』1975年 3期.

黨郁, 「2014年内蒙古自治區文物考古研究所考古發現綜述」, 『草原文物』2015年 1期.

全濤, 「青海都蘭热水一號大墓的形制, 年代及墓主人身份探討」, 『考古學報』2012年 4期.

東潮, 「蒙古国境内的両座突厥墓」, 『北方民族考古』, 2016年 3輯.

屠燕治, 「東羅馬立奧一世金幣考释」, 『中國錢幣』1995年 1期.

馬曉玲, 『北朝至隋唐时期入华粟特人墓葬研究』, 西北大學博士學位論文, 2015.

樊軍, 「寧夏固原發現東羅馬金幣」, 『中國錢幣』2000年 1期.

富平縣文化館·陝西省博物館·陝西省文物管理委員會, 「唐李鳳墓發掘簡報」, 『考古』1977年 5期.

西安市文物保護考古所, 「西安市北周史君墓石槨墓」, 『考古』2004年 7期.

西安市文物保護考古所,「西安北周康業墓發掘简报」,『文物』2008年 6期.

薛宗正,「僕固部的興起及其與突厥回鶻的關係」,『西域研究』2000年 3期.

陝西省博物館革委會寫作小組,「西安南郊何家村發現唐代窖藏文物」,『文物』1972年 1期.

陝西省考古研究所,「西安發現的北周安伽墓」,『文物』2001年 1期.

_____,「西安北郊北周安伽墓發掘簡報」,『考古與文物』2000年 6期.

陝西省考古研究所·涇陽縣文館會,「唐張仲暉墓發掘簡報」,『考古與文物』1992年 1期.

陝西省考古研究所·陝西歷史博物館·昭陵博物館,「唐昭陵新城長公主墓發掘簡報」,『考古與
　　　文物』1997年 3期.

陝西省考古研究所唐墓工作組,「陝西西安東郊蘇思勖墓清理簡報」,『考古』1960年 1期.

陝西省文物管理委員會,「唐永泰公主墓發掘簡報」,『文物』1964年 1期.

_____,「西安東郊唐墓清理記」,『考古通信』1956年 6期.

_____,「西安羊頭鎭唐李爽墓的發掘」,『文物』1959年 3期.

_____,「陝西省三原縣雙盛村隋李和墓清理簡報」,『文物』1966年 1期.

_____,「長安縣南里王村唐韋泂墓發掘記」,『文物』1959年 8期.

_____,「唐永泰公主墓發掘簡報」,『文物』1964年 1期.

陝西省文物管理委員會·禮泉縣昭陵文管所,「唐阿史那忠墓發掘簡報」,『考古』1977年 2期.

陝西省博物館·乾縣文教局唐墓發掘組,「唐懿德太子墓發掘簡報」,『文物』1972年 7期.

_____,「唐章懷太子墓發掘簡報」,『文物』1972年 7期.

陝西省社會科學院考古研究所,「陝西咸陽唐蘇君墓發掘」,『考古』1963年 9期.

陝西省博物館·文管會,「唐李壽墓發掘簡報」,『江漢考古』1974年 9期.

陝西省博物館·禮泉縣文教局唐墓發掘組,「唐鄭仁泰墓發掘簡報」,『文物』1972年 7期.

陝西省博物館·陝西省文管會,「唐李壽墓發掘簡報」,『文物』1974年 9期.

蘇健,「美國波士頓美術館藏洛陽漢墓壁畫考略」,『中原文物』1984年 2期.

昭陵文館所,「昭陵陪葬墓調查記」,『文物』1977年 10期.

昭陵博物館,「唐昭陵段簡璧墓清理簡報」,『文博』1989年 6期.

_____,「唐昭陵李勣陪葬墓清理簡報」,『考古與文物』2000年 3期.

＿＿＿＿＿＿，「唐昭陵長樂公主墓」，『文博』1988年 3期.

＿＿＿＿＿＿，「唐安元壽夫婦墓發掘簡報」，『文物』1988年 12期.

蘇俊等，「內蒙古和林格爾北魏壁畫墓發掘的意義」，『中國文物報』1993年 11月 28日.

宿白，「中國境內發現的東羅馬遺物」，中國大百科全書出版社編輯編輯部，『中國大百科全書·
　　　考古學卷』，1986.

孫莉，「薩珊銀幣在中國的分布及其功能」，『考古學报』2004年 1期.

阿·敖其爾, 勒·額爾敦寶力道, 薩仁畢力格，「蒙古國布爾幹省巴彥諾爾突厥壁畫墓的發掘」，
　　　『草原文物』2014年 1期.

安崢地，「唐房陵大長公主墓清理簡報」，『文博』1990年 1期.

楊富學，「唐代僕固部世系考—以蒙古國新出僕固氏墓誌銘爲中心」，『西域研究』2012年 1期.

＿＿＿＿，「蒙古国新出土僕固墓志研究」，『文物』2014年 5期.

王禹浪·王俊錚，「海外的靺鞨研究綜述」，『滿族研究』2015年 1期.

王志煒，「吐鲁番出土彩繪泥俑的藝術風格—以騎馬女俑造型爲例」，『藝術百家』2009年 6期.

負安志，「陝西長安縣南里王村與咸陽飛機場出土大量隋唐珍貴物」，『考古與文物』1993年 6期.

於靜芳，「唐墓壁畫女性圖像風格研究」，西安美術學院 博士學位論文 (2018).

寧夏回族自治區博物館，「寧夏鹽池唐墓發掘簡報」，『文物』1988年 9期.

寧夏固原博物館，「寧夏固原唐史道德墓清理简报」，『文物』1985年 11期.

羿離子，「對定邊縣發現的東羅馬金幣的研究」，『中國錢幣』2001年 4期.

＿＿＿＿＿，「陝西新發現的東羅馬金幣及其折射的中外交流」，『文物世界』2002年 1期.

＿＿＿＿＿，「對中國西北地區新出土三枚東羅馬金幣的考釋」，『考古』2006年 2期.

牛金梁，「阿斯塔纳張雄夫婦墓出土彩塑俑的造型風格辨析」，『史論空間』2014年 253期.

劉大有，「甘肅天水新發現一枚東羅馬福卡斯金幣」，『絲路騎車訪古覓幣錄』，中國泉友叢書,
　　　1987, pp. 40-46.

劉呆運, 王保東，「唐節愍太子李重俊墓」，『中國考古學年鑑』，北京: 文物出版社, 1996年.

閻璘，「青海烏蘭縣出土東羅馬金幣」，『中國錢幣』2001年 4期.

姚書文，「吐魯番阿斯塔那出土的雕塑及制作工藝」，『新疆文物』1989年 4期.

李征,「新疆阿斯塔那三座唐墓出土珍貴絹畫及文書等文物」,『文物』1975年 10期.

李生程,「陝西定邊縣發現東羅馬金幣」,『中國錢幣』2000年 2期.

李新全,「朝陽雙塔區唐墓」,『文物』1997年 11期.

李錦繡,「從漠北到河東:薩珊銀幣與草原絲綢之路」,『青海民族研究』2018年 1期.

李强,「歐亞草原絲路與沙漠綠洲絲路上發掘的拜占庭錢幣研究述論」,『草原文物』2016年 1期.

李肖·張永兵·張振峰,「新疆吐魯番地區木納爾墓地的發掘」,『考古』2006年 12期.

林英·薩仁華力格,「族屬與等級：蒙古國巴彥諾爾突厥壁畫墓初探」,『草原文物』2016年 1期.

林梅村,「固原粟特基所出中古波巧文印章及其相關問題」,『考古與文物』1997年 1期.

任寶磊,『新疆地區的突厥遺存與突厥史地研究』, 西北大學博士學位論文 (2013).

張海云,「咸陽唐賀若氏及隋獨孤羅夫婦墓出土的東羅馬金幣」,『中國錢幣』1998年 4期.

張全民,「西安東郊清理的兩座唐墓」,『考古與文物』1992年 5期.

張永兵,「新疆吐魯番阿斯塔那墓地西區2004年發掘簡報」,『文物』2014年 7期.

朱全升, 湯池,「河北磁縣東魏茹茹公主墓發掘簡報」,『文物』1984年 4期.

陳灿國,「唐乾陵石人像及其銜名的研究」,『文物集刊』1980年 2期.

陳懇,「漠北瀚海都督府時期的回紇牙帳--兼論漠北鐵勒居地的演變」,『中國邊疆史地研究』
　　　　2016年 1期.

趙海燕,「新疆昭蘇縣小洪那海草原石人再考」,『文博』2016年 2期.

趙靖·楊富學,「僕固部與唐朝關係考」,『新疆大學學報』2011年 6期.

吐魯番地區文管所,「吐魯番采坎古墓群 清理簡報」,『新疆文物』1990年 3期.

吐魯番地區文物局,「新疆吐魯番地區巴達木墓地發掘簡報」,『考古』2006年 12期.

馮恩學,「蒙古国出土金微州都督僕固墓志考研」,『文物』2014年 5期.

夏鼐,「咸陽底張灣隋墓出土的東羅馬金幣」,『考古學報』1959年 3期.

____,「西安土門村唐墓出土的拜占廷式金幣」,『考古』1961年 8期.

____,「贊皇李希宗墓出土的拜占廷金幣」,『考古』1977年 6期.

許紅梅,「都蘭縣出土的東羅馬金幣考證」,『青海民族研究』2004年 2期.

呼斯樂,「"草原絲綢之路"上蒙古人與突厥人首飾研究——以"戒指"和"耳環"為例」,『內蒙古社

會科學』2018年 6期.

3. 일본

森安孝夫・オチル,『モンゴル国現存遺蹟・碑文調査研究報告』, 大阪: 中央ユーラシア学
    研究会, 1999.

林俊雄,「モンゴリアの石人」,『国立民族学博物館研究報告』21-1 (1996), pp. 177~283.

_____,『ユーラシアの石人』, 東京: 雄山閣, 2005.

柳成煜,『古代アジアにおける彩色顔料の変遷—モンゴル出土顔料の科学的研究』, 奈良大
    學 博士學位 論文 (2020).

東潮,「モンゴル草原の突厥オラーン・ヘレム壁画墓」,『徳島大學総合科學部 人間社会文
    化研究』21 (2013), pp. 1-50.

_____,「蒙古国境内的両座突厥墓」,『北方民族考古』3 (2016), pp. 31-42.

Odkhuu Angaragsuren, Kohdzuma Yohsei,「An investigation of the pigments and
    materials used in some mural paintings of Mongolia」,『保存科學』59, pp. 1-14.

4. 러시아 및 몽골

Abuseitova, M. Kh., Bazylkhan, B., Muminov, A.K., Utemish-khadzhi R.B., "КӨне түр ік
    бітіктастары мен ескерткіштері (Орхон, Енисей, Талас)." Қаза Қстан тарихы
    туралы түркі деректемелері. Алматы: Дайк Пресс, 2006, С. 42.

Амартүвшин.Ч., Бадма-оюу. Б. Монголын хүн чулуу. Монголын археологийн өв, V
    боть. Улаанбаатар. Түүх, археологийн хүрээлэн. 2016.

Базылхан, Н., "КӨне түрік бітіктастары мен ескерткіштері (Орхон, Енис ей, Талас),"
    ҚазаҚстан тарихы туралы түркі деректемелері, Алм аты: Дайк-Пресс, 2005.

Бамбаев, Б., Предварительный отчет Бамбаева Бальджи о работе в этнолог-
    лингвистичнском отряде научной экспедиции АН СССР по исследованию

Внешней Монголии и Танну-Тувы в 1927 году. ТХГБС, ф 9, хн-17.

Баттулга.Ц. Монголын руни бичгийн бага дурсгалууд. Тэргүүн дэвтэр, Улаанбаатар: Corpus scriptorum, 2005.

Баяр.Д. Монголын төв нутаг дахь түрэгийн хүн чулуу. Уланбаатар: "Admon" компани, 1997, 148. 94-95 т. Зураг 103-111. 83-85-р тал.

Баяр.Д. Туулын хөндий дэх Түрэгийн өмнөх үеийн хүн чулууны тухай. Улаанбаатар: 1979, 3-22-р тал.

Баяр.Д. Новые археологические раскопки на памятнике Бильгэ кагана а //Археология, этнография и антропология Евразии. Новосибирск, 2004. № 4(20). С. 73-84.

Баяр Д. Монголын дундад зууны археологийн судалгаа, III боть. Улаанбаатар, 2014. - 513 с.

Войтов.В.Е., Волков.В.В., Кореневский.С.Н. НовгородоваЭ.А. "Археологические исследования в Монголии" Археологические открытия. М., 1977, стр. 587-588.

Войтов В.Е. Древнетюркский пантеон и модель мироздания в культово-поминальных памятниках Монголии V-VIII вв., М.: Изд-во Государственного музея Востока, 1996, С. 88.

Войтов В.Е. Древнетюркский пантеон и модель мироздания в культово-поминальных памятниках Монголии VI-VIII вв. – Москва. Изд-во Государственного музея Востока, 1996. – 152 с.

Войтов В.Е. "Каменные изваяния из Унгету." Центральная Азия. Новые памятники и исскуства, Москва.: ГРВЛ, 1987, С. 97-109.

Чариков А.А., Каменные скульптуры средневековых кочевников При иртышья. // Археологические исследования древнего и средне векового Казахстана. Алма-Ата: 1980. С. 130-140.

"Донгойн ширээ"--ний дурсгалын археологийн судалгаа. Улаанбаатар: 2017.

"Донгойн ширээ"--Шивээт улаан» гэж юу вэ?" Шинжлэх ухаан техник, Улаанбаатар.

1957, тал.48.

Каржаубай С.. Орхон мұралары. I кітап. ТарихитанымдыҚ этногрфиял ыҚ әдебиет. Астана, 2003, р.125

А. В. Комар (A. V. Komar). "Перещепинский комплекс в контексте основных проблем истории и культуры кочевников восточной европы VII – нач.VIII в. (Pereshchepina complex in thecontext of the pivotal problems of history and culture of the nomads in eastern europe (VII – early VIII c.))," Степи Европы в эпоху средневековья (Steppes of Europe in the Middle Ages) (Donetsk, 2006), С.7-244.

Кляшторный С. Г. Эпиграфические работы в Монголии //Археологические открытия. 1977. Наука, 1978. С. 575-576.

Кляшторный С. Г. Эпиграфические работы в Монголии //Археологиче ские открытия. 1976. М.: Наука, 1977. - С. 588-589.

Кубарев В. Д., Древнетюркские изваяния Алтая, Новосибирск, 1984.

КызласовЛ. Р., История Тувы в средние века, Москва: Издательство Московского Университета, 1969.

Кубарев В. Д.. Баяр Д. Каменные изваяния Шивет-Улана Центральная Монголия." Археология, этнография и антропология Еврази и No 4–12 (2007), С. 83.

Кубарев Г. В. Культура древних тюрок Алтая (по материалам погребальных памятников). – Новосибирск: Изд-во Института археол огии и этнографии СО РАН, 2005. 400 с.

Кубарев В.Д. Изваяние, оградка, балбалы (о проблемах типологии, хронологии и семантики древнетюркских поминальных сооружений Алтая и сопредельных территорий) //Алтай и сопредельные территории в эпоху средневековья. Барнаул, 2001. С. 24–54.

Кубарев В.Д., Цэвээндорж Д. Древнетюркские мемориалы Алтая, Археология, этнография и антропология Евразии. 2002. № 1 (9)С. 76- 95.

Кубарев В.Д., Баяр Д. Каменные изваяния Шивет-Улана Центральная Монголия // Археология этнография и антропология Евразии. - Новосибирск, 2002. – № 4 (12). С. 74–85.

Кыдырэли Д, Цэвээндорж Д.,Энхтөр А., Базылхан Н.,Умиров К., Бөгенбаев.Н., Далантай С., Буянхишиг Ц., Мөнхбат Н.. "Шивээт улаан 2016, 2017» Археологиялық Қазба зерттеу нәтижеле р (ХалыҚаралыҚ Түркі академиясы, Моңғолия Тарих, археологи я институтының бірлескен экспедициясының ғылыми есебі)", 2017.

Монголын Үндэсний музей. Монголын Үндэсний музейн шилдэг үзмэрийн дээжис. Улаанбаатар хот. Монголын Үндэсний музей, 2018.

Малов С.Е. Памятники древнетюркской письменности Монголии и Киргизии. М. Л.: Изд-во АН СССР, 1959. 112 с.

Мөнхтулга.Р. Эртний түрэгийн язгууртны тахилын онгоны судалгааны зарим асуудлууд. Улаанбаатар 2019.

Очир.А. Эрдэнэболд.Л. Эртний нүүдэлчдийн бунхант булшны малтлага судалгаа. Улаанбаатар: ШУА- Түүхийн хүрээлэн, 2013.

Очир А., Эрдэнэболд Л., Жаржаубай С. Эртний нүүдэлчдийн бунхант булшны малтлага судалгаа - Булган аймгийн Баяннуур сумын улаан хэрмийн шороон бумбагарын малтлагын тайлан. Улаан баатар. Соёмбо Принтинг. Хэвлэлийн Үйлдвэр, 2013.

Очир. А., Эрдэнэболд Л. Эртний нүүдэлчдийн урлагийн дурсгал. Улаанбаатар: 2017.

Очир. А., Эрдэнэболд Л. Нүүдэлчдийн урлагийн галерей. Улаанбаатар: Бэмби-сан, 2012.

Мөнхтулга. Р. Эртний түрэгийн язгууртны тахилын онгоны судалгааны зарим асуудлууд. Улаанбаатар. 2019.

СартҚожа Қ. Орхон мұралары. Астана, 2003, С. 118-125.280 Самашев, Цэвэндорж, Онгар, Энхтор, Киясбек, Ахметов, Базылхан (2015), pp.96-105.

Тумур-Очир Идэрхангай. Тюркские оградки монгольского Алтая: систематизация, хронология и интерпретация. Барнаул: Алтайский государственный университет, 2017.

Харжаубай С.. "Шивээт улааны цогцолбор дурсгал". Studia Historica том-14 (1979), fasc –2, 15-25 т.

Цогтбаатар Б., Эрдэнэ-Очир Н., Осава Т., Лхүндэв Г., Сайто Ш., Батдалай Б. Амарболд Э., Ангарагдөлгөөн Г.. "Донгойн ширээ"-ний дурсгалын археологийн судалгаа (Дорнод Монголын эртний Түрэгийн үеийн түүх, археологийн судалгаан төслийн 2015-2016 оны малтлага судалгааны үр дүн). Улаанбаатар. Чөлөөт Хэвлэл Сан, 2017.

Шер, Я. А. Каменные изваяния семиречья. Москва-Ленинград: Наука, 1966.

Г.Эрэгзэн. Монголын эртний булш оршуулга. Улаанбаатар: 2016.

Эрдэнэбат.У., Монголчууд талын нүүдэлчдийн уламжлал (нэн эртнээс XII зууны эхэн), Улаанбаатар. Мон судар, 2018.

В. Н. Залесская, З. А. Львова, Б. И. Маршак, И. В. Соколова, Н. А. Фоняк ова(V.N. Zalesskaya, Z.A. Lviv, B.I. Marshak, I.V. Sokolova, N.A. Fonyakova). Сокровища хана Кубрата. Перещепинский клад (Treasures of Khan Kubrat. Pereshchepinsky treasure), Санкт-Петербург : Славия (St. Petersburg: Slavia), 1997

5. 영어

1) 단행본

Dovdoin Bayar, *The Turkic Stone Statues of Central Mongolia*, Ulaan baatar: Institute of History Mongolian Academy of Science, 1997.

G. Eregzen, *Ancient Funeral Monuments of Mongolia*, Archaeological Relics of Mongolia Vol. 3., Ulaanbaatar: Institute of History and Archaeology, Mongolian Academy of Sciences, 2016.

Annette L. Juliano and Judith A. Lerner, *Monks and Merchants*, New York: Asia Society, 2001.

K. V. Kasparova, Z. A. Lvova, B. I. Marshak, I. V. Sokolova, M. B. Shchukin, V. N. Zaleskaya, I. P. Zasetskaya, *Treasure of Khan Kubrat – Culture of Bulgars, Khazars, Slavs,* Sofia: Committee for Culture - Bulgaria, National Museum of History, Ministry of Culture- USSR, State Hermitage - Leningrad, 1989.

Marc Aurel Stein, *Innermost Asia: detailed report of explorations in Central Asia, Kan-su and Eastern Iran,* London: Clarendon Press, 1928.

Zainolla Samashev, Damdinsurengiyn Tsevendorzh, Akan Onggaruly, Aidos Chotbayev, *Shiveet Ulaan ancient Turkic Cult and Memorial Complex,* Astana: Ministry of Education and Science of the Republic of Kazakhstan, 2016.

Saran Solongo and Ayudai Ochir, *Chronology of Mural Paintings and Terracotta Figurines from a Royal Tomb at Ulaankhermin Shoroon Bumbagar*, Ulaanbaatar: Selengepress, 2016.

B. Tsogtbaatar, N. Erdene-Ochir, T. Osawa, G. Lkhundev, Sh. Saito, B. Batdalai, E. Amarbold, G. Angaradulguun, *Archaeological Study at The Memorial Site of "Dongoin Shiree." Ulaanbaatar: Institute of History and Archaeology,* Mongolian Academy of Science, Osaka University, Japan, 2017.

N. Tsultem, *Mongolian Architecture*, Ulan-bator: State Publishing House, 1988.

_____, *Mongolian Sculpture*, Ulan-bator: State Publishing House, 1989.

Helen Wang, *Money on the Silk Road: the evidence from Eastern Central Asia to C. AD 800*, London: British Museum Press, 2004.

2) 논문

Cengiz Alyılmaz, "On the Bugut Inscription and Mausoleum Complex," *Ērān ud Anērān: Studies Presented to Boris Il'ič Maršak on the Occasion of His 70th Birthday,* di

Matteo Compareti, Paola Raffetta & Gianroberto Scarcia eds, Venezia: Libreria Editrice Cafoscarina, 2006, pp. 51-60.

Janet Baker, "Sui and Early Tang period images of the heavenly king in tombs and temples," *Orientations* 4 (1999), pp. 53-57.

Lhagvasuren Erdenebold, Ah-Rim Park and Nancy Shatzman Steinhardt. "A Tomb in Bayannuur, Northern Mongolia," *Orientations* 47-8 (2016), pp. 84-91.

Hayashi Toshio, Moriyasu Takao, "Site Of Shivet-Ulaan, Shivet-Ulaan Inscription, Provisional report of researches on historical sites and inscriptions in Mongolia from 1996 to 1998," *The Society of Central Eurasian Studies (Takao Moriyasu and Ayudai Ochir eds.*, Toyonaka: Osaka University, 1999), pp. 141~142

Hayashi Toshio, "Several problems about the Turkic stone statues," di Matteo Compareti, Paola Raffetta, Gianroberto Scarcia. *Ērān ud Anērān. Studies presented to Boris Il'ic Marsak on the occasion of his 70th birthday*, Libreria Editrice Cafoscarina, 2001. pp. 221-240.

Hayashi Toshio, "Several problems about the Turkic stone statues," *Türk Dili Araştırmaları Y ıllığı - Belleten* 48 (2000), pp. 221-240.

Hayashi Toshio, "Sogdian Influences Seen on Turkic Stone Statues Focusing on the Fingers Representations," *Ērān ud Anērān: Studies Presented to Boris Il'ič Maršak on the Occasion of His 70th Birthday*, di Matteo Compareti, Paola Raffetta & Gianroberto Scarcia eds, Venezia: Libreria Editrice Cafoscarina, 2006, pp. 245-254.

Hayashi Toshio, "On the Origin of Turkic Stone Statues," 『歐亞學刊』 *International Journal of Eurasian Studies* 1, 北京：商務印書館, 2011, pp. 181-198.

M. Khabdulina, "Cult Center of ancient Turks on the territory of Central Kazakhsan," *Bulletin of IICAS(the International Institute for Central Asian Studies(Samarkand))* 12 (2010), pp. 33-49.

G. V. Kubarev, "Ancient Turkic Statues: Epic Hero or Warrior Ancestor?" *Archaeology*

Ethnology and Anthropology of Eurasia 29-1 (2007), pp. 136-144.

G. V. Kubarev, "Pogrebal'nye pamyatniki drevnikh tyurok v doline r. Khar-Yamaatyn-gol (Severo-Zapadnaya Mongoliya) [Burial monuments of ancient Turks in the valley of the Khar-Yamaatyn-Gol River (North-Western Mongolia)]," *Arkheologicheskie vesti* 22 (2016), pp. 115-129.

G. V. Kubarev, "Burial monuments of ancient Turks in the valley of the Khar-Yamaatyn-Gol River (Northwestern Mongolia)," *Archaeological news*, Saint-Petersburg: Russian Academy of Sciences, Institute for The History of Material Culture, 2016.

Aleksandr Naymark, "Sogdiana, its Christians and Byzantium: a Study of Artistic and Cultural Connections in Late Antiquity and Early Middle Ages," *Ph. D. Dissertation*. Bloomington: Indiana University (2001).

_____ and Luke Treadwell, "An Arab-Sogdian Coin of AH 160: an Ikhshid in Ishtihan?" *Numismatic Chronicle* 171 (2011).

_____, "Isma'il Samani and the people of Varakhsha; or, why Bukhar Khuda palace did not become a mosque," Е. В. Антонова, Т. К. Мкртычев eds.. Центральная Азия. Источники, История, Культура. Москва: ИЗДАТЕЛЬСКАЯ ФИРМА ≪ВОСТОЧНАЯ ЛИТЕРАТУРА≫, 2005.

_____, "Seleucid Coinage of Samarqand?" *Journal of the Oriental Numismatic Society* No. 221 (2014).

_____, "Two Seleucid coins from Varakhsha region," *Journal of the Oriental Numismatic Society,* 206 (2011).

Yurij A. Prokopenko, "Byzantine Coins of the 5th- 9th century and Their Imitations in the Central and Eastern Ciscaucasus," *Marcin Woloszyn ed., Byzantine Coins in Central Europe between the 5th and 10th Century*. Kraków: Polish Academy of arts and Sciences, 2009.

G. J. Ramstedt, J. G. Grano, Pentii Aalto, "Materialien zu den alttürkischen Inschriften der

Mongolei," *JSFOu.* 60, Helsinki, 1958, 7, pp.62-76.

Takashi Ōsawa, "Revisiting the Ongi inscription of Mongolia from the Second Turkic Qaɣ
anate on the basis of rubbings by G. J. Ramstedt." *SUSA/JSFOu* 93 (2011),
pp.147-203.

Sergey A. Yatsenko, "Images of the Early Turks in Chinese Murals and Figurines from the
Recently-discovered Tomb in Mongolia," *The Silk Road* 12 (2014), pp.13-24.

_____, "Early Turks: Male Costume in the Chinese Art," *Transoxiana* 14
(2009).

Anıl Yılmaz, "Some Remarks on the Term Balbal of Ancient Turks," *Tarih ve Coğrafya
Araştırmaları Dergisi* 4-1 (2018), pp.1-18.

6. 인터넷 사이트

TÜRIK BITIG(http://bitig.org)

ATALAR MIRASI MEDIA FUND(http://atalarmirasi.org)

http://www.enu.kz/en/kontakts/muzei/

그림 목록

II 부

2-1 바얀노르묘와 복고을돌묘의 위치, 구글지도.

2-2 〈묘실 평면도〉, 바얀노르묘, 몽골 볼간 아이막 바얀노르 솜, 7세기, А. Очир, Л. Э рдэнэболд, С. Харжаубай. Эртний нүүдэлчдийн бунхант булшны малтлага судалгаа- Булган аймгийн Баяннуур сумын Улаан хэрм ийн шороон бумбагарын малтлагын тайлан, 2013, 도12.

2-3 〈묘실 평면도〉, 복고을돌묘, 몽골 투브 아이막 자마르 솜, А. Очир, С. В. Данил ов, Л. Эрдэнэболд, Ц. Цэрэндорж. Эртний нүүдэлчдийн бунхант булшны малтлага судалгаа (Төв аймгийн Заамар сумын Шороон бумбагарын малтлагын тайлан). Улаанбаатар: "Соёмбо принтин г" Хэвлэлийн үйлдвэр, 2013, 도12.

2-4 〈토용〉, 바얀노르묘, 하르호린박물관, 박아림 촬영, 2018.

2-5 〈토용과 목용〉, 복고을돌묘, 자나바자르미술관, 박아림 촬영, 2018.

2-6 〈풍모용〉, 바얀노르묘, А. Очир, Л. Эрдэнэболд. Эртний нүүдэлчдийн у рлагийн дурсгал, Улаанбаатар: 2017, pp.74-75.

2-7 〈소관토용〉, 바얀노르묘, А. Очир, Л. Эрдэнэболд, 위의 책,2017, pp.90-91.

2-8 〈소관목용〉, 바얀노르묘, А. Очир, Л. Эрдэнэболд, 위의 책, 2017, pp.134-135.

2-9 〈여성토용〉, 바얀노르묘, А. Очир, Л. Эрдэнэболд, 위의 책, 2017, pp.102-103.

2-10 〈여성과 남성목용 두상〉, 바얀노르묘, А. Очир, Л. Эрдэнэболд, 위의 책, 2017, pp.144-145.

2-11 〈기마용〉, 바얀노르묘, А. Очир, Л. Эрдэнэболд, 위의 책, 2017, pp.108-109.

2-12 〈기마기악용〉, 바얀노르묘, А. Очир, Л. Эрдэнэболд, 위의 책, 2017, pp.110-111.

2-13 〈남성토용〉, 복고을돌묘, А. Очир, С. В. Данилов, Л. Эрдэнэболд, Ц. Цэ рэндорж, 위의 책, 2013, 도89.

2-14 〈기마용〉, 복고을돌묘, A. Очир, С. В. Данилов, Л. Эрдэнэболд, Ц. Цэрэндорж, 위의 책, 2013, 도78.

2-15 〈호인용〉, 복고을돌묘, A. Очир, С. В. Данилов, Л. Эрдэнэболд, Ц. Цэрэндорж, 위의 책, 2013, 도59.

2-16 〈견의목용〉, 복고을돌묘, A. Очир, С. В. Данилов, Л. Эрдэнэболд, Ц. Цэрэндорж, 위의 책, 2013, 도69.

2-17 〈진묘무사용〉, 바얀노르묘, 하르호린박물관, 박아림 촬영, 2018.

2-18 〈진묘무사용〉, 바얀노르묘, 하르호린박물관, 박아림 촬영, 2018.

2-19 〈사자형 수면진묘수〉, 바얀노르묘, 하르호린박물관, 박아림 촬영, 2013.

2-20 〈조형 인면진묘수〉, 바얀노르묘, 하르호린박물관, 박아림 촬영, 2013.

2-21 〈진묘수〉, 복고을돌묘, A. Очир, С. В. Данилов, Л. Эрдэнэболд, Ц. Цэрэндорж, 위의 책, 2013, 도83.

2-22 〈진묘수〉, 복고을돌묘, A. Очир, С. В. Данилов, Л. Эрдэнэболд, Ц. Цэрэндорж, 위의 책, 2013, 도84.

2-23-1 〈진묘무사용〉, 복고을돌묘, A. Очир, С. В. Данилов, Л. Эрдэнэболд, Ц. Цэрэндорж, 위의 책, 2013, 도81.

2-23-2 〈진묘무사용(복원품)〉, 복고을돌묘, A. Очир, С. В. Данилов, Л. Эрдэнэболд, Ц. Цэрэндорж, 위의 책, 2013, 도81.

2-24 〈동물용〉, 바얀노르묘, A. Очир, Л. Эрдэнэболд, 앞의 책, 2017, pp124-127 하르호린박물관, 박아림 촬영, 2013.

2-25 〈동물용〉, 장락공주묘, 소릉박물관, 박아림 촬영, 2019.

2-26-1 〈동물목용〉, 복고을돌묘, 자나바자르미술관, 박아림 촬영, 2012.

2-26-2 〈동물목용〉, 복고을돌묘, A. Очир, С. В. Данилов, Л. Эрдэнэболд, Ц. Цэрэндорж, 앞의 책, 2013, 도57.

2-27 〈彩繪武官俑〉, 李貞墓, 718, 소릉박물관, 박아림 촬영, 2019.

2-28 〈彩繪木身鷹髻女泥俑〉, 아스타나188호묘, 높이 165cm, 新疆維吾爾自治區文物局,

『絲路瑰寶 - 新疆館藏文物精品圖錄』(新疆人民出版社, 2011), 도117.

2-29 〈채회여기마용〉, 단간벽묘, 섬서 예천, 당, 소릉박물관, 박아림 촬영, 2019.

2-30 〈호인용〉, 영태공주묘, 당, 영태공주묘박물관, 박아림 촬영, 2014.

2-31-1 〈채회무관용〉, 장사귀묘, 섬서 예천, 당, 서안 대명궁 유지 박물관, 박아림 촬영, 2014.

2-31-2 〈채회문관용〉, 장사귀묘, 당, 소릉박물관, 박아림 촬영, 2019.

2-32 〈여입용〉, 정인태묘, 섬서 예천, 당, 소릉박물관, 박아림 촬영, 2019.

2-33 〈진묘무사용〉, 사도락묘, 영하 고원, 당, 고원시박물관, 2019.

2-34-1 〈인면진묘수〉, 사도락묘, 당, 고원시박물관, 박아림 촬영, 2019.

2-34-2 〈수면진묘수〉, 사도락묘, 당, 고원시박물관, 박아림 촬영, 2019.

2-35 〈토용과 목용〉, 아스타나묘군 출토, 『西域考古図譜』, vol. 1, 084.

2-36 〈호인용〉, 아스타나 206호묘, 7-8세기, 높이 56cm 신강위구르자치구박물관.

2-37 〈답귀무사목용〉, 아스타나 206호묘, 7-8세기, 신강위구르자치구박물관, 박아림 촬영, 2017.

2-38 〈비잔틴 금화 A형(티베리우스 578~582)〉, 바얀노르묘, А. Очир, Л. Эрдэнэболд, 앞의 책, 2017, 도278.

2-39 〈비잔틴 금화 B형(포카스 602~610)〉, 바얀노르묘, А. Очир, Л. Эрдэнэболд, 위의 책, 2017, 도276.

2-40-1 〈버잔틴 금화 C형 정면(헤라클리우스 610~641)〉, 바얀노르묘, А. Очир, Л. Эрдэнэболд, 위의 책, 2017, 도272-1.

2-40-2 〈비잔틴 금화 C형 배면〉, 바얀노르묘, А. Очир, Л. Эрдэнэболд, 위의 책, 2017, 도272-2.

2-41 〈사산조 금화 모조품〉, 바얀노르묘, А. Очир, Л. Эрдэнэболд, 위의 책, 2017, 도245-1.

2-42 〈비잔틴 금화 E형〉, 바얀노르묘, А. Очир, Л. Эрдэнэболд, 위의 책, 2017, 도266.

III부

3-2-1 체체를렉박물관 전경, 몽골 아르항가이 아이막 부구트 솜, 6세기, 박아림 촬영, 2018.

3-2-2 〈부구트 비석〉, 체체를렉박물관, 박아림 촬영, 2018.

3-3 옹고드 제사유적 전경, 투브 아이막 알탄볼락 솜, Ч. Амартүвшин, Б. Бадма-Оюу. Монголын хүн чулуу. Монголын археологийн өв, V боть, 2016, 2016, 도128.

3-4-1 시베트 올란 제사유적, 구글 어스.

3-4-2 시베트 올란 제사유적 전경, 박아림 촬영, 2019.

3-5-1 시베트 올란 제사유적 항공사진, Zainolla Samashev, Damdinsurengiyn Tsevendorzh, Akan Onggaruly, Aidos Chotbayev, *Shiveet Ulaan ancient Turkic Cult and Memorial Complex*, 도20.

3-5-2 시베트 올란 제사유적 평면도, Zainolla Samashev, *Shiveet Ulaan ancient Turkic Cult and Memorial Complex*, 위의 책, 도5.

3-6 시베트 올란 제사유적 전경, 볼간 아이막 오르혼 솜 아르 훈디, 7세기, 박아림 촬영, 2018.

3-7 〈비석 기대〉, 시베트 올란 제사유적, 박아림 촬영, 2019.

3-8 〈비석〉, 시베트 올란 제사유적, 박아림 촬영, 2019.

3-9 람스테트의 평면도와 복원도, Г. И. Рамстедт жасаған кешеннің жобасы мен жаңғыртпасы, 1912를 Samashev, Z., D. Tsevendorzh, A. Onggaruly, and A. Chotbayev, Shiveet Ulaan Ancient Turkic Cult and Memorial Complex, 2016, 도6, 7에서 재인용.

3-10 시베트 올란 제사유적 복원도, Zainolla Samashev, 위의 책, 2016, 도107.

3-11 빌게 톤유쿠크 제사유적 전경, 투브 아이막 에르데네 솜 바얀 촉트, 8세기 전반, 박아림 촬영, 2018.

3-12 퀼 초르 제사유적 전경, 투브 아이막 델게르한 솜 이흐 호쇼트, TÜRIK BITIG(http://bitig.org).

лын нүүдэлчдийн уламжлал (нэн эртнээс XII зууны эхэн), 2018.

3-27 돌궐석인상 분포도, Ч. Амартүвшин, Б. Бадма-Оюу, 앞의 책, 2016, pp36-37.

3-28 〈샤르 부르드 석인상〉, 우부르항가이 아이막 하르호린 솜, 하르호린박물관, 박아림 촬영 2019.

3-29 〈초이렌 석인상〉, 690년대, 몽골국립박물관, 박아림 촬영, 2019.

3-30 〈하르 야마트 석인상〉, 바얀-울기 아이막 올란호스 솜, 박아림 촬영, 2007.

3-31 나린 후렘트 제사유적 전경과 〈석인상〉, 볼간 아이막 사이한 솜, 박아림 촬영 2018.

3-32 알틴 탐간 타르한 제사유적 전경과 〈석인상〉, 볼간 아이막 모고드 솜, 박아림 촬영 2019.

3-33 〈석상 선묘도〉, 시베트 올란 제사유적, Zainolla Samashev, *Shiveet Ulaan ancient Turkic Cult and Memorial Complex*, 도27-29.

3-34 〈석상〉, 시베트 올란 제사유적, Г. И. Рамстедт жасаған кешеннің жобасы мен жаңғыртпасы, 1912를 Samashev, Z., D. Tsevendorzh, A. Onggaruly, and A. Chotbayev, Shiveet ulaan Ancient Turkic Cult and Memorial Complex, 2016에서 재인용.

3-35 〈인물입상〉, 시베트 올란 제사유적, 박아림 촬영, 2019.

3-36 〈석인상〉, 빌게 톤유쿠크 제사유적, 몽골국립박물관, 박아림 촬영 2012.

3-37 〈석인상〉, 퀼 테긴 제사유적, 호쇼 차이담 박물관, 박아림 촬영, 2019.

3-38 〈인물입상〉, 퀼 테긴 제사유적, 호쇼 차이담 박물관, 박아림 촬영, 2019.

3-39 〈석인상〉 빌게 카간 제사유적, 호쇼 차이담 박물관, 박아림 촬영, 2019.

3-40 〈옹하드 석인상〉, 높이 74cm, 바얀-울기 아이막 쳉겔 솜, Ч. Амартүвшин, Б. Бадма-Оюу, Монголын хүн чулуу, 2016, 도77.

3-41 〈바얀차간(겐뎅볼락) 석인상〉, 아르항가이 아이막 이흐 타미르 솜, Ч. Амартүвшин, Б. Бадма-Оюу, Монголын хүн чулуу, 2016, 도11.

3-42 〈부르딘 아닥 석인상〉, 아르항가이 아이막 에르데네만달 솜, Ч. Амартүвшин,

3-66 〈석양상〉, 이적묘, 소릉박물관, 박아림 촬영, 2019.

3-67 〈석양상〉, 위지경덕묘, 소릉박물관, 박아림 촬영, 2019.

3-68 〈석호상〉, 이적묘, 소릉박물관, 박아림 촬영, 2019.

3-69 〈석호상〉, 온언박묘, 소릉박물관, 박아림 촬영, 2019.

표 목록

Abstract |

Art of Mongolia in the Context of the Eurasian Steppe Art

Ah-Rim Park[*]

Funerary Art of the 6th–8th Centuries in Mongolia
– Wall Painting Tomb at Bayannuur sum, Bulgan Province in Mongolia –

From July to September in 2011, the joint research team of Mongolia and Kazakhstan has excavated a wall painted tomb at Ulaan Kherem, Bayannuur sum, Bulgan province, Mongolia. The tomb is the first excavated mural tomb in Mongolia to date. The tomb is approximately dated to the 7th century.

The structure and mural subjects of the tomb, which are similar to those mural tombs in the subsidiary burials of the Zhaoling, the tomb of Tang Taizong, follow the tradition established by the nomadic people like the Xianbei in the late Northern Dynasties from the 6th century. Not only the tomb structure and murals but also the burial objects from the Bayannuur Tomb clearly exhibit the tastes of nomadic people residing along the Silk Road

* Professor, Sookmyung Women's University.

and the Stepp Route.

In order to understand the characteristics of the Bayannuur Tomb, I analyzed painting subjects and compare them with Chinese examples. In the stylistic analysis of figure paintings, those in the Bayannuur Tomb resemble the figure paintings in the subsidiary burials of the Zhaoling constructed in the second half of the 7th century. Some of the Zhaoling mural tombs belong to the Turk origin occupants.

Next, I examined another recently excavated Turk period tomb(678) at Zaamar sum, Tuv province in Mongolia from which a stone tomb epitaph was excavated. The tomb occupant belonged to the Pugu tribe. The Zaamar Tomb helps us date the Bayannuur Tomb to the second half of the 7th century, especially around 650s-670s.

The stylistic analysis of wall paintings and burial objects from the Bayannuur Tomb also suggests that the tomb can be dated to around 650s-670s. It was during the Tang occupational period after the collapse of the 1st Turk Empire. It is possible that the Pugu ruler governing Today's Bayannuur region invited a Chinese artisan to construct his tomb, but he certainly embodied his nomadic tastes and culture into his burial exhibited by the burial practice and rich gold and silver burial objects, which were the result of the broad interactions from Byzantine to China.

Tomb Figurines and Byzantine Golden Coins from the Bayannuur Mural Tomb and Pugu Yitu Tomb in Mongolia

This paper examined the tomb figurines and Byzantine golden coins discovered from the Bayannuur tomb and Pugu Yitu Tomb located in Mongolia. The scientific analysis on the tomb figurines and the lime plasters of the murals shows that the Bayannuur Tomb can be dated to 670±70 or 680± 100AD. The Byzantine coins cannot be the definite evidence to decide the date of the tomb, but similar Byzantine golden coin imitations discovered from other regions in China and Central Asia can help us determine the cultural exchanges among those regions.

Tomb figurines from the two tombs resemble to those figurines found in the early Tang tombs located in the Xi'an, Shaanxi which might tell us strong evidence of Tang Chinese influence on the region. However, in terms of materials, techniques, and pigments, there are certainly different features from those in the Central Plain region of China. Especially, they are more similar to those from the Astana tomb complex in Turfan, Xinjiang which appear to have a close relation with sculptures and murals in Central Asia. Thus, the tomb figurines from the Bayannuur Tomb and Pugu Yitu Tomb should be considered not only in the context of Tang Chinese tombs but also with sculptures and paintings of Central Asia

About 40 gold coins from the Bayannuur Tomb are quite different from examples found in China in the numbers, the techniques and the burial practice. Those tombs in China where Byzantine coins were buried also yielded many interesting burial objects related to Central Asia. It might tell us about the background of the tomb occupant, and the regional transmission process of such Central Asian objects, and the possible location of such workshop. Therefore the burial objects and the burial practice shown in those tombs can shed a light on the understanding of the cultural background of a tomb occupant of the Bayannuur Tomb as well of the cultural interaction along the Steppe route.

Ritual Complexes and Stone Sculptures of the the 6th–8th Centuries in Mongolia

In the long lineage of the history and culture of Mongolia starting from the Xiongnu(209 BC-AD 93), the Xianbei(1-3th centuries AD), the Rourans(330-555 AD), the Turks(552-745), the Uyghurs(745-840), the Qidans(901-1125), and the Mongols(1271-1368), the archaeology and art of the Turk period are the contemporary to Koguryo and Parhae. While the funerary art of the Xianbei has been actively studied based on the excavations and written evidence, the arts of the Rourans and the Turks have not been fully explored due to the lack of the written source and excavation. In Chapter III, the Turk period ritual complexes and the stone sculptures have been investigated to determine their characteristics and uniqueness and have been discussed as the case of extraordinary artistic cultural exchanges of the time period.

First, it examined the general features of the ritual complexes of the 6th to the 8th centuries of the Turk period in Mongolia. It tried to discern the chronological evolution of the ritual complexes of the Turk period in order to understand the differences of the ritual complexes from the 6th century, the 7th century and the 8th century. Next, the general features of the stone sculptures of the Turk period were viewed in relation with the stone sculptures found in the Tang tombs of China.

It would be from the Shiveet Ulaan site that the Turk style funerary ritual complex was established. The Xiaohongnahai sculpture in Xinjiang, China and the Choir sculpture in Dorno Gobi as well as the Dongoin shree ritual complex in Sukhabatar could each represent the features of the ritual complex and stone statuary from each region. The Xiaohongnahai stone sculpture is the clear indication that they know the Sogdian art iconography of a human representation. The Choir stone sculpture based on the steppe tradition is more primitive with a round carved face without too much details on the hair and costume.

A Turk style ritual complex might have begun in the end of the 6th century like the one at Xiaohongnahai with the combination of a stone man with a typical hand gesture and a cup representation. It might have come from the western part of the Turk empire where one can observe the direct influence from the geographically closed Sogdian region. Also, the combination of an inscription into a stone statue started in the 6th century as shown in the Xiaohongnahai statue and the Choir statue. The stone sculpture at Khar-Yamaatyn-Gol is an example of the combination of a deer stone and rock carving into a Turk stone sculpture. The Ongod ritual complex once considered as the ritual complex of the Rouran or the Xueyantuo is the one showing the evolution of a human figure sculpture from balbal. The Shiveet Ulaan ritual complex and the stone statuary built at the time of the establishment of the second Turk empire from the second half of the 7th century is the beginning of the combination of the Turk style and the Chinese style ritual complex. It has a feature both from the steppe and China. Some features of the Shiveet Ulaan which are not seen in the ritual complexes of the Tonyuguk, the Bilge Khan, and the Kul Tegin might show the sign of the natural Turk identity which would be discarded later as they adopted the Chinese style. Two recently discovered tombs, the Bayannur Tomb and the Pugu Tomb, also dated to the second half of the 7th century, are important to consider the character of the Shiveet Ulaan. The Shiveet Ulaan is the one built at the beginning of the second Turk empire by the Ashina family, and the two tombs were built during the Tang ruling period by the Pugu. They represent how the Ashina family and the Pugu tribe have different kind of burial custom and different types of foreign elements they chose to accept.

Table of Contents

색인